Sammlung außerdeutscher Strafgesetzbücher in deutscher Übersetzung

Herausgegeben vom MAX-PLANCK-INSTITUT
für ausländisches und internationales Strafrecht in Freiburg i. Br. durch
Professor Dr. Dr. h. c. mult. Hans-Heinrich JESCHECK,
Professor Dr. Albin ESER und Professor Dr. Günther KAISER

CV

Albanische Strafgesetze

1990

Walter de Gruyter · Berlin · New York

Albanische Strafgesetze

Das Strafgesetzbuch vom 15. 6. 1977
Die Strafprozeßordnung vom 25. 9. 1979
und Nebengesetze

Übersetzt, eingeleitet und kommentiert
von
Wolfgang Stoppel
Richter am Bundespatentgericht

1990

Walter de Gruyter · Berlin · New York

Gedruckt mit Unterstützung der Gesellschaft für Rechtsvergleichung

CIP-Titelaufnahme der Deutschen Bibliothek

Albanische Strafgesetze : das Strafgesetzbuch vom 15.6.1977, die Strafprozessordnung vom 25.9.1979 und Nebengesetze / übers., eingel. u. kommentiert von Wolfgang Stoppel. - Berlin ; New York : de Gruyter, 1990
(Sammlung ausserdeutscher Strafgesetzbücher in deutscher Übersetzung ; 105)
ISBN 3-11-012400-9
NE: Stoppel, Wolfgang [Bearb.]; GT

Gedruckt auf säurefreiem Papier

Printed in Germany

Druck: WB-Druck GmbH, Rieden a. Forggensee
Buchbinderische Verarbeitung: Heinz Stein, Berlin 30

Inhaltsverzeichnis

Abkürzungsverzeichnis

alban	albanisch
BGBl II	Bundesgesetzblatt Teil II
Bul	Buletini i Gjykatës së Lartë (Mitteilungen des Obersten Gerichts)
DGVO	Dokumentation der Gesetze und Verordnungen Osteuropas (Wien)
DOGJ	Dekret "Për organizimin gjyqësor të RPSSH" (Dekret über die Gerichtsorganisation der SVRA von 1987)
DP	Drejtësia Popullore (Volksrecht, einzige albanische Rechtszeitschrift)
GRUR Int	Gewerblicher Rechtsschutz und Urheberrecht, Internationaler Teil
GZ	Gazeta Zyrtare (Amtsblatt, das albanische Gesetzblatt)
JOR	Jahrbuch für Ostrecht
KC	Kodi Civil (Zivilgesetzbuch von 1981)
KF	Kodi i Familjes (Familiengesetzbuch von 1982)
KP	Kodi Penal (Strafgesetzbuch von 1977)
KPC	Kodi i Procedurës Civile (Zivilprozeßordnung von 1981)
KPP	Kodi i Procedurës Penale (Strafprozeßordnung von 1979)
LGFQ	Ligj "Mbi gjykatat e fshatrave, të qyteteve dhe të lagjeve të qyteteve" (Gesetz über die Gerichte auf dem Lande, in der Stadt und in den Wohnvierteln von 1968)
LKA	Ligj "Për kundërvajtjet administrative" (Gesetz über die Verwaltungsübertretungen von 1979)
LPP	Ligj "Për policine popullor" (Gesetz über die Volkspolizei von 1986)
OER	Osteuropa Recht
OG	Oberstes Gericht
PAA	Partei der Arbeit Albaniens
PPL-1971-	Përmbledhëse e përgjitheshmë e legjislacionit në fuqi të RPSH, Tirana 1971 (Allgemeine Sammlung der geltenden Gesetze der SVRA)

PPL-1979-	dto., Tirana 1979 (s. bibliographische Hinweise C I)
PPL-1985-	dto., Tirana 1986 (s. bibliographische Hinweise C I)
ROW	Recht in Ost und West
SOE	Südosteuropa (München)
StA	Staatsanwaltschaft
SVRA	Sozialistische Volksrepublik Albanien
Verf	Verfassung von 1976
VKM	Vendimi të Këshillit të Ministrave (Beschluß des Ministerrates)
VO	Verordnung
WGO(-MfOR)	Die wichtigsten Gesetzgebungsakte in den Ländern Ost-, Südosteuropas und in den ostasiatischen Volksdemokratien - Monatsschrift für Osteuropäisches Recht
ZfVglR	Zeitschrift für vergleichende Rechtswissenschaft
ZStW	Zeitschrift für die gesamte Strafrechtswissenschaft

Einleitung

Der "weiße Fleck" auf der europäischen Landkarte von Politik und Wissenschaft, wie Albanien immer dargestellt wurde, ist in den letzten Jahren merklich farbiger geworden. Waren noch die siebziger Jahre geprägt von einer Zurückhaltung Albaniens in den internationalen Beziehungen wie auch westlicher Wissenschaftler im Umgang mit diesem kleinen Land, ist seit dem 8. Parteitag der PAA (November 1981) ein Umschwung festzustellen, der nicht nur in einer gesteigerten Beteiligung am internationalen Politik- und Rechtsverkehr seinen Niederschlag gefunden hat (man denke insbesondere an die Aufnahme der diplomatischen Beziehungen zur Bundesrepublik im Oktober 1987), sondern auch den Weg frei gemacht hat, für ein neues vorurteilsfreies Wissenschaftsverständnis, das seit 1983 auch den Bereich des Rechtswesens erfaßt hat.

So sind insbesondere die von der neuen Verfassung initiierten großen Kodifikationen zum Zivil-, Familien-, Arbeits- und Verwaltungsrecht inzwischen für den deutschen Sprachraum weitgehend erschlossen,[1] während der vorliegende Band eine der noch bestehenden Lücken durch Präsentation aller straf- und strafverfahrensrechtlich relevanten Gesetzestexte schließt, was in dieser Breite auf den ersten Blick aus dem Rahmen der bisher in dieser Sammlung erschienenen Werke zu fallen scheint. Zu bedenken ist indes, daß das albanische Recht sich als unmittelbarer Ausfluß politischer Vorgaben nur als Einheit in sich und mit dem gesellschaftlichen Hintergrund verstehen läßt, was erst recht für das materielle und formelle Strafrecht gilt, wo der Maßnahmencharakter der Rechtsnormen besonders deutlich hervortritt. Die Wiedergabe bloß einzelner Normativakte käme daher eher einer Momentaufnahme gleich und wäre von der - albanischem Rechtsdenken völlig fremden - Vorstellung des Rechts als einem System allgemeiner abstrakter Normen getragen. Welche Mißverständnisse sich dabei ergeben können, zeigt etwa die insbesondere

1 Siehe bibliographische Hinweise, S. 21.

von Amnesty International getragene Menschenrechtsdiskussion, bei der man die Politisierung des Rechts in Albanien mit der exemplarischen Herausstellung von Einzelbestimmungen (verbunden mit nicht ganz objektiven bzw. zweifelsfreien Praxisberichten) überbetont hat, was zwangsläufig zu einem Zerrbild der politischen wie rechtlichen Verhältnisse des Landes führen mußte.

Der vorliegende Band will daher vorrangig für die politische wie wissenschaftliche Diskussion gesichertes Material vermitteln, sei es in Form einschlägiger Übersetzungen nebst zahlreicher Quer- und Weiterverweisungen, sei es durch umfangreiche Hinweise auf das albanische wie außeralbanische Schrifttum, wobei notgedrungen die Frage offen bleiben muß, ob und gegebenenfalls in welchem Umfang geschriebenes Recht und Rechtsanwendung in Albanien auseinanderfallen. Darüber hinaus zwingt aber auch die gesetzestechnische Verzahnung der hier interessierenden Materie zu einer gemeinsamen Darstellung. So lassen sich z.B. die Straftaten gegen die Rechtspflege (Art. 114-117, 202, 203 KP) ohne Kenntnis ihrer prozessualen Gegenstücke (vgl. Art. 20, 25, 34, 63 ff., 80 ff. KPP usw.) kaum verstehen. Hinzu kommt, daß abweichend von deutschen Gepflogenheiten manche Rechtsinstitute (wie z.B. Einziehung, Verfall, Strafverlangen) nicht im Allgemeinen Teil des Strafgesetzbuches geregelt sind, sondern in der Prozeßordnung (Art. 29, 63 KPP), während umgekehrt verfahrens- und vollstreckungsrechtliche Bestimmungen Eingang in das Strafgesetzbuch gefunden haben (z.B. Art. 22, Abs. 3 KP). Das System der strafbaren Handlungen (Art. 3, 4 KP) erschließt sich nur über die Kenntnis des Gesetzes über die Verwaltungsübertretungen, während das Gesetz über die Dorf-, Stadt- und Stadtviertelgerichte eine Reihe von Vergehen praktisch auf Übertretungen reduziert, indem ihre Verhandlung der allgemeinen Strafjustiz entzogen und diesen nur mit Laien besetzten Gerichten zugewiesen ist. Rolle und Aufgabe von Staatsanwaltschaft, Ermittlungsbehörde und Vollzugsorganen werden in der Strafprozeßordnung als bekannt vorausgesetzt und müssen den jeweiligen Spezialgesetzen entnommen werden, während der gerichtliche Instanzenzug und die Frage nach dem gesetzlichen Richter überwiegend im Gerichtsorganisationsdekret geregelt ist. Und schließlich findet man eine befriedigende Antwort auf die durchweg drastischen Strafandrohungen des Strafgesetzbuchs nur über die Kenntnis des Gnadenrechts und der Amnestiepraxis.

Ein völlig abgerundetes Bild verhindert indes die Praxis der albanischen Gesetz- und Verordnungsgeber, nicht selten Normativakte nicht im Gesetzblatt, sondern - wenn überhaupt - in Sammlungen zu publizieren, die in der Regel als "nur für den Dienstgebrauch" eingestuft nicht allgemein zugänglich sind; wenn vorliegend dennoch auf solche Werke[2] zurückgegriffen und hieraus zitiert worden ist (insbesondere PPL 1979 und 1985 sowie Bul.), so nur dort, wo in der Praxis Bestimmungen wenn nicht unterlaufen, so doch abweichend von ihrem Normzweck durch Ausführungsvorschriften verändert worden sein könnten. Diese Probleme sind im übrigen auch in Albanien bekannt,[3] haben aber trotz einer eindeutigen Weisung der Volksversammlung[4] im Jahre 1983 immer noch keine zufriedenstellende Lösung gefunden. Bezeichnend hierfür ist etwa die Tatsache, daß die Neufassung des Dekretes über Verbannung und Internierung im Verwaltungswege - also eines Aktes, der einschneidende Freiheitsbeschränkungen ermöglicht - bislang überhaupt nicht publiziert worden ist.

Geschichtliche Entwicklung

Die Entwicklung des albanischen Straf- und Strafverfahrensrechts[5] kann hier nur in Stichworten angedeutet werden, die jedoch schon einen kleinen Eindruck geben, mit welch atemberaubender Schnelligkeit das Land auch auf diesem Gebiet vom Mittelalter in die Neuzeit geführt worden ist bzw. wie schnell politische Veränderungen Umorientierungen erforderlich gemacht haben. Bis 1912 Teil des Osmanischen Reiches galt für Albanien zunächst türkisches Recht, zuletzt das Strafgesetzbuch von 1878, das zumindest formal sogar Geltung über die Staatsgründung hinaus hatte und erst mit dem Erlaß des Strafgesetzbuchs von 1928 abgelöst

2 Der Verfasser hatte im Juni 1987 Gelegenheit, diese Werke sowohl in der Nationalbibliothek als auch in der Universitätsbibliothek in Tirana einzusehen und sich Notizen zu machen.

3 Vgl. eingehend Stoppel, Die Rechtsquellen und juristischen Publikationsorgane in Albanien, JOR XXVI (1985), S. 409 ff.

4 Beschluß Nr. 169 vom 29.6.1983 "Über die weitere Festigung der sozialistischen Rechtsordnungen und die Aufgaben der Staatsmacht" (GZ 1983 Nr. 3, S. 71; vgl. auch JOR XXV (1984), S. 276).

5 Vgl. im einzelnen Omari (siehe bibliographische Hinweise A III), S. 175 ff.; Çela (siehe bibliographische Hinweise C III), S. 361 ff.

wurde, nachdem allerdings zuvor (1925) schon - bezeichnenderweise! - politische Tatbestände sondergesetzlich geregelt worden waren. In der Praxis ging das neue Recht jedoch weitgehend an den Bedürfnissen der Bevölkerung vorbei, die sich nahezu ausschließlich an dem durch die Jahrhunderte mündlich überlieferten Gewohnheitsrecht orientierte. Die Diktatur der Zogu-Zeit[6] produzierte primär weitere politische Straftatbestände, aber auch ein Militärstrafgesetzbuch (1932), wobei schließlich das ganze Gesetzeswerk sogar den italienischen Einmarsch und Anschluß (1939) überstand, stand es doch ohnehin ganz unter dem geistigen Einfluß dieses "Bündnispartners". Parallel zum materiellen Recht war im übrigen auch eine Art Strafprozeßordnung (1929 mit Novelle 1937) bzw. eine Militärstrafverfahrensordnung (1937) erlassen worden, denen schon 1925 ein Dekret über die Gerichtsorganisation[7] vorangegangen war.

Nach der Befreiung (1944)[8] benötigte man zunächst schlagkräftige Instrumente zur Machterhaltung und -konsolidierung, wobei schon das Reglement der Volksbefreiungsräte von 1943 ein Kapitel über militärische und politische Verbrechen enthielt. 1946 erließ man Gesetze über allgemeine Strafvorschriften und Straftaten gegen Volk, Staat und Wirtschaftsordnung, denen 1948 zunächst ein Allgemeiner Teil eines Strafgesetzbuchs folgte, während die in vielen Einzelgesetzen verstreuten Straftatbestände erst 1952 zu einem einheitlichen Gesetz (verbunden mit einer Verfahrensordnung 1953) vereinigt wurden, die beide 1958 novelliert wurden. Bemerkenswert ist, daß der Allgemeine Teil von 1948 noch ganz unter jugoslawischem Einfluß stand und sich damit die ausländischen Einmischungen der Vorkriegszeit fortsetzten, was auch in den folgenden Jahren

6 Hierzu neuerdings: Schmidt-Neke, Entstehung und Ausbau der Königsdiktatur in Albanien (1912-1939), München 1987.

7 Vgl. im einzelnen Nova (siehe bibliographische Hinweise C III), S. 72 ff.

8 Vgl. für diese Zeit insbesondere Schwanke, Das geltende Recht in Albanien, OER 1960, 126 ff., 210 ff. sowie Omari, The people's revolution and the question of state power in Albania, Tirana 1986 (enthält u. a. zahlreiche Übersetzungen ansonsten schwer zugänglichen Materials aus den Jahren 1943-44); eine gute Einführung insbesondere in das StGB von 1952 findet man bei Vokopola, Criminal Law in Albania, in: V. Gsovski/K. Grzybowski (ed.), Government, Law and Courts in the Soviet Union and Eastern Europe, London 1959 (S. 970 ff.).

mit der mehr oder minder freiwilligen Übernahme sowjetischer Vorlagen, insbesondere des Strafgesetzbuchs von 1952/58 bis hin zur chinesischen Einflußphase (1962-1974) andauerte, die dem albanischen Recht die Massenlinie und die Arbeiterkontrolle bescherte.

Nachdem es Albanien Mitte der siebziger Jahre gelungen war, den weitgehend ideologisch ausgerichteten Assimilierungsdruck seiner "Partner" abzuschütteln, war der Weg frei auch für eine Neuordnung des Rechtswesens, was - verbunden mit den Weisungen schon des 5. Parteitages von 1966 zur "Revolutionierung des Rechts" - schließlich zur Verabschiedung der neuen Verfassung von 1976 führte, die wiederum eine Welle von großen Kodifikationen auslöste, die als erstes die Neuregelung des Straf- (StGB 1977) und Strafverfahrensrechts (StPO 1979) betraf, während wichtige begleitende Vorschriften (Gerichtsorganisation, Staatsanwaltschaft, Ermittlungsbehörde usw.) in den achtziger Jahren kontinuierlich dem neuen Rechtsstand angepaßt wurden. Gut zehn Jahre nach Inkrafttreten der neuen Verfassung kann dieser gewaltige Umgestaltungsprozeß als abgeschlossen betrachtet werden und es ist jetzt Aufgabe der Rechtsprechungsorgane wie der übrigen Organe von Staatsmacht und -verwaltung, dieses teilweise in Form von Rahmenvorschriften bzw. bewußt rudimentär gestaltete Gesetzeswerk in die Praxis umzusetzen.

Terminologie

Neben einer nicht immer leicht verständlichen, weil uneinheitlichen bzw. umständlichen juristischen Sprache (siehe unten) finden sich wiederholt begriffliche Hinweise auf typisch albanische Institutionen des staatlichen und gesellschaftlichen Lebens, die einer kurzen Erläuterung bedürfen (insoweit helfen auch die in der Bibliographie unter A I genannten Werke): **Staatliche Organe** sind vor allem die höheren Organe der Staatsmacht (Volksversammlung, ihr Präsidium, Verteidigungsrat) und Staatsverwaltung (Ministerrat) und deren (zentrale oberen) Organe (z.B. Ministerien); **lokale Organe** der Staatsmacht sind die Volksräte und solche der Staatsverwaltung, deren Exekutivkomitees (als unmittelbar ausführende Organe), und zwar hierarchisch gegliedert von den (26) Bezirken bis hinunter zu den (gegebenenfalls vereinigten = Samtgemeinden, also Zusammenschluß mehrerer Dörfer) Dörfern und Wohnvierteln der Städte. **Organe für innere Angelegenheiten** sind alle dem Bereich des Innenministeriums zu- und nachgeordneten Behörden wie Staats- und Volkspolizei, aber auch Gefängnisverwaltung oder Exekutivkomitees im Rahmen der Auftragsverwaltung. Zur Staatsverwaltung im weiteren Sinne, in der Regel auf einer Ebene unter den Ministerien, gehören auch die (zentralen) **Institutionen**, d.h. Einrichtungen wie die Akademie der Wissenschaft, die verschiedenen Komitees für Wissenschaft und Technik, Kunst und Kultur, Preise und Standards usw. **Wirtschaftliche Organisationen** sind z.B. die Außenhandelsfirmen (wie Albimport, Makinaexport oder die Tourismusorganisation Albturist). (Staats-)**Betriebe** sind stets Staatsunternehmen, da privatwirtschaftliche Tätigkeit in Produktion und Handel untersagt ist. Lediglich im landwirtschaftlichen Sektor finden sich mit den **landwirtschaftlichen Produktionsgenossenschaften** nichtstaatliche Einrichtungen, die, abgesehen vom Boden, über umfangreiches nichtsozialistisches Eigentum verfügen können. Das gesellschaftliche Leben spielt sich für nahezu jeden Albaner in einer **gesellschaftlichen Organisation** ab, zu denen - zusammengeschlossen in der Demokratischen Front - der Gewerkschafts-, Frauen-, Jugend- und Pionierverband gehören (weitgehend Zwangskorporationen). Der einzelne Bürger steht am Arbeitsplatz nicht allein, sondern in seinem **Arbeitskollektiv** (Brigade), das z.B. im Umgang mit Behörden rechtsverkehrsfähig ist. Massenlinie, demokratischer Zentralismus, Kampf gegen Bürokratismus und Liberalismus, Arbeiter- und Bauernkontrolle sind weitere Schlagworte und im einzelnen in der Verfassung erläutert (Art. 1-15), wobei schließlich nur noch anzumerken bleibt, daß die Partei der Arbeit die einzige führende politische Kraft des Staates und der Gesellschaft ist.

Organe der Rechtspflege sind die **Gerichte**, die **Staatsanwaltschaft** und die **Ermittlungsbehörde**, die genau umrissene, teilweise aber sich überschneidende Kompetenzen haben und denen Institutionen wie die **Rechtshilfebüros** (die durch **Rechtspfleger** dem Bürger und wirtschaftlichen und gesellschaftlichen Einrichtungen Rechtsberatung und -beistand gewähren) oder die **Vollstreckungsbehörde** (die indes nach Art. 188 KPP nicht für die Vollstreckung von Freiheitsstrafen zuständig ist) nachgeordnet sind. Die Berufsrichter werden im Gesetz meistens **Einzelrichter** genannt, wenn sie ohne ihren Spruchkörper tätig werden, zu dem die **Hilfsrichter** gehören, juristische Laien, die im weitesten Sinne mit Schöffen vergleichbar sind und (genau wie die ihnen in den Volksgerichten zur Seite gestellten **gesellschaftlichen Aktivisten**) Garanten der Massenlinie sein sollen.

Die juristische Terminologie ist schwerfällig und oft unklar und ungenau, da gleiche Sachverhalte oft sprachlich unterschiedlich ausgedrückt werden. Hinzu kommt, daß mangels einer geschriebenen Rechtstradition ein eher nur geringer Fachwortschatz vorhanden ist, der zwangsläufig die Ausdrucksmöglichkeiten beschränkt.[9] So kann z.B. im Verfahrensrecht der Begriff "gjykim" sowohl "gerichtliches Verfahren" wie "gerichtliche Entscheidung" bedeuten, während der Bedeutungsgehalt von "sqyrtim" von "Prüfung, Sachaufklärung" bis hin zu "Sacherörterung, Verhandlung, Befassung" reicht; "seancë" kann man mit "Sitzung, mündliche Verhandlung, Hauptverhandlung" übersetzen, wobei in der Praxis aber alle drei Begriffe auch als Synonyme verwendet werden. Abgesehen von diesen Schwierigkeiten wurde bei der Übersetzung bewußt davon Abstand genommen, Fachbegriffe einzuführen, die vom deutschen Recht her bereits mit einem anderen Sinngehalt belegt sind; so ist z.B. in den Artikeln 113, 114 KP bzw. 63 ff. KPP von der "Einleitung des Strafverfahrens" die Rede, was sich auch mit "Eröffnung der Voruntersuchung" übersetzen ließe, die es in diesem Sinne im albanischen Recht aber gerade nicht gibt. Es wurde daher weitgehend vermieden, sprachlich Assoziationen zu wecken, die inhaltlich nicht bestehen.

Auffällig sind schließlich die zahlreichen sprachlich und inhaltlich diffusen Gesetzesformulierungen, die zwar generalklauselartig oder normativ sein können ("triftiger Grund, in besonderen Fällen, schwere Folgen" usw.), in der Regel aber nicht objektivierbar ("wenn es das Gericht für nötig, für angebracht hält, wenn es meint oder überzeugt ist" usw.) und mithin für eine politische Auslegung völlig offen sind, wie das albanische Recht ohnehin nicht verhehlt, daß der unmittelbar politische Eingriff nicht nur jederzeit möglich, sondern unter Umständen sogar obligatorisch ist (vgl. Art. 1, 2 KP, 1-4 KPP, 1-3, 6 DOGJ). Solche unbestimmten Formulierungen finden sich besonders dort, wo es um Verfahrensgarantien, um den Schutz des einzelnen, um den Geltungsbereich von Gesetzen usw. geht (Art. 47 II KPP: Sicherungsmittel in "außergewöhnlichen Fällen"), während demgegenüber Formalien und Nebensächlichkeiten häufig bis ins kleinste Detail geregelt sind (vgl. Art. 42 KPP).

9 Vgl. Hetzer, Die strafrechtliche Terminologie in der albanischen Sprache, Zeitschrift für Balkanologie 1980, S. 25 ff.

Strafgesetzbuch

Der "Kodi Penal" gliedert sich in einen Allgemeinen und einen Besonderen Teil auf der Grundlage der Dichotomie der Straftaten (Art. 4 KP), die sich der Sache nach als Verbrechen und Vergehen darstellt (und vorliegend auch so übersetzt worden ist), obwohl sprachlich zwischen "krim" (Verbrechen) und "kundërvajtja penale" (Vergehen) ein größerer Abstand liegt, da letzterer Begriff wörtlich "strafrechtliche Übertretung" bedeutet und sofort Assoziationen zur "kundërvajtja administrative" (Verwaltungsübertretung, Ordnungswidrigkeit) hervorruft, damit aber einen merklich geringeren Unwert- bzw. Unrechtscharakter ausdrücken will. Diese Nähe von Vergehen und Übertretung kommt auch dadurch zum Ausdruck, daß für Vergehen als Höchststrafe lediglich Freiheitsentzug bis zu zwei Jahren vorgesehen ist, was deutlich hinter den sonstigen Strafandrohungen bis zu 25 Jahren zurückbleibt (ganz abgesehen von der Todesstrafe). Hinzu kommt, daß ein Teil der Vergehen (wie Übertretungen) nur von den Laien-Volksgerichten abgeurteilt wird bzw. lediglich der Betriebsdisziplinarjustiz unterliegt.

Daß Schutzobjekte des Strafrechts nicht nur die Gesellschaft und der einzelne Bürger sind, sondern vorrangig Staat und Partei (Art. 1, 9 KP) liegt nach den bisherigen Ausführungen zum Strafrecht als Waffe im Klassenkampf genauso auf der Hand wie der Umstand, daß (selbst tages-) politisches Denken unmittelbar in die Rechtsanwendung einzufließen hat; hierbei bedienen sich die Ermittlungsbehörde der Bevölkerung (Art. 53 KPP), die Gerichte der Hilfsrichter (Art. 24 DOGJ) und die Staatsanwaltschaft der Volksstaatsanwälte (Art. 24 des Gesetzes über die Staatsanwaltschaft), die vor Ort die Stimmung der "Massen" sowie die Interessen der Partei ausloten und auf das Verfahren (in der Regel über den Ermittlungs- bzw. Verfahrensablaufplan, Art. 62, 124 KPP) übertragen.

Weiterhin enthält der Allgemeine Teil die gängigen Rechtsinstitute von Schuld und Schuldunfähigkeit, Notwehr und Notstand, Versuch und Rücktritt, Täterschaft und Teilnahme, Strafen und Strafzumessung, Verfolgungs- und Vollstreckungsverjährung sowie Geltungsbereich der Strafgesetze, wobei indes viele Einzelfragen offen bleiben oder nur bruchstückhaft geregelt sind und damit letztlich der Ausfüllung durch die Praxis bedürfen (z.B. durch die zahlreichen Weisungen des Plenums des Obersten

Gerichts, die gesetzesgleiche Kraft im Sinne einer authentischen Interpretation der gesetzlichen Vorschriften haben, vgl. Art. 21 DOGJ). Nicht erwähnt werden z.B. der Irrtum über Tatumstände, und der Verbotsirrtum und unklar bleibt, was unter "Unterlassen" nach Art. 3 KP fällt (Garantenpflicht?). Die Grenzen der Notwehr sind nicht definiert und auch der entschuldigende Notstand ist nicht aufgeführt. Mittäterschaft umfaßt jede Art von Beteiligung, jedoch können Anstifter und Gehilfen milder bestraft werden (Art. 15 KP), ohne daß klar zum Ausdruck kommt, welche Kriterien für die Abgrenzung (z.B. zur mittelbaren Täterschaft oder bezüglich persönlicher Merkmale) gelten.

Der Strafenkatalog ist weit gefächert und reicht nach wie vor bis zur Todesstrafe, die allerdings zumindest im ordentlichen Verfahren in den letzten fünf Jahren nach Auskunft albanischer Justizkreise nicht mehr verhängt bzw. vollstreckt worden ist. Ferner fallen die - teilweise sogar für vergleichsweise eher harmlose Delikte - drastischen Strafdrohungen ins Auge, wobei in der Praxis der Gerichte dieser Strafrahmen häufig auch noch voll ausgeschöpft wird. Dabei muß jedoch berücksichtigt werden, daß solche von generalpräventiver Strenge geprägten Tatbestände und Urteile von vornherein den Effekt einer strafmildernden Amnestie oder Begnadigung miteinbeziehen, die in Albanien als bewußtes Korrektiv zur bekanntermaßen harten Strafpraxis in regelmäßigen Abständen zur Anwendung kommen. Nach albanischem Rechtsverständnis soll dem Täter durch ein strenges Urteil der Unwertgehalt seines Tuns nachhaltig vor Augen geführt werden, während der spätere (im Normalfall meist auch gewährte) Gnadenerweis die Bereitschaft der Gesellschaft signalisiert, den Verurteilten wiederaufzunehmen, wie das z.B. anläßlich der beiden großen Amnestien von 1982 und 1986 der Fall war.

Freiheitsstrafe wird im übrigen nur ausnahmsweise in einem (der zwei!) Gefängnisse vollstreckt, im Regelfall hingegen in Arbeitslagern, während Umerziehung durch Arbeit demgegenüber gerade nicht in einem Lager, sondern lediglich an einem bestimmten (gegebenenfalls sogar dem eigenen!) Arbeitsplatz (also ansonsten in Freiheit) zu verbüßen ist (vgl. im einzelnen die Vollstreckungsordnung). Als Nebenstrafe kennt das Gesetz weiterhin Verbannung und Internierung (im Sinne eines Aufenthaltsverbotes bzw. einer Beschränkung der Freizügigkeit), die auch im

Verwaltungswege verhängt werden können (vgl. Dekret Nr. 7071), wovon nach albanischen Angaben allerdings nur sehr eingeschränkt Gebrauch gemacht wird; so sollen z.B. 1986 von der (mit einem stellvertretenden Vorsitzenden des Ministerrats, dem Innenminister, dem Präsidenten des Obersten Gerichts und dem Generalstaatsanwalt mehr als hochrangig besetzten) Verbannungskommission nur vier Fälle positiv beschieden worden sein, die sämtlich Jugendliche betrafen, denen wiederholtes "Rowdytum" (Art. 129 KP) vorgeworfen worden war (vgl. auch JOR XXIX (1988) S. 271).

Ersatzfreiheitsstrafe ist nur für den Fall vorgesehen, daß der zu Umerziehung durch Arbeit Verurteilte den Auflagen nicht nachkommt (Art. 20 KP), während uneinbringliche Geldstrafen in Umerziehung durch Arbeit umgewandelt werden (Art. 19 KP, 23 Abs. 3 Vollstreckungsordnung); kommt der Verurteilte auch dieser nicht nach, kann gegebenenfalls weitere Umwandlung in Freiheitsentzug erfolgen. Im Gegensatz hierzu werden uneinbringliche Geldbußen aus Verwaltungsübertretungen nach Artikel 14 Abs. 3 LKA in Verbindung mit der Beitreibungsordnung letztlich erlassen.

Die Bestimmung über die bedingte Verurteilung (Art. 38 KP) läßt Einzelheiten über Bewährungsauflagen und ähnliches vermissen, die indes nach ganz herrschender Meinung vom Gericht nicht nur verhängt werden können, sondern zwingend anzuordnen sind, was indes nicht im Gesetz, sondern in einer besonderen Weisung des Obersten Gerichts (siehe Anmerkung 14 zu Art. 38 KP) zu finden ist.

Der Geltungsbereich des Kodi Penal erstreckt sich auf alle Inlandstaten, für albanische Staatsangehörige aber auch auf alle Auslandstaten, soweit sie nach albanischem Recht strafbar sind. Ausländer können für Auslandstaten dann in Albanien zur Verantwortung gezogen werden, wenn es sich um Verbrechen gegen den Staat nach den Artikeln 47-60 KP handelt, wovon indes nicht allein inländische Rechtsgüter betroffen sind, sondern auch solche fremder Staaten oder Gruppen (Art. 54, 60 KP). Schließlich gilt auch in Albanien der Grundsatz "keine Strafe ohne Gesetz", wobei Gesetzesänderungen nur dann rückwirkende Kraft haben, wenn sie Taten für nicht mehr strafbar erklären, ein Umstand, der gleichermaßen für die Veränderung der gesellschaftlich-politischen Umstände gilt (Art. 33 KP). Anzumerken ist noch, daß nur Vergehen verjähren können, nicht aber Verbrechen (Art. 40 KP).

Im Besonderen Teil liegt der Schwerpunkt auf dem 1. Abschnitt, den Verbrechen gegen den Staat als dem neuralgischen Punkt jedes autoritären Staates. Die Bedeutung dieser Vorschriftn kommt auch in der Tatsache zum Ausdruck, daß nach Art. 166 KPP allein diese Delikte in der zweitinstanzlichen Zuständigkeit des Obersten Gerichts verblieben und nicht an die Regionalgerichte abgegeben worden sind. Zentrale Normen - auch in der Praxis - sind dabei die Artikel 47 und 55 KP, die - dem Verfassungsauftrag des Artikels 55 der Verfassung entsprechend - unmittelbar der Erhaltung des politischen status quo dienen und beispielsweise geeignet sind, jegliches oppositionelles Streben innerhalb oder außerhalb der Partei im Ansatz zu zerschlagen. Die in den Artikeln 47 g und 48 KP genannten Staatsgeheimnisse sind auch für Ausländer deliktsträchtig; eine früher einmal publizierte Liste geheimschutzbedürftiger Daten (VKM Nr. 765 vom 11.12.1952, GZ 1952 Nr. 24) ist durch den VKM Nr. 243 vom 27.8.1982 "Über die Behandlung von Staatsgeheimnissen" überholt, der indes nicht allgemein zugänglich ist (nicht in GZ, aber in PPL, 1985 I, S. 576). Das von Amnesty International noch 1984 als in Kraft bezeichnete Dekret "Über die Verfolgung und Behandlung terroristischer Organisationen und Terrorakte gegen Repräsentanten des Staates ..." vom 26.2.1951 ist indes bereits 1952 ins damalige StGB eingeflossen und aufgehoben worden (heute: Art. 50 KP).

Der Besondere Teil ist ferner geprägt von einer geradezu verwirrenden Parallelität sich überschneidender Tatbestände, die trotz Sachzusammenhangs getrennt behandelt werden, obwohl sie sich in der Regel nur durch ein qualifizierendes Merkmal unterscheiden. Dabei ist das Argument des Sachzwanges der Dichotomie nicht unbedingt zwingend, denn beispielsweise finden sich Straftaten gegen das Eigentum gleich in vier verschiedenen Abschnitten, wobei auch die Trennung von sozialistischem und privatem Eigentum nicht weiterhilft, da in beiden Fällen Verbrechen (Art. 61 ff./ 101 ff. KP) als auch Vergehen (Art. 161/175 KP) vorliegen können. In den meisten anderen Fällen bedingt jedoch in der Tat die Qualifizierung ("im großen Maßstab, schwere Folge, Todesfolge" usw.) die Unterscheidung von

Verbrechen und Vergehen (vgl. Art. 72/163, 73/164, 74/166, 82/168, 118/ 204, 130/228 usw. KP). Wenig griffig sind auch die Abgrenzungskriterien qualifizierender Merkmale wie Todes- oder Verletzungsfolge (z.B. Art. 79-81 KP) zur fahrlässigen Tötung (Art. 88 KP) oder Körperverletzung (Art. 175 KP), auch wenn das Rechtsinstitut der Tateinheit bekannt ist (Art. 35 KP).

Im Besonderen Teil sind schließlich in Ermangelung eines eigenen Militärstrafgesetzbuchs auch die Straftaten von Militärpersonen integriert, die in der Praxis insoweit eine gesonderte Behandlung erfahren, als sie von besonderen Militärstrafkammern abgeurteilt werden, die allerdings nicht bei allen, sondern nur bei einer ausgewählten Zahl von Bezirksgerichten installiert sind (Art. 16 DOGJ); Rechtsmittel werden in diesen Fällen ausschließlich vom Obersten Gericht verhandelt (Art. 166 KPP).

Entgegen dem Anschein, den Artikel 46 KP erweckt, gibt es in Albanien kein Nebenstrafrecht in besonderen Gesetzen, sondern nur noch Verwaltungsunrecht, das sich nach dem Gesetz über die Verwaltungsübertretungen bestimmt. Einzige Ausnahmen sind:

a) das Dekret über die Verbannung und Internierung im Verwaltungswege, das - so zumindest in der allein bekanntgewordenen Fassung von 1979 - gegen Personen, die eine Gefährdung für die gesellschaftliche Ordnung darstellen, und gegen deren Familienangehörige (bei denen die Gesellschaftsgefährlichkeit unterstellt wird, was letztlich auf Sippenhaft hinausläuft) zur Anwendung kommen kann;

b) das Dekret über die Arbeitsverpflichtung von Personen mit parasitärem Lebenswandel, das - allerdings in Konkurrenz zu Artikel 209 KP - echte Straftatbestände nur für den Wiederholungsfall enthält und im übrigen nur eine Ahndung als Verwaltungsübertretung zuläßt.

Strafprozeßordnung

Im Anschluß an die obligatorischen politischen Grundsatzaussagen (Art. 1-4 KPP) unternimmt das Gesetz den bemerkenswerten Versuch einer Begriffsvereinheitlichung, indem es die wichtigsten Personen- und Sachbegriffe in Artikel 5-13 KPP zusammenstellt (ein vergleichbares Vorgehen findet sich ansonsten nur noch in der Zivilprozeßordnung von 1981). Das bedeutet indes nicht, daß auch immer sachliche Übereinstimmung der verwendeten Begriffe z.B. gegenüber den einzelgesetzlichen Regelungen bestehen muß; wenn z.B. Artikel 5 KPP (wie im übrigen auch Artikel 103 Verfassung und Artikel 4 DOGJ) von der Unabhängigkeit der Gerichte spricht, steht das im Widerspruch zu Artikel 2, 3, 6 DOGJ, wonach die Gerichte doch nicht ganz so unabhängig sind, wie hier vorgegeben wird, zumal das Prinzip des gesetzlichen Richters, wie Artikel 27 DOGJ zeigt, ohnehin nicht gewährleistet ist. Zumindest mißverständlich muß auch bleiben, ob das Beweismethodenverbot in Artikel 7 KPP nach seiner systematischen Einordnung auf den Ermittlungsbeamten beschränkt bleiben soll, da auch Polizei, Staatsanwaltschaft und Gerichte zur Führung von Ermittlungen berechtigt sind und Artikel 115 KP (Aussageerpressung) nicht von "Ermittlungsbeamten", sondern von "die Untersuchung führende Person" spricht.

Wichtigste Person im Strafverfahren ist der Beschuldigte (Art. 8 KPP), ohne daß das Gesetz weitere (sprachliche) Unterscheidungen trifft, sieht man einmal vom Verdächtigten bei den Vorermittlungen bzw. dem Verurteilten im Vollstreckungsverfahren ab; auch nach förmlicher Anschuldigung wird daher aus dem Beschuldigten kein "Angeschuldigter" bzw. nach Einreichung der Anklageschrift und Abgabe an das Gericht kein "Angeklagter". Ohnehin findet man im Gesetz wenig Bestimmungen, die sich mit dem Beschuldigten als Verfahrenssubjekt (und nicht bloß Betroffener) befassen; neben den eher formalen Garantien etwa der Artikel 76, 82, 102 KPP und ähnlichen, geht es primär um seine Verteidigungsrechte, die ebenfalls auf ein Minimum beschränkt sind. Nach Artikel 8 Abs. 2 KPP genießt der Beschuldigte zwar im gesamten Strafprozeß das Recht auf Verteidigung, was aber nur materielle Verteidigung beinhaltet, d.h. daß er sich selbst verteidigen darf; Absatz 3 dieses Artikels stellt demgegenüber unmißverständlich klar, daß formelle Verteidigung, also z.B. durch einen Rechtsbeistand, nur im gerichtlichen Verfahren und nicht schon im Ermittlungsverfahren, und zwar selbst nicht bei Untersuchungshaft, in Betracht kommt, und selbst dann nur bei Vorliegen besonderer Voraussetzungen. Notwendige Verteidigung ist gar auf Minderjährige und körperlich oder geistig beschränkte Personen beschränkt (Art. 10 KPP), wobei der dann beigeordnete "Rechtsrat" auch nicht etwa ein unabhängiger Anwalt ist (den es seit 1967 nicht mehr gibt), sondern ein staatlicher Angestellter eines Rechtshilfebüros (Artikel 23, 33 DOGJ).

Auch die Zeugen haben im Prozeß wenig Rechte; allenfalls dürfen sie ihr Vernehmungsprotokoll unterschreiben (Art. 81 KPP) bzw. dessen Berichtigung beantragen (Art.45 KPP), während sie bereits einer Vorladung der Ermittlungsbehörde nachzukommen haben (Art. 20 KPP), wollen sie sich nicht strafbar machen (Art. 203 KP). Ein irgendwie geartetes Aussage- oder Zeugnisverweigerungsrecht existiert in keinem Stadium des Verfahrens. Viel Aufmerksamkeit scheint man den Belangen des Opfers einzuräumen, doch zeigt sich auch hier bei näherem Hinsehen, daß man z.B. im Strafverlangen bei Antragsdelikten eher zusätzliche und wenig im öffentlichen Interesse liegende Arbeit sieht, weshalb man bemüht ist, solche Verfahren möglichst schnell, d.h. gegebenenfalls noch im Vorfeld einer Entscheidung (Art. 125 KPP) oder doch unter Umgehung des Ermittlungsverfahrens (Art. 126 KPP) abzuschließen. Auch die zivile Nebenklage muß selbst bei Zulassung nicht immer zum Erfolg führen - falls es sich beim Verletzten nicht gerade um eine juristische Person handelt - wie die Artikel 175 ff KPP. zeigen.

Die ohnehin vom Gesetz schon betont starke Stellung der Staatsanwaltschaft[10] ist durch die Novellen von 1983 und 1987 noch weiter ausgebaut worden. Hierbei ist zu berücksichtigen, daß die Staatsanwaltschaft in Albanien nicht Anklagebehörde ist, sondern Organ der Rechtsaufsicht, und die Kontrolle des Strafverfahrens nur einen Aspekt ihrer Arbeit darstellt. Während die Funktionen im gerichtlichen Verfahren nicht so ausgeprägt sind - das Gesetz geht stillschweigend von Waffengleichheit zwischen Gericht und Staatsanwaltschaft aus -, sind die Aufsichtspflichten in bezug auf die Ermittlungsbehörde weitreichend und einschneidend, was seinen Grund in den schlechten Erfahrungen und Mißständen der Vergangenheit hat, als die Ermittlungsbehörde als Teil des Innenministeriums sich zusammen mit dem Apparat der Staatspolizei geradezu verselbständigt und der Kontrolle durch die Partei entzogen hatte. Nunmehr reicht der Katalog der zustimmungspflichtigen Ermittlungshandlungen von der Haft-, Durchsuchungs- und Beschlagnahmeanordnung bis hin zu Einleitungs-, Aussetzungs- und Einstellungsbeschlüssen (vgl. z.B. Artikel 50, 67 a, 73, 85, 97, 98 usw. KPP). Darüber hinaus ist die

10 Vgl. hierzu schon Schwanke im Jahresbericht 1979: JOR XXI (1980), S. 173, 174.

Staatsanwaltschaft aber auch antragsberechtigt (vgl. Art. 39, 41, 63 usw. KPP) bzw. kann sogar unmittelbar selbst ins Verfahren eingreifen (Art. 65 a KPP). Die Ermittlungsbehörde wiederum ist zwar als zentrales Untersuchungsorgan konzipiert, steht insoweit aber auch in Konkurrenz mit allen anderen Rechtspflegeorganen. Die Behörde ist hierarchisch und auf der Grundlage der Weisungsgebundenheit (Art. 55 KPP) aufgebaut, so daß die in Artikel 7 KPP garantierte "Eigenständigkeit" des Ermittlungsbeamten in seiner Arbeit praktisch ohne Bedeutung ist.

Breiten Raum nehmen im Gesetz die Beweismittel sowie die Grundsätze der Beweiserhebung und -würdigung ein, die weitgehend internationalen Standards entsprechen. Als Zwangsmittel sind Beschränkung der Bewegungsfreiheit und vor allem Untersuchungshaft vorgesehen, die zeitlich nicht beschränkt ist, insoweit jedoch mit den Ermittlungs- und Abschlußfristen der Artikel 61, 131 KPP korrespondieren dürfte. Von den Haftgründen ist Artikel 49 Ziff. 4 KPP in seiner weiten, unbestimmten Fassung nicht unbedenklich. Im übrigen kennt das Gesetz auch die (vorläufige) Festnahme (Art. 68 KPP), die nicht länger als 72 Stunden (Art. 70 KPP, entspricht Artikel 56 Verfassung, wo von drei Tagen die Rede ist) andauern darf, sowie die Vorführung von Beschuldigten und Zeugen (Art. 20, 24 KPP). Durchsuchung und Beschlagnahme sind in der Regel am Tage vorzunehmen (der nicht definiert ist!), wobei staatliche (höhere, obere) Organe nach dem Gesetzeswortlaut anscheinend ausgenommen sind und auch eine Beschlagnahme amtlicher Akten nicht in Betracht zu kommen scheint. Im Hinblick auf das in Artikel 58 Verfassung auch verankerte Fernmeldegeheimnis vermißt man neben der Postbeschlagnahme (Art. 87) eine Regelung über das Abhören von Telefongesprächen.[11]

Zu den Besonderheiten des albanischen Verfahrensrechtes gehören schließlich die extrem kurzen Fristen, die nicht nur der Ermittlungsbehörde gesetzt sind (Art. 61 KPP), sondern auch für das Gericht gelten; so kann schon auf den 3. Tag nach Eingang der Anklageschrift terminiert werden (Art. 120 KPP) und das Verfahren ist binnen eines Monats abzuschließen (Art. 131 KPP). Die Rechtsmittelfrist beträgt durchgängig nur

11 Auch Art. 9 Abs.3 des Dekretes Nr. 4875 vom 30.3.1971 "Über den Post- und Telegrammdienst" (GZ 1971 Nr. 3, S. 47) geht nicht über den Wortlaut des Art. 87 KPP hinaus; im Lehrbuch von Gjika (siehe bibliographische Hinweise C III) wird das Problem nicht erwähnt.

fünf Tage (z.B. Art. 164 KPP) und über das Rechtsmittel ist binnen zehn Tagen bzw. eines Monats zu befinden (Art. 167 KPP). Rechtskräftige Urteile sind sofort vollstreckbar und binnen drei Tagen zur Vollstreckung weiterzugeben (Art. 187 KPP). Beanstandungen der Staatsanwaltschaft ist binnen fünf Tagen nachzukommen (Art. 20 Gesetz über die Staatsanwaltschaft).

Hinsichtlich des Verfahrensganges unterscheidet das Gesetz Ermittlungs- und gerichtliches (erst- und zweitinstanzliches) Verfahren. Zum Ermittlungsverfahren gehören auch schon die Vorermittlungen, auch wenn sie nur mittelbar (z.B. in Art. 63 Abs. 4, 65 a KPP betreffend die Staatsanwaltschaft und Art. 66 und 5, 6 LPP betreffend die Polizei) Erwähnung finden, da andernfalls keine Entscheidung über die Einleitung des Strafverfahrens (Art. 34, 63 ff. KPP) als erster förmlicher Stufe des Ermittlungsverfahrens getroffen werden könnte. Ein für die Vorermittlungen notwendiger Anfangsverdacht kann auf einer Anzeige (Art. 64 KPP) oder einem Strafverlangen des Verletzten basieren (Art. 63 Abs. 3 KPP), aber auch von Amts wegen entstehen, wobei letztlich alle Rechtspflege- und Sicherheitsorgane hier ein Betätigungsfeld haben, da sie gleichermaßen zur Beschlußfassung über die Einleitung des Strafverfahrens berechtigt sind, sobald hierfür hinreichende Gründe gegeben sind. Reichen die Gründe nicht, ist nach Artikel 71-73 KPP zu verfahren. Der Sache nach entspricht die Einleitung des Strafverfahrens der Einleitung und Durchführung eines Ermittlungsverfahrens nach deutschem Recht, also dem Verfahren zur Vorbereitung der öffentlichen Klage, nicht aber der Eröffnung der Voruntersuchung, auch wenn in Albanien das Gericht in allen Verfahrensstadien selbständig Ermittlungen führen kann. Auf der durch die Einleitung des Strafverfahrens vorgegebenen Ermittlungsstufe führt das weitere Verfahren (gegebenenfalls nach Beweiserhebung und -sicherung) entweder zur Einstellung (Art. 98 KPP) oder zur Anklageerhebung (Art. 35, 75 KPP) als zweiter Stufe des Ermittlungsverfahrens, die nicht zu verwechseln ist mit der Klageerhebung nach deutschem Recht, sondern lediglich die erste formelle Anschuldigung einer bestimmten Person beinhaltet. Dieser Vorgang ist unter anderem Voraussetzung für die Anordnung von Sicherungsmitteln (Art. 47 ff. KPP) sowie die förmliche Vernehmung des Beschuldigten (Art. 22, 76 KPP). Nach gegebenenfalls erneuter, vertiefender Beweiserhebung steht am Ende dieses Verfahrensabschnittes entweder erneut die Einstellung (oder Aussetzung, Art. 97 KPP) oder aber der förmliche Abschluß des Ermittlungsverfahrens mit Gewährung des Schlußgehörs (Art. 102 KPP), Fertigung der Anklageschrift und Abgabe an das Gericht (Art. 105 KPP).

Mit Eintritt ins gerichtliche Verfahren erlöschen alle Befugnisse der Ermittlungsbehörde und das Gericht übernimmt die Federführung. Beim Eingangsgericht ist zunächst der Berufsrichter allein ("Einzelrichter") mit der Sache befaßt, die er einer Vorprüfung auf Schlüssigkeit und Evidenz zu unterziehen hat (Art. 126 KPP), woraus sich zwei Entscheidungsvarianten ergeben (abgesehen von einer eventuellen gütlichen Einigung bei Antragsdelikten, Art. 125 KPP):

a) die Sache wird unverändert zur Hauptverhandlung zugelassen (Eröffnungsbeschluß),

b) oder die Sache ist einstellungsreif oder bedarf noch weiterer Klärung; dann ist stets ein Vortermin anzusetzen (Art. 129 KPP), der wiederum mehrere Entscheidungen ermöglicht (Art. 130 KPP), von der Einstellung bis zur Zulassung.

Die zur Hauptverhandlung zugelassenen Sachen sind vorzubereiten (vom Verfahrensablaufplan, Art. 124 KPP, bis hin zur Ladung, Art. 126, 132 KPP) und sodann (in der Regel öffentlich, Art. 133 KPP, und möglichst vor Ort, Art. 134 KPP) zu verhandeln, wobei dem Berufsrichter jetzt zwei Hilfsrichter zur Seite stehen, die zusammen den Spruchkörper bilden (Art. 5 DOGJ). Nach der Beweisaufnahme ist eine Entscheidung zu verkünden, die in der Regel (falls die Sache nicht zu weiteren Ermittlungen zurückverwiesen wird, Art. 153 KPP) auf Verurteilung (Art. 150 KPP) oder Freispruch (Art. 151 KPP) lautet und gegebenenfalls noch die zivile Nebenklage mitbescheidet (Art. 156 KPP).

Gegen diese Endurteile sind im Umfang der jeweiligen Beschwer (Art. 163 KPP) Rechtsmittel (Art. 39, 40, 162 KPP) zur zweiten (Tatsachen-)Instanz gegeben, die darüber ebenfalls in einer Hauptverhandlung befindet und weder in rechtlicher noch tatsächlicher Hinsicht durch die Vorentscheidung bzw. die Verfahrensanträge gebunden ist (Art. 171 KPP); die diversen Entscheidungsvarianten sind in Artikel 172 KPP aufgelistet, wobei für die Aufhebung oder Änderung von Urteilen auch absolute Gründe (z.B. Verfahrensverstöße, Art. 173 KPP) in Frage kommen können. Ein weiteres Rechtsmittel ist nicht vorgesehen, doch können alle rechtskräftigen Entscheidungen in der Regel unbefristet (Art. 180 KPP) im Wege der Verteidigung der Gesetzlichkeit nachgeprüft werden, wozu allerdings nur der Präsident des Obersten Gerichts und der Generalstaatsanwalt antragsberechtigt sind (Art. 179 KPP). In der Sache läuft diese Nachprüfung auf eine Mischung aus Revision von Amts wegen und Wiederaufnahme hinaus, wobei trotz der begrenzten Antragsbefugnis im Grunde jedermann und vor allem Institutionen und Organisationen den zuständigen Behörden entsprechende Vorschläge unterbreiten können, wie Artikel 179 Abs. 3 KPPzeigt. Die Entscheidung selbst kann bis zur Aufhebung oder gar neuen Sachbeurteilung führen, und zwar sogar zu Ungunsten des Beschuldigten, da insoweit das Verschlechterungsverbot des Artikels 174 KPP nicht gilt. Lediglich Entscheidungen der Dorf-, Stadt- und Stadtviertelgerichte können nicht nach Artikel 179 ff. KPP angegriffen werden, sondern hier gilt ein auf ein Jahr befristetes vereinfachtes Wiederaufnahmeverfahren nach Artikel 22 LGFQ.

Zum gerichtlichen Verfahren gehört schießlich noch das Vollstreckungsverfahren, auch wenn nur ein Teil der Entscheidungen vom Gericht selbst bzw. von der ihm angeschlossenen Vollstreckungsbehörde vollstreckt wird (Art. 188 KPP). Insbesondere Freiheitsentzug und Todesstrafe werden von den Organen für innere Angelegenheiten vollzogen, jedoch sind Streitigkeiten aus dem Vollstreckungsverfahren stets vom Gericht zu entscheiden (Art. 198 KPP).

Gerichtsverfassung

Wegen der Einzelheiten kann hier weitgehend nur auf die einschlägigen Gesetzestexte und das Schrifttum verwiesen werden. Lediglich der Instanzenzug soll besonders hervorgehoben werden, nachdem die Novelle von 1987 hier erhebliche Veränderungen gebracht hat durch Übertragung der seit 1973 den sogenannten Gerichtsräten (bei den Bezirksgerichten: Spruchkörper mit drei Berufsrichtern) obliegenden zweitinstanzlichen Zuständigkeiten auf die neuen Regionalgerichte. Nunmehr ergibt sich folgendes Bild:

I. Instanz

a) Dorf-, Stadt-, Stadtviertelgerichte:
(1) Verwaltungsübertretungen (Art. 8 LKA),
(2) strafrechtliche Bagatellfälle entsprechend Artikel 8 LGFQ in Verbindung mit Artikel 116 KPP;

b) Bezirksgerichte:
(1) zentrale Eingangsinstanz (Art. 116 KPP, 15 DOGJ),
(2) Übernahme aller Zuständigkeiten der Dorf-, Stadt- und Stadtviertelgerichte nach Artikel 19 LGFQ bei Bedarf;

c) Regionalgerichte:
(1) auf Zuweisung (Art. 17 Abs. 2 DOGJ),
(2) in Sachen, die zum zweiten Mal aufgehoben wurden (Art. 172 KPP);

d) Oberstes Gericht:
bedeutende Sachen auf Zuweisung (Art. 117 KPP, 18 DOGJ).

II. Instanz

a) Dorf-, Stadt-, Stadtviertelgerichte:
keine Zuständigkeit (auch nicht bei Verwaltungsübertretungen, die von Verwaltungsorganen entschieden wurden, da gegen solche Entscheidungen nur Beschwerde zur nächsthöheren Behörde gegeben ist, Art. 13 LKA);

b) Bezirksgerichte:
gegen Entscheidungen der Dorf-, Stadt- und Stadtviertelgerichte (Art. 21 Abs. 2 LGFQ);

c) Regionalgerichte:
gegen Entscheidungen der Bezirksgerichte in erster Instanz (Art. 166 KPP, 17 DOGJ);

d) Oberstes Gericht:
(1) gegen Entscheidungen der Bezirksgerichte in erster Instanz bei Verbrechen gegen den Staat und bei Delikten, die mit Todesstrafe bedroht sind (Art. 166 KPP),

(2) gegen Entscheidungen der Militärstrafkammern der Bezirksgerichte (Art. 166 KPP),

(3) gegen erstinstanzliche Entscheidungen der Regionalgerichte (Art. 166 KPP).

Nachprüfungen rechtskräftiger Entscheidungen

a) Bezirksgerichte:
Wiederaufnahme von Verfahren der Dorf-, Stadt- und Stadtviertelgerichte (Art. 22 LGFQ),

b) Oberstes Gericht:
in allen anderen Fällen (Art. 182 KPP).

Ob sich dieses neue Modell[12] bewährt und zu einer seit langem geforderten Hebung des Niveaus der Rechtsprechung führen wird, muß letztlich die Praxis zeigen.

12 Vgl. im einzelnen Stoppel, Gerichtsreform in Albanien, WGO 1988, S. 277ff.

Bibliographische Hinweise

A. Allgemeines

I. Die zum Verständnis des albanischen Rechts als Ausfluß politischer Vorgaben erforderlichen gesellschaftlichen Hintergrundinformationen finden sich (auch in deutscher Sprache) in einer Reihe von Handbüchern:

Geschichte der Partei der Arbeit Albaniens, 2. Auflage, Tirana 1982

Portrait of Albania, Tirana 1982

Albanien - Allgemeine Notizen, Tirana 1985

Fjalor Enciklopedik Shqiptar, Tirana 1985
(Albanische Encyclopädie, hrsg. von der Akademie der Wissenschaften)

Fjalor i termave të së drejtës (Shqip-Frengjisht-Rusisht), Tirana 1986
(Wörterbuch der Rechtssprache: Albanisch-Französisch-Russisch)

II. Weitere Literaturhinweise, die auch rechtswissenschaftliches Schrifttum mitumfassen, geben die einschlägigen Bibliographien, insbesondere:

Hetzer, Armin/**Roman**, Viorel: Albanien - ein bibliographischer Forschungsbericht, München 1983

Daniel, Odil: Albanie, une bibliographie historique, Paris 1985

Seewann, Gerhard: Albanien - Bibliographie, in: SOE 1987 Nr. 11/12, S. 759 ff.

III. Bezüglich der vorrevolutionären Zeit (1912-1944) kann hier nur auf die nachfolgende, sehr detaillierte Darstellung verwiesen werden, die sich unter anderem mit dem Strafgesetzbuch von 1928 und der Strafprozeßordnung von 1929 und weiteren strafrechtlich einschlägigen Normativakten auseinandersetzt:

Omari, Luan: Historia e shtetit dhe e së drejtës ne Shqipëri, Pjesa III, Tirana 1987, S. 175-184 (Staats- und Rechtsgeschichte Albaniens, Teil III)

B. Zeit bis zum Inkrafttreten des neuen Kodi Penal bzw. Kodi i Procedurës Penale (1945-1977/79)

I. Gesetzessammlungen

Eine stets aktuelle bzw. aktualisierbare Sammmlung der geltenden albanischen Rechtsvorschriften fehlt bis heute. Neben der Publikation wichtiger Gesetze in Einzelausgaben hat man sich immer wieder mit der Herausgabe von Sammelwerken beholfen, die zwar relativ schnell veralteten, für den ausländischen Beobachter aber den Vorteil bieten, daß sich dort auch umfangreiches normatives Material findet, das zuvor nicht im Gesetzblatt veröffentlicht wurde. Für den hier angesprochenen Zeitraum interessieren besonders die nachfolgend zuerst genannte dreibändige Ausgabe des Rechtes der fünfziger Jahre, der zwei Ergänzungsbände folgten, sowie vor allem die Zusammenstellung der großen Kodifikationen wie Strafgesetzbuch 1952/58 und Strafprozeßordnung 1953/58. Nach der im Gefolge des 5. Parteitages von 1966 vorgenommenen umfassenden Rechtsbereinigung ließ sich das danach noch geltende Recht (die Kodifiktionen wiederum ausgenommen) in dem zuletzt genannten Band zusammenfassen, dem für die Jahre 1972 bis 1976 jeweils jährlich Nachtragsbändchen folgten.

Kodifikimi i përgjithëshëm i legjislacionit në fuqi të Republikës Popullore të Shqipërisë Vel. I-III (1945-1957), Tirana 1958 (Allgemeine Kodifizierung der geltenden Gesetze der Volksrepublik Albanien),
Aneks 1958, Tirana 1959; Aneks 1959-1960, Tirana 1961.

Kodifikimi i përgjithëshëm i legjislacionit në fuqi të Republikës Popullore të Shqipërisë, Kodet, Tirana 1961, (Allgemeine Kodifizierung der geltenden Gesetze der Volksrepublik Albanien - Gesetzbücher)

Përmbledhëse e përgjithshme e legjislacionit në fuqi të Republikës Popullore të Shqipërisë 1945-1971, Tirana 1971 (Allgemeine Sammlung der geltenden Gesetze der Volksrepublik Albanien)
Aneks 1972, 1973, 1974, 1975, 1976, Tirana 1973-1977.

II. Lehrbücher, Kommentare, Monographien

Die Rechtsliteratur im allgemeinen und zum Straf- und Strafprozeßrecht im besonderen ist für den vorliegenden Zeitraum äußerst beschränkt und konzentriert sich weitgehend auf Skripten, die alle drei bis vier Jahre überarbeitet wurden und vorrangig der Ausbildung des juristischen Nachwuchses dienten. Da die Literatur dieser Epoche bereits gut bibliographisch erfaßt ist (vgl. Schwanke unter B III) können nachfolgend lediglich die Standardwerke genannt werden:

Komentar i Kodit Penal të RPSH - Pjesa e posaçme, Vel. 1., Tirana 1964
(Kommentar des Strafgesetzbuches, BT, Bd. 1)

E drejta penale e RPSH - Pjesa e përgjithëshëm, Tirana 1970
Pjesa e posaçme, Tirana 1970 (1 und 2)
(Das Strafrecht der VRA, AT und BT)

Procedura penale e RPSH
Pjesa e përgjithëshëm, Tirana 1970
Pjesa e posaçme, Disp. 1 und 2, Tirana 1974
(Das Strafprozeßrecht der VRA, AT und BT)

III. Aufsätze und Rechtsmaterialien

Neben umfangreichen Hinweisen in den oben genannten Bibliographien kann hier stellvertretend für die gesamte Literatur auf die umfassenden Vorarbeiten von Schwanke verwiesen werden, der nicht nur die Rechtsmaterialien, sondern auch die monographische und Aufsatzliteratur systematisch erfaßt und zusammengestellt hat in:

Schwanke, Robert: Albanien - Literaturbericht, ZStW 79 (1967), S.170 f.

Schwanke, Robert: Albanien, in: **Jescheck/Löffler**, Quellen und Schrifttum des Strafrechts, Bd. 1: Europa, München 1972, S. 28 ff.

Weitere Hinweise (insbesondere eine Titelauswertung der einzigen albanischen Rechtszeitschrift "Drejtësia Popullore" von 1958-1965) finden sich in:

Wiener Quellenhefte für Ostkunde, Reihe Recht, Wien 1958 ff.

IV. Entscheidungssammlungen

Entscheidungen des Obersten Gerichts sowie der Bezirksgerichte wurden zunächst in einer Beilage zur Rechtszeitschrift, später dann in DP selbst publiziert; diese Spruchpraxis ist für die Jahre 1960 bis 1971 in WGO-MfOR unregelmäßig ausgewertet worden (zuletzt WGO 1977, S. 269) durch Übernahme von Leitsätzen und kurzen Sachhinweisen.
Daneben existieren eine Reihe von Auswahlbänden wichtiger Rechts- und Entscheidungsakte des OG:

Udhëzime e vendime të Gjykatës së Lartë të RPSH
1958-1962, Tirana 1965
1963-1966, Tirana 1972
1967-1970, Tirana 1975
1971-1973, Tirana 1979
1974-1977, Tirana 1982
1978-1980, Tirana 1988

Weitere Bände sind nicht erschienen.

C. Die Zeit nach 1977/79

I. Gesetzessammlungen

Nach wie vor fehlt ein ergänzbares Loseblattwerk des geltenden Rechts. Zwar hat man die Tradition der früheren Sammelwerke fortgesetzt, die jedoch nicht mehr frei erhältlich, sondern nur für den Dienstgebrauch bestimmt sind. Lediglich die im Anschluß an die neue Verfassung von 1976 verabschiedeten großen Kodifikationen wie das Strafgesetzbuch und die Strafprozeßordnung sind wiederum in einem Sammelband publiziert worden:

Përmbledhëse e përgjithshëme e legjislacionit në fuqi të Republikës Popullore Socialiste të Shqipërisë 1945-1979, Tirana 1979
(Allgemeine Sammlung der geltenden Gesetze der Sozialistischen Volksrepublik Albanien nebst Nachtragsband bis 1983)

Përmbledhës i përgjithshëm i legjislacionit në fuqi të RPSSH 1945-1985, Vel. I und II, Tirana 1986
(Allgemeine Sammlung der geltenden Gesetze der SVRA, Band 1 und 2)

Kodet e Republikës Popullore Socialiste të Shqipërisë, Tirana 1982
(Gesetze der SVRA)

II. Allgemeine Rechtsliteratur

Eine geschlossene Einführung in das albanische Recht existiert nicht. Alle wichtigen Rechtsgebiete werden jedoch in dem unten genannten Sammelband in ihrer Entwicklung bis zum heutigen Rechtsstand abgehandelt, wobei rund 100 Seiten dem Straf- und Strafverfahrensrecht gewidmet sind. Hinsichtlich der fortlaufenden Rechtsentwicklung kann auf die ständige Auswertung in den einschlägigen Fachzeitschriften wie ROW (Chronik der Rechtsentwicklung), JOR (Jahresberichte), WGO und DGVO (jeweils Titelübersetzungen des Gesetzblattes) verwiesen werden. Einen aktuellen Einstieg ins albanische Recht nebst umfassenden Nachweisen bieten schließlich noch die zuletzt genannten Arbeiten des Verfassers:

Zhvillimi i legjislacionit socialist ne RPSSH, Bot. e dytë, Tirana 1988 (Entwicklung des sozialistischen Rechtswesens in der SVRA, 2. Auflage)

Stoppel, Wolfgang: Rechtsentwicklung und Rechtsanwendung in der VR Albanien, ROW 1983, S. 220 ff.

- Die Rechtsquellen und juristischen Publikationsorgane in Albanien, JOR XXVI (1985), S. 409 ff.

- Albania, in: Encyclopedia of Comparative Law, Vol. 1: National Reports, Tübingen 1989.

III. Lehrbücher, Monographien

Kommentare fehlen völlig, Monographien weitgehend, so daß man lediglich auf Vorlesungsskripte zurückgreifen kann, die häufig im allgemeinen Buchhandel nicht erhältlich sind. Monographieähnlich sind die unter Ziff. 2. zuletzt genannten beiden Sonderhefte von DP, die die vier Referate und 25 Beiträge der StPO-Fachtagung von 1980 enthalten.

1. Strafrecht

Çela, Aranit: E drejta penale e RPSSH, Pjesa e përgjithshme, 2. Aufl., Tirana 1987 (Das Strafrecht der SVRA, AT)

Elezi, Ismet: E drejeta penale e RPSSH, Pjesa e posaçme, Tirana 1983 (Das Strafrecht der SVRA, BT)

2. Strafverfahrensrecht

Gjika, Grigor (Red.): Procedura penale e RPSSH, Pjesa e përgjithshmë; 2. Auflage Tirana 1988 (Strafprozeßordnung der SVRA, AT)

- Procedura Penale e RPSSH, Pjesa e posaçme, 2. Auflage Tirana 1988 (Strafprozeßordnung der SVRA, BT)

Sesion shcenkor per Kodin e Procedurës Penale - Referate e Kumtesa -, DP 1980 Nr. 3 und 4 (Fachtagung zur Strafprozeßordnung, Referate und Beiträge)

3. Kriminologie, Kriminalistik

Begeja, Skender: Kriminalistike në luftë kundër kriminalitetit, Tirana 1981 (Kriminalistik im Kampf gegen die Kriminalität)

Begeja, Skender/**Haxhi**, Paskal: Konferenca kombetare per probleme kriminalistikes (Referat e Kumtesa), Tirana 1982 (Nationale Konferenz über Probleme der Kriminalistik - Referat und Beiträge)

Begeja, Skender: Kriminalistika, Tirana 1985 (Kriminalistik)

Cuberi, Bashkim: Mjekësia ligjore për studentët e degës së drejtësisë, Tirana 1983 (Gerichtsmedizin für Studenten der Rechtswissenschaft)

Myftari, Estref: Kqyrja e vendit të ngarjes, Tirana 1983 (Die Tatortbesichtigung)

Ahmeti, Neki: Identifikimi Kriminalistike i personave në bazë të doreshkrimeve te tyre, Tirana 1983 (Kriminalistische Personenidentifizierung an Hand ihrer Fingerabdrücke)

4. Gerichtsverfassung und ähnliches

Nova, Koco: Zhvillimi i organizimit gjyqesor ne Shqiperi, Tirana 1982 (Entwicklung der Gerichtsorganisation in Albanien)

Gjykata e Larte, (Red.): Organizimi dhe kompetencat e gjykatave të fshatrave, të qyteteve dhe të lagjeve të qyteteve, Botim e tetë, Tirana 1988 (Organisation und Zuständigkeit der Gerichte auf dem Lande, in der Stadt und den Wohnvierteln, 8. Auflage)

Lamaj, Quemal: Organizimi i drejtësisë ne RPSSH. Hetuesia, Tirana 1988 (Die Justizorganisation in der SVRA. Die Ermittlungsbehörde)

5. Gewohnheitsstrafrecht

Das albanische Gewohnheits(straf)recht, das über Jahrhunderte Sitte und Brauchtum des albanischen Volkes geformt hatte, kommt heute als Rechtsquelle nicht mehr in Betracht, erklärt aber manche Eigenheit des gesellschaftlichen Lebens und ist daher nach wie vor ein wertvolles Hilfsmittel bei der Klärung strafrechtlicher Probleme und Phänomene.

Grundlage des Gewohnheitsrechtes waren mündlich überlieferte Rechtsspiegel, wobei die bekannteste Sammlung der "Kanun des Lek Dukagjinit"[1] war:

Kanunin e Lekë Dukagjinit, Prishtina 1978

Kanunin e Lekë Dukagjinit, Tirana 1988

Elezi, Ismet: E drejta zakonore penale e shqiptarëve dhe lufta për zhdujen e mbeturinave të saj në Shqipëri, Tirana 1983 (Das albanische Gewohnheitsstrafrecht und der Kampf zur Beseitigung seiner Überreste)

IV. Aufsätze[2]

1. Strafrecht

a) Allgemeiner Teil

Brozi, Zef: Das Delikt der Körperverletzung und die Tatbestandsmerkmale dieser Tat, DP 1987 Nr. 4, S. 50-62

Çela, Aranit: Bedeutung, Klasseninhalt und Grundlagen des sozialistischen Strafrechts der SVRA, DP 1979 Nr. 1, S. 3-11

Elezi, Ismet: Die Strafen nach dem Strafgesetzbuch der Sozialistischen Volksrepublik Albanien, DP 1979 Nr. 2, S. 8-22

Gjika, Grigor: Die Strafe und die Mittel zur Erreichung ihres Zwecks, DP 1979 Nr. 3, S. 25-30

Gjoliku, Liri: Über einige Probleme des Allgemeinen Teils des neuen Strafgesetzbuches, DP 1978 Nr. 1, S. 36-51

1 Deutsche Übersetzung (jedoch teilweise in anderer Gliederung): ZfVglR 56 (1953), S. 1 ff.; 57 (1954), S. 5 ff.; 58 (1956) S. 121 ff.

2 Zusammenstellung der wichtigsten Aufsätze der Jahrgänge 1977-1988 der Zeitschrift Drejtësia Popullore; auf die Wiedergabe der Titel in albanischer Sprache wurde zugunsten einer unmittelbaren Übersetzung verzichtet.

Haxhia, Maksim: Einige theoretische und praktische Bemerkungen betreffend das Institut der Vorbereitung einer Straftat, DP 1984 Nr. 2, S. 39-52

Kaso, Spiro: Einige Probleme bei der Anwendung von Artikel 30 und 31 des Strafgesetzbuches, DP 1986 Nr. 2, S. 48-61

Lole, Arquile: Der Unterschied der strafrechtlichen Verantwortlichkeit zur disziplinären Verantwortlichkeit bei Militärstraftaten, DP 1977, Nr. 2, S. 44-48

Mani, Qazim: Erschwerende und mildernde Umstände nach dem Strafgesetzbuch der SVR Albanien, DP 1979 Nr. 2, S. 23-41

- Die Strafmündigkeit nach dem neuen Strafgesetzbuch, DP 1978 Nr. 2, S. 69-79

Muci, Shefqet: Die fortgesetzte Handlung, DP 1985 Nr. 1, S. 34-42

- Die Notwehr, DP 1984 Nr. 1, S. 13-26

- Strafzumessung bei Tatmehrheit, DP 1983 Nr. 2, S. 3-19

- Die Strafzumessung, DP 1986 Nr. 2, S. 34-47

Puto, Kujtim: Das Gnadenrecht, DP 1988 Nr. 3, S. 15-26

Selencia, Eleni: Das neue Strafgesetzbuch, seine Bedeutung und unsere Aufgaben, DP 1977 Nr. 3, S. 107-112

Shehu, Hajri: Der Versuch und seine rechtliche Bedeutung als eine Phase bei der Begehung einer Straftat, DP 1987 Nr. 4, S. 39-49

Sinani, Halil: Über Probleme, die sich in der Praxis bei der Anwendung von Artikel 21 KP ergeben, DP 1988 Nr. 2, S. 29-38

Spiro, Spiro: Die Unzurechnungsfähigkeit nach dem Strafrecht der SVRA, DP 1982 Nr. 2, S. 17-28

Zanko, Ali: Die Bestrafung von Taten, die im Stadium der Vorbereitung oder des Versuchs geblieben sind, DP 1985 Nr. 1, S. 15-33

- Die Verurteilung zu Umerziehung durch Arbeit nach dem neuen Strafgesetzbuch, DP 1978 Nr. 2, S. 22-38

b) Besonderer Teil

Abdiu, Fehmi: Beleidigung einer Amtsperson, DP 1984 Nr. 3, S. 69-86

- Bemerkungen zum Widerstand gegen die Staatsgewalt, DP 1986 Nr. 4, S. 41-55

- Geschichtliche Betrachtung und einige Bemerkungen betreffend Straftaten gegen staatliches und gesellschaftliches Handeln, DP 1986 Nr. 1, S. 24-37

- Der Raufhandel und einige damit verbundene Probleme, DP 1982 Nr. 2, S. 29-37

- Über das Delikt der Tätlichkeit gegen eine Amtsperson, DP 1987 Nr. 2, S. 41-53

- Über den Widerstand gegen gesellschaftliche Aktivisten (Art. 205 Strafgesetzbuch), DP 1984 Nr. 2, S. 32-37

Begeja, Ksanthipi: Schutz von Ehe und Familie im Strafgesetzbuch der Sozialistischen Volksrepublik Albanien, DP 1978 Nr. 3, S. 24-31

Goga, Aleksander: Über die Straftat der Verletzung von Vorschriften des Wachdienstes (Art. 146, 244 KP), DP 1987 Nr. 3, S. 11-19

Karanxha, Kosta: Einige Probleme betreffend die Ermittlungen bei unerlaubter Entfernung von der Truppe, DP 1986 Nr. 3, S. 62-73

Krongo, Sofokli: Einige Fragen der rechtlichen Bedeutung und Anwendung der Weisung des Plenums des Obersten Gerichts "Über die Herstellung eines Produktes minderer Qualität", DP 1983 Nr. 2, S. 36-46

Kushi, Muharrem: Einige Probleme im Zusammenhang mit Tötungs- und schweren Körperverletzungsdelikten, die im Zustand starker seelischer Erregung begangen wurden (Art. 85 und 91 KP), DP 1986 Nr. 3, S. 41-51

Lala, Elmaz: Befehlserteilung und strafrechtliche Verantwortlichkeit im Falle der Befehlsverweigerung, DP 1983 Nr. 4, S. 78-92

- Die Verweigerung des Militärdienstes und ihre Gesellschaftsgefährlichkeit, DP 1987 Nr. 4, S. 63-76

Lame, Qemal: Über Militärstraftaten, DP 1978 Nr. 2, S. 52-68

Laskaj, Fatmira: Das Raubdelikt und einige Probleme betreffend die praktische Anwendung der Bestimmungen des Strafgesetzbuches, die besondere Tatbestandsmerkmale dieser Tat vorsehen, DP 1987 Nr. 2, S. 54-60

Lole, Arquile: Fahrlässiger ärztlicher Behandlungsfehler, DP 1979 Nr. 4, S. 85-84

Meksi, Sokrat: Einige Probleme im Zusammenhang mit dem Delikt des fahrlässigen ärztlichen Behandlungsfehlers, DP 1980 Nr. 2, S. 68-87

Poda, Zamir: Einige Bemerkungen zur Unterscheidung von Raub und Erpressung, DP 1981 Nr. 2, S. 70-75

- Einige Fragen betreffend die Bewertung von Anzeigen bei Straftaten gegen das sozialistische Wirtschaftssystem, DP 1985 Nr. 4, S. 76-86

Resnja, Lumturi: Einige Probleme betreffend die gesetzlichen Merkmale der Entwendung sozialistischen Eigentums, DP 1983 Nr. 1, S. 43-53

- Die Entwendung sozialistischen Eigentums, DP 1986 Nr. 3, S. 29-40

- Über einige Probleme des Besonderen Teils des neuen Strafgesetzbuches, DP 1978 Nr. 1, S. 52-69

- Über das Verbrechen des Amtsmißbrauches, DP 1977 Nr. 2, S. 32-43

Sauli, Gjergji: Einige Bemerkungen zum Amtsmißbrauch, DP 1986 Nr. 4, S. 27-40

- Einige Probleme der Bedeutung und des Gegenstandes des Deliktes des Amtsmißbrauchs, DP 1983 Nr. 2, S. 20-35

- Einige Probleme des Delikts des Amtsmißbrauchs, DP 1984 Nr. 1, S. 27-41

- Über das Verbrechen der Herstellung von Erzeugnissen minderer Qualität, DP 1978 Nr. 1, S. 70-83

- Über vorsätzliche und fahrlässige Zerstörung und Beschädigung von sozialistischem Eigentum nach Artikel 67 und 68 KP, DP 1979 Nr. 2, S. 42-53

Skendo, Skender: Über fahrlässige Amtspflichtverletzung, DP 1980 Nr. 2, S. 38-47

Zanko, Ali: Die Sabotage im Strafgesetzbuch, DP 1981 Nr. 1, S. 13-22

2. Strafverfahrensrecht

Abdiu, Fehmi: Die zivile Nebenklage in der neuen Strafprozeßordnung, DP 1981 Nr. 1, S. 75-87

- Die Bedeutung der zivilen Nebenklage im Strafprozeß, DP 1988 Nr. 2, S. 39-48

Baboçi, Sinan: Voraussetzungen und Gründe für eine Hausdurchsuchung und die Aufgaben der Staatsanwaltschaft hierbei, DP 1980 Nr. 2, S. 30-37

Brati, Abaz: Änderungen in der Strafprozeßordnung betreffend die Stellung des Staatsanwaltes im Strafprozeß, DP 1984 Nr. 2, S. 10-22

Dauti, Sokrat: Verfahren auf Strafverlangen des Verletzten, DP 1979 Nr. 2, S. 106-111

Gazelli, Kosta: Einige Besonderheiten bei der Behandlung der Aussage des Beschuldigten als Beweismittel in Bezug auf seine prozessuale Verteidigungsposition, DP 1987 Nr. 3, S. 20-28

- Die vorläufige Beurteilung einer Anzeige im Stadium der Einleitung des Strafverfahrens, DP 1984 Nr. 2, S. 23-31

Gjoka, Gjergj: Die Gegenüberstellung - ein wichtiger prozessualer Akt im Strafverfahren, DP 1988 Nr. 1, S. 82-85

Hana, Xhevat: Über die Anwendung der Massenlinie im Ermittlungsverfahren, DP 1988 Nr. 2, S. 91-96

Ilnica, Ramazan: Der Beschuldigte, seine Aussage im Strafprozeß und die Wichtigkeit ihrer objektiven Würdigung, DP 1987 Nr. 4, S. 85-92

Kasuli, Anesti: Die Aufgaben der Ermittlungsbehörde bei der Hausdurchsuchung, DP 1987 Nr. 4, S. 93-99

Kristo, Vladimir: Einige Probleme betreffend die Sicherungsmittel, DP 1986 Nr. 1, S. 38-48

Kushi, Muharrem: Der demokratische Charakter unseres Ermittlungs- und Gerichtsverfahrens garantiert die Einhaltung der Rechte jedes Staatsbürgers, DP 1988 Nr. 1, S. 28-37

Lamaj, Agron: Die zivile Nebenklage im Strafprozeß, DP 1984 Nr. 1, S. 68-74

Madhi, Vaso: Die Gegenüberstellung - ein wichtiges Moment bei der Ermittlung in Strafsachen, DP 1988 Nr. 2, S. 97-99

Malaj, Pelivan: Einige Bemerkungen betreffend die Ermittlungen bei der Entwendung sozialistischen Eigentums in staatlichen Handelsbetrieben, DP 1987 Nr. 1, S. 63-70

Malaj, Tamara: Die reformatio in peius im Strafprozeß, DP 1986 Nr. 3, S. 52-61

Mosko, Teodor: Einige Probleme betreffend die Kontrolle der Staatsanwaltschaft bei der Einleitung von Strafverfahren, DP 1986 Nr. 2, S. 62-73

- Beteiligung, Stellung und Aufgaben der Staatsanwaltschaft im zweitinstanzlichen Verfahren, DP 1985 Nr. 2, S. 88-100

- Haft als Sicherungsmaßnahme - die Voraussetzungen ihrer Anwendung und die Kriterien ihrer Billigung durch die Staatsanwaltschaft, DP 1982 Nr. 1, S. 49-61

Muco, Kastriot: Abschluß des Verfahrens und Abgabe an das Gericht, DP 1986 Nr. 1, S. 54-59

Myftari, Estref: Die Pflichten des Bürgers zur Sicherung des Tatortes, DP 1982 Nr. 4, S. 87-91

Nova, Koço: Verfahrensgarantien des Beschuldigten im Ermittlungsverfahren nach der neuen Strafprozeßordnung, DP 1979 Nr. 3, S. 53-63

Sheshi, Bujar: Einige Probleme aus der Ermittlungspraxis über die Bedeutung des Deliktes der Herstellung von Erzeugnissen minderer Qualität, DP 1987 Nr. 2, S. 74-80

Shipska, Niko: Einige Probleme betreffend die Augenscheinseinnahme durch den Ermittlungsbeamten im Strafverfahren, DP 1987 Nr. 4, S. 100-106

Spiro, Spiro: Einige Fragen zur Bedeutung und Wichtigkeit der Einhaltung der Kompetenzen der Ermittlungsbehörde in der Praxis, DP 1986 Nr. 3, S. 74-80

- Einige Fragen zu den Voraussetzungen und der praktischen Anwendung des Sicherungsmittels der Festnahme, DP 1983 Nr. 4, S. 63-70

- Prüfung von Anzeigen auf ihren Wahrheitsgehalt, DP 1988 Nr. 2, S. 49-58

Tartale, Fatmir: Einige Fragen, die beim Tätigwerden bei Vorermittlungen in Straftaten betreffend die Entwendung von sozialistischem Eigentum auftreten, DP 1981 Nr. 2, S. 49-60

Xhillari, Drita: Über einige Probleme bei der Abgabe von Verfahren ans Gericht zur Verhängung von medizinischen Maßregeln, DP 1983 Nr. 4, S. 71-77

3. Kriminologie, Kriminalistik

Begeja, Skender: Überblick über einige Probleme der Kriminalistik in der Strafprozeßordnung, DP 1982 Nr. 4, S. 74-86

- Zeitgenössische Methoden der physikalisch-chemischen Spurenanalyse, DP 1988 Nr. 3, S. 78-92

Cuberi, Bashkim: Über einige gerichtsmedizinische Aspekte bei schweren Verletzungen, DP 1980 Nr. 2, S. 62-67

Elezi, Ismet: Sozialistische Kriminologie in der SVRA und ihre Hauptaufgaben, DP 1988 Nr. 2, S. 10-18

Hoxha, Izet: Einige Probleme der Kriminalität von Minderjährigen und Maßnahmen zu ihrer Verhinderung, DP 1988 Nr. 3, S. 59-77

Kore, Dashamir: Die Errichtung von Regionalgerichten und die Bestellung von Regionalstaatsanwälten - eine wichtige Maßnahme auf dem Gebiet der Rechtspflege, DP 1988 Nr. 3, S. 3-14

Myftari, Estref: Einige Bemerkungen zum Kampf gegen Urkundenfälschungen, DP 1981 Nr. 4, S. 80-86

Veliquoti, Luan: Die Verwendung der Kriminalphotographie bei der kriminalistischen Begutachtung, DP 1988 Nr. 1, S. 45-52

Vokopola, Stefan: Einige Fragen zur gerichtsmedizinischen Begutachtung von Epileptikern im Strafprozeß, DP 1983 Nr. 4, S. 93-99

4. Gerichte, Staatsanwaltschaft, Ermittlungsbehörde

Baboci, Sinan: Die Verwaltungsübertretung und ihre Verfahrensordnung, DP 1983 Nr. 2, S. 47-60

Çani, Stelo: Zusammenarbeit und Koordinierung der Arbeit von Hilfsrichtern, Volksstaatsanwälten und Mitarbeitern der Volkspolizei, DP 1978 Nr. 4, S. 113-117

Dobjani, Ermir: Die Aufgaben der Staatsanwaltschaft nach Artikel 14 des Gesetzes über die Staatsanwaltschaft in der SVR Albanien, DP 1982 Nr. 4, S. 56-63

Konomi, Viktor: Einige Fragen über Sinn und Anwendung der Weisung des Plenums des Obersten Gerichts "Über einige Rechtsprobleme, die sich bei der Anwendung des Dekretes Nr. 4426 vom 23.9.1968 'Über die Gerichte auf dem Land, in der Stadt und den Wohnvierteln' ergeben", DP 1977 Nr. 1, S. 81 ff.

Kopani, Halil: Die Wahl der Volksräte und Volksgerichte und die Aufgaben der Gerichtsorgane, DP 1980 Nr. 1, S. 127-132

Kore, Dashamir: Die Errichtung von Regionalgerichten und die Bestellung von Regionalstaatsanwälten - eine wichtige Maßnahme auf dem Gebiet der Rechtspflege, DP 1988 Nr. 3, S. 3-14

Lame, Qemal: Die neue Organisationsstruktur der Ermittlungsbehörde und ihre Aufgaben, DP 1984 Nr. 1, S. 3-12

Malaj, Tamara: Die Rolle der Hilfsrichter in der Rechtsprechung, DP 1983 Nr. 4, S. 11-16

Sauli, Gjergji: Die Errichtung von Rechtshilfebüros und einige Probleme der weiteren Revolutionierung ihrer Tätigkeit, DP 1980 Nr. 2, S. 88-99

Taushani, Riza: Gerichtliche Statistik und ihre Bedeutung für die Stärkung des Kampfes gegen die Kriminalität und andere Gesetzesverstöße, DP 1982 Nr. 1, S. 75-86

V. Fremdsprachige Literatur

Abdiu, Fehmi: Hauptziel: Das Heranziehen der Massen zur Rechtsprechung, Neues Albanien 1989 Nr. 1, S. 14

Albanian Society (ed.): Penal Law in Albania, London 1985 (an abridged translation of "E drejta penale e RPSSH")

Amnesty International (ed.): Albanien - Politische Haft und die Gesetze, Bonn 1985

Cavolli, Ibrahim: Die Menschen, die Gesetze und die gesellschaftliche Meinung - Zur Arbeit der Rechtshilfebüros, Neues Albanien 1978, Nr. 3, S. 22 f.

Deutsche Bischofskonferenz (Hrsg.): Gebetstag für die verfolgte Kirche am 27. Mai 1984 - Arbeitshilfen (35), Bonn 1984

Elezi, Ismet: La lutte contre les survivances du droit coutumier en Albanie, Studia Albanica (Tirana) 1975 No. 2, 33-46

Internationale Gesellschaft für Menschenrechte (Hrsg.): Verletzung der Menschenrechte in der Sozialistischen Volksrepublik Albanien, Frankfurt 1985

Kopani, Halil: Die Gerichtsbarkeit und die Beteiligung der Massen an der Rechtsprechung, Neues Albanien 1980 Nr. 1, S. 28 f.

Lesage, Michel: L'évolution du système juridique de l'Albanie, Revue International de Droit Comparé 1974, S. 827 ff.

Nika, Thimi: Un peuple au pouvoir qui juge, PUNA (Tirana) 1985 Nr. 2, S. 28 f.

Peinsipp, Walther: Das Volk der Shkypetaren. Geschichte, Gesellschafts- und Verhaltensordnung. Ein Beitrag zur Rechtsarchäologie und zur soziologischen Anthropologie des Balkans, Wien-Köln-Graz 1985

Schroeder, Friedrich-Christian: Das albanische Strafgesetzbuch, JOR XX (1979), S. 223 ff.

Schwanke, Robert: Die neuere Rechtsentwicklung in Albanien, OER 1977, S. 113 ff.

Stoppel, Wolfgang: Ein Brief an Amnesty International, Albanische Hefte 1985 Nr. 1, S. 13-19

- Amnestie und Richterwahlen in Albanien, Albanische Hefte 1986 Nr. 2, S. 4-7

- Gerichtsreform in Albanien, WGO 1987, S.277 ff.

- Zwischen Abschreckung und Erziehung. Straf- und Strafverfahrensrecht in Albanien, in: Altmann (Hrsg.), Albanien - Politik und Wirtschaft, München 1989

Tönnes, Bernhard: KZ-Justiz in Albanien, Wiss. Dienst Südosteuropa 1980, S. 61 ff.

- Rechtsprechung in Albanien, Wiss. Dienst Südosteuropa 1980, S. 117 f.

- Strafrechtsdiskussion in Albanien, Wiss. Dienst Südosteuropa 1981, S. 60 ff., 100 f.

VI. Ausgewählte Weisungen des Obersten Gerichts

1. Strafrecht

Nr. 1 vom 20.3.1978 "Über die Verurteilung zu Umerziehung durch Arbeit", DP 1978 Nr. 2, S. 113.

Nr. 2 vom 14.3.1979 "Über das Verbrechen des Amtsmißbrauchs", DP 1979 Nr. 2, S. 112.

Nr. 5 vom 15.5.1979 "Über die bedingte Verurteilung" DP 1979 Nr. 3, S. 113.

Nr. 2 vom 3.6.1980 "Über die Anwendung erschwerender und mildernder Umstände", DP 1980 Nr. 4, S. 140.

Nr. 4 vom 16.12.1980 "Über Straftaten gegen die Verwaltungsordnung", DP 1981 Nr. 1, S. 91.

Nr. 1 vom 5.6.1981 "Über die Strafzumessung bei Tatmehrheit", DP 1982 Nr. 1, S. 87.

Nr. 2 vom 5.6.1981 "Über die Anwendung von Art. 32 KP", DP 1982 Nr. 1, S. 89.

Nr. 3 vom 5.6.1981 "Über die Verhängung von Nebenstrafen", DP 1982 Nr. 1, S. 92.

Nr. 4 vom 5.9.1981 "Über die Bedeutung der Tötungsdelikte und ihre Behandlung im Verfahren", DP 1982 Nr. 2, S. 83.

Nr. 5 vom 5.9.1981 "Über die Wiederholungstat", DP 1982 Nr. 2, S. 87.

Nr. 6 vom 13.11.1981 "Über die Anwendung der Art. 73, 74, 75 und 164 KP", DP 1982 Nr. 2, S. 91.

Nr. 1 vom 19.1.1982 "Über die Beleidigung, Verleumdung und Raufhändel", DP 1982 Nr. 3, S. 89.

Nr. 4 vom 1.3.1982 "Über den Vertrieb eines Produktes minderer Qualität", DP 1982 Nr. 3, S. 97.

Nr. 5 vom 10.5.1982 "Über die Anordnung medizinischer Maßregeln", DP 1983 Nr. 1, S. 92.

Nr. 6 vom 10.5.1982 "Über die Entwendung sozialistischen Eigentums", DP 1983 Nr. 2, S. 90.

Nr. 8 vom 5.11.1982 "Über die Verletzung der Straßenverkehrsregeln", DP 1983 Nr. 2, S. 95.

2. Strafverfahrensrecht

Nr. 2 vom 13.7.1976 "Über einige Rechtsprobleme bei der Anwendung des Dekretes Nr. 4426 vom 23.9.1968 'Über die Gerichte auf dem Lande, in der Stadt und den Wohnvierteln'", DP 1976 Nr. 4, S. 101.

Nr. 2 vom 17.8.1977 "Über Straftaten, die vom Gericht unmittelbar verhandelt werden, ohne daß vorherige Ermittlungen notwendig sind", DP 1977 Nr. 4, S. 91.

Nr. 1 vom 3.6.1980 "Über die Verhandlung gegen Minderjährige", DP 1981 Nr. 1, S. 88.

Nr. 2 vom 19.1.1982 "Über die Anwendung von Artikel 73 KPP", DP 1982 Nr. 3, S. 92.

Nr. 9 vom 5.11.1982 "Über die zivile Nebenklage im Strafprozeß", DP 1983 Nr. 2, S. 99.

Nr. 1 vom 27.10.1986 "Über die Verteidigung im Strafprozeß", DP 1987 Nr. 1, S. 87.

I.

VERFASSUNG
DER SOZIALISTISCHEN VOLKSREPUBLIK ALBANIEN

Gesetz Nr. 5506 vom 28.12.1976 (GZ 1976 Nr. 5, S. 75)
geändert durch
Gesetz Nr. 6799 vom 29.6.1983 (GZ 1983 Nr. 3, S. 49)

- Auszug - [1]

Erster Teil

Zweiter Abschnitt

DIE GRUNDRECHTE UND GRUNDPFLICHTEN DER BÜRGER

(Art. 38-54)

Art. 55

Verboten ist die Bildung jeder Art von Organisation mit faschistischem, antidemokratischem, religiösem und antisozialistischem Charakter.

Verboten ist faschistische, antidemokratische, religiöse, kriegshetzerische und antisozialistische Tätigkeit und Propaganda sowie die Aufstachelung zum Völker- und Rassenhaß.[2]

Art. 56

Der Staat garantiert die Unverletzlichkeit der Person.

Niemand darf ohne Gerichtsbeschluß oder Zustimmung der Staatsanwaltschaft verhaftet werden. In besonderen, im Gesetz genannten Fällen dürfen die zuständigen Organe eine Person festhalten, jedoch nicht länger als drei Tage.

1 Vollständige Übersetzung z.B. in WGO 1976, S. 331 ff. und Osteuropa 1977 A 525 ff. sowie in Stoppel, Verfassung der SVRA (mit bibliographischem Anhang), Hamburg 1989.

2 Vgl. dazu Art. 55 KP.

Niemand darf ohne gerichtliche Entscheidung und für eine Tat verurteilt werden, die vom Gesetz nicht als Straftat angesehen wird.

Niemand darf in Abwesenheit verurteilt werden, es sei denn, das Gesetz[3] erlaubt eine Entscheidung in seiner Abwesenheit.

Niemand darf interniert oder verbannt werden, außer in besonderen, im Gesetz[4] genannten Fällen.

Art. 57

Die Wohnung ist unverletzlich. Ohne Einwilligung der betreffenden Person ist es niemandem erlaubt, deren Wohnung zu betreten, außer Vertretern der zuständigen staatlichen Organe und gemäß den gesetzlich bestimmten Voraussetzungen.[5]

Art. 58

Das Brief-, Post- und Fernmeldegeheimnis darf nicht verletzt werden, außer bei der Untersuchung von Straftaten[6] und im Ausnahme- und Kriegszustand.

Art. 59

Die Bürger haben das Recht, Anträge, Beschwerden, Kritiken und Vorschläge zu persönlichen, gesellschaftlichen und staatlichen Angelegenheiten an die zuständigen Organe zu richten.[7]

3 Vgl. Art. 139 KPP.

4 Vgl. Art. 26, 27 KP sowie Dekret Nr. 7071 (lfd. Nr. IV).

5 Vgl. Art. 85 ff. KPP.

6 Vgl. Art. 87 KPP.

7 Vgl. hierzu das Gesetz Nr. 6853 vom 27.12.1983 "Über die Behandlung von Anträgen, Beschwerden, Kritiken und Vorschlägen der Bürger" (GZ 1983 Nr. 4, S. 96, vgl. auch ROW 1984, S. 134).

Die Bürger haben gemäß den gesetzlich bestimmten Voraussetzungen das Recht, vom Staat oder seinen Angestellten Ersatz für Schäden zu verlangen, die durch gesetzwidriges Handeln der staatlichen Organe und ihrer Angestellten bei Verrichtung ihrer Aufgaben verursacht wurden.

Art. 60

Die Bürger sind verpflichtet, die Verfassung und die übrigen Gesetze zu achten und anzuwenden.

Die Bewahrung und Stärkung der sozialistischen Ordnung sowie die Befolgung der Regeln des sozialistischen Zusammenlebens ist Pflicht aller Bürger.

Art. 61

Die Bürger haben die Pflicht, das sozialistische Eigentum zu bewahren und zu mehren.

Die Verletzung des sozialistischen Eigentums stellt ein schweres Verbrechen dar.[8]

Art. 62

Die Verteidigung des sozialistischen Vaterlandes ist die oberste Pflicht und größte Ehre für alle Bürger.

Vaterlandsverrat ist das schwerste Verbrechen.

(Art. 63-65)

8 Vgl. Art. 61-68 KP.

Zweiter Teil

Erster Abschnitt

DIE OBERSTEN ORGANE DER STAATSMACHT

A. Die Volksversammlung

(Art. 66)

Art. 67

Die Volksversammlung hat insbesondere folgende Zuständigkeiten:

....

sie gewährt Amnestie;[9]

....

sie wählt, ernennt und entläßt das Präsidium der Volksversammlung, den Ministerrat, das Oberste Gericht, den Generalstaatsanwalt und seine Vertreter und den Leiter der Generalermittlungsbehörde und seine Vertreter. Diese Organe sind der Volksversammlung verantwortlich und legen vor ihr Rechenschaft ab.

....

(Art. 68-72)

Art. 73

Die Abgeordneten der Volksversammlung genießen Immunität.

Die Abgeordneten dürfen ohne Zustimmung der Volksversammlung oder des Präsidiums der Volksversammlung nicht festgenommen, verhaftet oder strafrechtlich verfolgt werden, es sei denn, sie werden bei der Begehung eines schweren Verbrechens auf frischer Tat betroffen.

(Art. 74)

9 Vgl. z.B. Dekret Nr. 7015 (lfd. Nr. XIV).

B. Das Präsidium der Volksversammlung

(Art. 75-76)

Art. 77

Das Präsidium der Volksversammlung hat als ständige Befugnis insbesondere folgende Zuständigkeiten:

....

es verleiht oder entzieht die albanische Staatsangehörigkeit und genehmigt ihre Aufgabe; es übt das Begnadigungsrecht[10] aus;

....

Art. 78

Das Präsidium der Volksversammlung übt zwischen den Sitzungen der Volksversammlung folgende Zuständigkeiten aus:

....

es kontrolliert den Ministerrat, das Oberste Gericht, den Generalstaatsanwalt und den Leiter der Generalermittlungsbehörde und jedes andere staatliche Organ und fordert sie zur Berichterstattung auf;

es ernennt oder entläßt .... einzelne Mitglieder oder die Vizepräsidenten des Obersten Gerichts, die stellvertretenden Generalstaatsanwälte und die stellvertretenden Leiter der Generalermittlungsbehörde ....

(Art. 79)

(Zweiter Abschnitt)

(Dritter Abschnitt)

10 Vgl. im einzelnen Gesetz Nr. 6299 (lfd. Nr. XIII).

Vierter Abschnitt

DIE ÖRTLICHEN ORGANE DER STAATSMACHT UND DER STAATSVERWALTUNG

(Art. 92-95)

Art. 96

(Abs. 1 und 2).

Die Mitglieder des Volksrates geniessen innerhalb der Verwaltungsgebietsgliederung des Volksrates Immunität. Sie dürfen ohne Zustimmung des Volksrates oder des Exekutivkomitees nicht festgenommen, verhaftet oder strafrechtlich verfolgt werden, es sei denn, sie werden bei der Begehung eines schweren Verbrechens auf frischer Tat betroffen.

(Art. 97-100)

Fünfter Abschnitt

DIE VOLKSGERICHTE

Art. 101

Die Volksgerichte sind die Organe, die die Rechtsprechung ausüben.

Die Volksgerichte schützen die sozialistische Rechtsordnung, kämpfen für die Verhütung von Straftaten, erziehen die werktätigen Massen im Gesichte der Achtung und Einhaltung der sozialistischen Gesetzlichkeit, indem sie sich auf deren aktive Teilnahme stützen.

An der Spitze der Gerichtsorgane steht das Oberste Gericht, das die Tätigkeit der Gerichte leitet und kontrolliert.

Das Oberste Gericht wird in der ersten Sitzung der Volksversammlung gewählt. Die anderen Volksgerichte werden vom Volk in gesetzlich bestimmter Art und Weise gewählt.

Die Gerichtsverfassung[11] und die Prozeßordnung werden durch Gesetz festgelegt.

Art. 102

Die Gerichte verhandeln Straf- und Zivilsachen sowie andere Sachen, die nach dem Gesetz in ihre Zuständigkeit fallen.

Die Verhandlung findet unter Beteiligung von Hilfsrichtern und öffentlich statt mit Ausnahme von gesetzlich[12] anders geregelten Fällen.

Die Verhandlung erfolgt in albanischer Sprache. Personen, die nicht albanisch sprechen, können ihre Sprache benutzen und sich mit Hilfe eines Dolmetschers verständigen.

Der Beschuldigte genießt das Recht auf Verteidigung.[13]

Art. 103

Das Gericht ist bei der Urteilsfindung unabhängig, es urteilt nur auf Grund der Gesetze und erläßt das Urteil im Namen des Volkes.

Ein Gerichtsurteil kann nur von dem zuständigen höheren Gericht aufgehoben oder geändert werden.

11 Vgl. das Gesetz Nr. 7174 (lfd. Nr. VII).

12 Vgl. Art. 135 KPP.

13 Vgl. Art. 9-11 KPP.

Sechster Abschnitt

DIE ERMITTLUNGSBEHÖRDE[14]

Art. 104

Die Ermittlungsbehörde ist das Organ, das Untersuchungen von Straftaten durchführt.

Die Ermittlungsbehörde hat die Aufgabe, die sozialistische Rechtsordnung zu schützen, die Begehung von Straftaten aufzuklären und zu verhindern, auf die Erziehung der werktätigen Massen im Geiste der Einhaltung der sozialistischen Gesetzlichkeit einzuwirken.

Art. 105

Die Organisation der Ermittlungsbehörde und der Gang des Ermittlungsverfahrens werden durch ein besonderes Gesetz[15] geregelt.

14 Ermittlungs- und Anklagebehörde war ursprünglich die Staatsanwaltschaft; mit Dekret Nr. 5139 vom 30.1.1974 (GZ 1974 Nr. 1, S. 4), das lediglich aus drei Artikeln bestand (deutsche Übersetzung bei: Schwanke, Die neuere Rechtsentwicklung in Albanien, OER 1977, S. 113 ff., 116 Fn. 20), übertrug man diese Aufgaben einer zentralen "Ermittlungsbehörde beim Innenministerium", die aufgrund zahlreicher, politisch bedingter Mißstände (vgl. Stoppel, Entwicklungen im albanischen Rechtswesen, Albanische Hefte 1984, Nr. 3, S. 7 und Tönnes, JOR XXV (1984), S. 277) mit verfassungsänderndem Gesetz Nr. 6799 vom 29.6.1983 (GZ 1983 Nr. 3, S. 49) in ein eigenständiges Verfassungsorgan umgewandelt worden ist; dieses Gesetz hat folgenden Wortlaut:

"Art. 1: Im zweiten Teil der Verfassung der Sozialistischen Volksrepublik Albanien wird nach dem Abschnitt V ein Abschnitt VI "Die Ermittlungsbehörde" eingefügt.

Art. 2-5: (betreffend Einfügung von Art. 104, 105 und Änderungen in Art. 67, 78).

Art. 6: Abschnitt VI "Die Staatsanwaltschaft" wird zu Abschnitt VII, und die nachfolgenden Artikel erhalten eine neue Numerierung.

Art. 7: Dieses Gesetz tritt am 1. September 1983 in Kraft."

15 Vgl. Gesetz Nr. 6800 (lfd. Nr. IX).

Siebter Abschnitt

DIE STAATSANWALTSCHAFT

Art. 106

Die Staatsanwaltschaft hat die Aufgabe, die korrekte und einheitliche Anwendung der Gesetze durch die Ministerien und die anderen zentralen und örtlichen Organe, durch die Gerichte, die Ermittlungsorgane, die Betriebe, Institutionen, Organisationen, Staatsangestellten und Bürger zu kontrollieren.

Die Staatsanwaltschaft hat ein Einspruchsrecht gegen jeden gesetzwidrigen Akt und das Recht, von den betreffenden Organen seine Aufhebung oder Änderung zu verlangen. Die Beanstandung der Staatsanwaltschaft muß innerhalb der gesetzlich bestimmten Frist geprüft werden, andernfalls wird der Vollzug des Aktes ausgesetzt.

Art. 107

Der Generalstaatsanwalt unterbreitet der Volksversammlung und dem Präsidium der Volksversammlung die Fälle, in denen die Gesetze und Dekrete nicht mit der Verfassung übereinstimmen, sowie dem Ministerrat die Fälle, in denen seine Beschlüsse und Verordnungen nicht mit dem Gesetz übereinstimmen.

Art. 108

Der Generalstaatsanwalt und seine Stellvertreter werden in der ersten Sitzung der Volksversammlung ernannt.

Die Staatsanwälte werden vom Präsidium der Volksversammlung ernannt.

II.

STRAFGESETZBUCH*

Gesetz Nr. 5591 vom 15.6.1977
(GZ 1977 Nr. 3, S. 27)

geändert mit Gesetz Nr. 6300 vom 27.3.1981
(GZ 1981 Nr. 2, S. 37)
und

Dekret Nr. 7251 vom 15.9.1988
(GZ 1988 Nr. 3, S. 51)

Inhaltsübersicht

ALLGEMEINER TEIL

* Vom Verfasser überarbeitete, bereinigte und aktualisierte Fassung der in JOR XX (1979), S. 231 ff. erschienenen Übersetzung von Dr. Armin Hetzer mit dessen freundlichem Einverständnis.
Die Inhaltsübersicht ist nicht amtlich, entspricht aber dem Abdruck im "Kodet ..." (1982), S. 493 (siehe bibliographische Hinweise C I).

BESONDERER TEIL

A. Verbrechen

Erster Abschnitt:
Verbrechen gegen den Staat

Zweiter Abschnitt:
Verbrechen gegen das sozialistische Eigentum

Dritter Abschnitt:
Verbrechen gegen das sozialistische Wirtschaftssystem

Vierter Abschnitt:
Verbrechen gegen die Person und die Familie

Fünfter Abschnitt:
Verbrechen gegen das Eigentum der Staatsbürger

Sechster Abschnitt:
Verbrechen in Ausübung eines Amtes

Siebter Abschnitt:
Verbrechen gegen die Rechtspflege

Achter Abschnitt:
Verbrechen gegen die Verwaltungsordnung

Neunter Abschnitt:
Verbrechen von Militärpersonen

B. Vergehen

Erster Abschnitt:
Vergehen auf dem Gebiete der Wirtschaft

Zweiter Abschnitt:
Vergehen gegen die Person und die Familie

Dritter Abschnitt:
Vergehen gegen das Eigentum der Staatsbürger

Vierter Abschnitt:
Vergehen im Zusammenhang mit dem Wahlrecht

Fünfter Abschnitt:
Vergehen gegen die Rechtspflege

Sechster Abschnitt:
Vergehen gegen die Verwaltungsordnung

ALLGEMEINER TEIL

Erster Abschnitt

Art. 1 Die Aufgaben der Strafgesetzgebung

Die Strafgesetzgebung der Sozialistischen Volksrepublik Albanien drückt den Willen der Arbeiterklasse und der anderen werktätigen Massen aus und ist eine kraftvolle Waffe der Diktatur des Proletariats im Klassenkampf.

Die Strafgesetzgebung hat zur Aufgabe, den sozialistischen Staat, die Partei der Arbeit Albaniens als einzige führende politische Kraft des Staates und der Gesellschaft, das sozialistische Eigentum, die Rechte und Interessen der Staatsbürger und die ganze sozialistische Gesellschaftsordnung vor gesellschaftsgefährlichen Taten durch der Verhängung von Strafen gegen diejenigen, die diese begehen, zu schützen.

Eine wichtige Aufgabe der Strafgesetzgebung der Sozialistischen Volksrepublik Albanien ist der Kampf gegen Bürokratismus und Liberalismus als Hauptgefahren für den Staat und die Diktatur des Proletariats.

Die Strafgesetzgebung der Sozialistischen Volksrepublik Albanien hat gleichfalls zur Aufgabe, den vollständigen Aufbau des Sozialismus und des Kommunismus nach dem Prinzip des Sich-Stützens auf die eigenen Kräfte zu fördern und auf die Erziehung der Staatsbürger im Geiste der Respektierung der sozialistischen Gesetzlichkeit Einfluß zu nehmen.

Art. 2 Die Grundlagen der Strafgesetzgebung

Die Strafgesetzgebung der Sozialistischen Volksrepublik Albanien wird von der Politik der Partei der Arbeit Albaniens geleitet und gründet sich auf die Ideologie der Arbeiterklasse, den Marxismus-Leninismus.

Die Strafgesetzgebung geht aus der Verfassung der Sozialistischen Volksrepublik Albanien hervor.

Zweiter Abschnitt

DIE STRAFBARE HANDLUNG (VERBRECHEN)

Art. 3 Der Begriff der strafbaren Handlung

Eine strafbare Handlung ist jedes gesellschaftsgefährliche Tun oder Unterlassen, das schuldhaft begangen und im Gesetz vorgesehen ist.

Gesellschaftsgefährlich ist eine gegen den sozialistischen Staat, die Partei der Arbeit Albaniens, das sozialistische Eigentum, die Person, ihre Rechte und Interessen sowie gegen die ganze sozialistische Gesellschaftsordnung gerichtete Handlung.

Nicht strafbar ist eine Tat, die, obwohl in einer Bestimmung des Strafgesetzes geregelt, wegen ihrer geringfügigen Bedeutung nicht gesellschaftsgefährlich ist.

Art. 4

Die strafbaren Handlungen teilen sich in Verbrechen und Vergehen.

Die Unterscheidung zwischen Verbrechen und Vergehen wird in jedem Falle vom Strafgesetz auf Grund des Grades der Gesellschaftsgefährlichkeit der strafbaren Handlung vorgenommen.

Art. 5 Der Kausalzusammenhang

Eine Person trägt strafrechtliche Verantwortlichkeit, wenn zwischen ihrem Tun oder Unterlassen und den gesellschaftsgefährlichen Folgen ein Kausalzusammenhang besteht.

Art. 6 Die Schuld

Eine Person hat ein Tun oder Unterlassen schuldhaft begangen, wenn sie:

a) die gesellschaftsgefährlichen Folgen ihrer Tat vorausgesehen und gewollt oder bewußt in Kauf genommen hat (vorsätzlich);

b) vorausgesehen hat, daß aus ihrer Tat gesellschaftsgefährliche Folgen entstehen können, aber leichtfertig auf ihre Abwendung gehofft hat, oder diese Folgen nicht vorausgesehen hat, obwohl sie nach der Sachlage vorauszusehen sein mußten (fahrlässig).

Art. 7 Strafmündigkeit

Strafmündig ist eine Person, die bei der Begehung der strafbaren Handlung das Alter von vierzehn Jahren vollendet hat.

Art. 8 Schuldunfähige Personen

Strafrechtlich nicht verantwortlich ist eine Person, die bei der Begehung der strafbaren Handlung kein Bewußtsein von ihrer Schwere hatte oder ihr Tun oder Unterlassen wegen einer seelischen Krankheit, unzureichender geistiger Entwicklung oder irgendeiner anderen Krankheit, die von seelischen Verwirrungen begleitet wird, nicht kontrollieren konnte.

Diese Bestimmung gilt nicht für Personen, die die Straftat in Trunkenheit begangen haben.

Art. 9 Notwehr[1]

Eine zur Verteidigung des sozialistischen Staates, der Partei der Arbeit Albaniens, des sozialistischen Eigentums, der Person, ihrer Rechte und Interessen sowie der ganzen sozialistischen Gesellschaftsordnung vor einem rechtswidrigen, wirklichen und unmittelbaren Angriff begangene Tat, bei der die Grenzen der Notwehr nicht überschritten werden, zieht, auch wenn sie vom Strafgesetz vorgesehen ist, keine strafrechtliche Verantwortung nach sich.

Art. 10 Notstand

Eine zur Abwendung einer wirklichen und unmittelbaren Gefahr, die den sozialistischen Staat, die Partei der Arbeit Albaniens, das sozia-

1 Hierzu: Weisung Nr. 2 des OG vom 26.12.1963 "Über die Notwehr", DP 1964 Nr. 1, S. 70.

listische Eigentum, die Person, ihre Rechte und Interessen, die ganze sozialistische Gesellschaftsordnung bedroht, begangene Tat zieht, wenn die Gefahr in jenen Umständen nicht auf andere Weise abgewendet werden konnte und wenn der verursachte Schaden kleiner als der abgewendete ist, keine strafrechtliche Verantwortlichkeit nach sich, auch wenn sie vom Strafgesetz vorgesehen ist.

Nicht im Notstand befindet sich eine Person, die zur Aufgabe hat, sich in Gefahr zu begeben und diese trotzdem umgeht, indem sie ihre staatlichen oder beruflichen Pflichten verletzt.

Art. 11 Vorbereitung und Versuch

Vorbereitung wird als Verbrechen angesehen, wenn sie die Voraussetzungen zum Begehen eines Verbrechens schafft.[2]

Versuch heißt das Tun, das unmittelbar auf die Begehung einer Straftat abzielt, solange diese nicht begangen wurde.

Vorbereitung und Versuch werden nach der Bestimmung desjenigen Strafgesetzes bestraft, unter das die Straftat fällt, die begangen werden sollte.

Bei der Bemessung der Strafe für Vorbereitung und Versuch muß das Gericht den Grad der Vorbereitung der strafbaren Handlung, die Nähe zum Eintreffen der Folgen sowie die Ursachen, deretwillen die Tat nicht begangen wurde, berücksichtigen und kann die Strafe unter das vom Strafgesetz für diese Tat vorgesehene Mindestmaß senken.

Art. 12 Rücktritt von der Begehung einer Straftat

Eine Person, die freiwillig von der Begehung einer Straftat in endgültiger Weise zurücktritt, obwohl sie alle Möglichkeiten besitzt, dieselbe zu begehen, bleibt straflos.

2 Vorbereitung eines Vergehens ist straflos.

Art. 13 Mittäterschaft[3]

Mittäterschaft ist die Begehung einer strafbaren Handlung durch zwei oder mehrere Personen im Einverständnis untereinander, durch eine organisierte Gruppe, durch eine bewaffnete Bande oder durch eine konterrevolutionäre Organisation.

Art. 14 Täter und Teilnehmer

Beteiligte heißen die Rädelsführer, die Ausführenden, die Anstifter und die Gehilfen.

Rädelsführer heißen die Personen, die organisieren, leiten, den Plan ausarbeiten oder die Organisation zum Begehen von Straftaten leiten.

Ausführende heißen die Personen, die unmittelbar an der Begehung einer strafbaren Handlung teilnehmen.

Anstifter heißen die Personen, die einen anderen zur Begehung einer strafbaren Handlung bestimmt haben.

Gehilfen heißen die Personen, die Beihilfe zur Begehung einer strafbaren Handlung mit Ratschlägen, Anweisungen, Gewährung von Mitteln und Beseitigung von Hindernissen geleistet oder zuvor das Verbergen der Person, die die strafbare Handlung begangen hat, ihrer Spuren oder der Gegenstände, die von ihr herrühren, versprochen haben.

Art. 15 Verantwortlichkeit der Täter und Teilnehmer

Rädelsführer, Anstifter und Gehilfen zu einer begangenen Tat werden in gleicher Weise bestraft wie die Ausführenden.

Bei der Bemessung der Strafe für die Beteiligten muß das Gericht den Grad der Teilnahme und die von jedem bei der Begehung der Tat gespielte Rolle berücksichtigen.

3 Hierzu: Weisung Nr. 1 des OG vom 10.1.1966 "Über die Mittäterschaft", DP 1966 Nr. 2, S. 73.

Ein Mitglied einer organisierten Gruppe, einer bewaffneten Bande und einer konterrevolutionären Organisation verantwortet sich nicht nur für die strafbare Handlung, an der er unmittelbar teilgenommen hat, sondern auch für diejenigen, die von den anderen Teilnehmern begangen werden, wenn die Begehung dieser strafbaren Handlung zum Plan ihrer Tätigkeit gehört.

Die Anstifter und Gehilfen werden analog Artikel 11 dieses Gesetzes wie für die Vorbereitung bestraft, auch wenn die Person, die sie zur Begehung der Straftat angestiftet oder der sie Beihilfe gewährt haben, diese nicht ausführte.

Dritter Abschnitt

STRAFEN, MEDIZINISCHE UND ERZIEHUNGSMASSREGELN

Art. 16 Begriff und Zweck der Strafe

Die Strafe ist ein Zwangsmittel im politischen und ideologischen Charakter, das der sozialistische Staat im Klassenkampf verhängt.

Die Strafe ist eine kraftvolle Waffe der Diktatur des Proletariats im Kampf gegen ihre Feinde, für die Verteidigung und Stärkung der sozialistischen Gesellschaftsordnung.

Die Strafe hat die Verhinderung einer weiteren schädlichen Tätigkeit des Schuldigen sowie seine Erziehung zum Zweck, um ihn für die Gesellschaft nützlich zu machen.

Die Strafe hat gleichfalls zum Zweck, auf die Erziehung der anderen Staatsbürger im Geiste der Achtung der sozialistischen Gesetzlichkeit Einfluß zu nehmen.

Art. 17 Strafarten

Gegen Personen, die Verbrechen begangen haben, werden vom Gericht folgende Hauptstrafen verhängt:

1. Umerziehung durch Arbeit;

2. Freiheitsentzug;
3. Todesstrafe.

Gegen Personen, die Vergehen begangen haben, werden vom Gericht folgende Hauptstrafen verhängt:

1. Geldstrafe;
2. Umerziehung durch Arbeit;
3. Freiheitsentzug.

Gegen Personen, die Straftaten begangen haben, können vom Gericht folgende Nebenstrafen verhängt werden:

1. Aberkennung von Ehrentiteln und Auszeichnungen;
2. Aberkennung des Wahlrechts;
3. Verbot der Ausübung einer Tätigkeit oder eines bestimmten Berufes;
4. Verbannung;
5. Internierung.

In besonderen Fällen kann das Gericht, wenn die Verhängung einer Hauptstrafe unangemessen erscheint und das Gesetz Freiheitsstrafe bis zu zehn Jahren oder eine leichtere Strafe für die Tat vorsieht, nur eine Nebenstrafe verhängen.

Art. 18.

(aufgehoben)[4]

Art. 19 Geldstrafe

Geldstrafe ist eine Strafe in Geld. Die Bestrafung mit Geldstrafe wird innerhalb der vom Besonderen Teil dieses Gesetzbuchs vorgesehenen Grenzen bemessen und in Höhe von fünfzig bis eintausend Lek verhängt.

Das Gericht muß bei der Bemessung der Geldstrafe unter anderem auch die persönlichen und familiären Umstände des Schuldigen berücksichtigen.

4 Durch Art. 2 des Dekretes Nr. 7251 vom 15.9.1988; betraf den gesellschaftlichen Tadel, vgl. jetzt Art. 28 Abs. 3 Ziff. 1.

Wird die Geldstrafe nicht gezahlt, beschließt das Gericht ihre Umwandlung in Umerziehung durch Arbeit, wobei fünf Lek einem Tag Arbeit entsprechen.[5]

Art. 20 Umerziehung durch Arbeit[6]

Die Umerziehung durch Arbeit ist die Verpflichtung des Schuldigen, in einem Zeitraum von einem Monat bis zu einem Jahr an dem Arbeitsplatz zu arbeiten, der vom Gericht im Urteil festgesetzt wird oder den die Vollstreckungsorgane bestimmen.

Dem zu Umerziehung durch Arbeit Verurteilten wird auf Gerichtsbeschluß zum Nutzen des Staates bis zu einem Viertel des Entgelts für die Arbeit, die er verrichten muß, einbehalten.

Die Zeit der Verbüßung dieser Strafe wird weder auf die Dauer der Berufstätigkeit noch auf die Ableistung des Militärdienstes angerechnet.

Die Zeit vorübergehender Arbeitsunfähigkeit wird nicht auf die Dauer dieser Strafe angerechnet.

Dem Verurteilten werden für die Dauer der Verbüßung der Bestrafung mit Umerziehung durch Arbeit keine Zuschläge zum Grundlohn und andere Vorteile gewährt.

Die Umerziehung durch Arbeit wird nicht gegen Personen verhängt, die arbeitsunfähig sind. Gegen sie wird eine mildere Strafe verhängt.

Für verurteilte Soldaten wird die Art der Vollstreckung der Bestrafung mit Umerziehung durch Arbeit in besonderen Bestimmungen geregelt.[7]

5 Vgl. auch Art. 196 KPP.

6 Hierzu: Weisung Nr. 1 des OG vom 20.3.1978 "Über die Verurteilung zu Umerziehung durch Arbeit", DP 1978 Nr. 2, S. 113.

7 Hierzu: Weisung Nr. 1 des Ministerrates vom 4.1.1978 "Über den Vollzug der Verurteilung zu Umerziehung durch Arbeit bei Militärangehörigen", Bul. 1978 Nr. 3.

Entzieht sich der zur Umerziehung durch Arbeit Verurteilte ohne triftigen Grund der Verbüßung der Strafe, wird diese Strafe auf Gerichtsbeschluß in Freiheitsentzug umgewandelt, wobei drei Tage unverbüßter Umerziehung durch Arbeit einem Tag Freiheitsentzug entsprechen.

Art. 21 Freiheitsentzug

Freiheitsstrafe wird vom Gericht im Urteil für einen Zeitraum von fünf Tagen bis zu fünfundzwanzig Jahren verhängt und wird an den Orten der Umerziehung durch Arbeit oder im Gefängnis verbüßt.

Eine Person, die zur Zeit der Begehung der Straftat das Alter von achtzehn Jahren nicht erreicht hatte, wird nicht mit mehr als der Hälfte der vom Strafgesetz für die begangene Tat vorgesehenen Freiheitsstrafe bestraft.

Minderjährige verbüßen die Freiheitsstrafe an besonderen Orten.

Art. 22 Todesstrafe

Die Todesstrafe ist eine außerordentliche Strafe, die nur für besonders gefährliche Verbrechen verhängt wird.

Die Todesstrafe wird nicht gegen Personen verhängt, die zur Zeit der Begehung des Verbrechens nicht das achtzehnte Lebensjahr vollendet hatten, oder gegen Frauen, die zur Zeit der Begehung des Verbrechens oder der Verurteilung schwanger sind.

Die gegen eine Frau verhängte Todesstrafe wird nicht vollstreckt, wenn man feststellt, daß sie zu der Zeit, wenn das Urteil vollstreckt werden sollte, schwanger ist. Diese Strafe wird vom Gericht in fünfundzwanzig Jahre Freiheitsentzug umgewandelt.

Art. 23 Aberkennung von Ehrentiteln und Auszeichnungen[8]

Die Aberkennung von Ehrentiteln und Auszeichnungen ist obligatorisch, wenn das Gericht für eine Straftat auf Freiheitsentzug für die Dauer von mindestens zehn Jahren erkennt.

Das Gericht kann gleichfalls auf Aberkennung der Ehrentitel und der Auszeichnungen erkennen, wenn auf Freiheitsentzug von einem bis zu zehn Jahren erkannt wird, sofern es dies wegen der Natur der begangenen Tat für notwendig erachtet.

Erkennt das Gericht auf Aberkennung der Ehrentitel und der Auszeichnungen, die dem Verurteilten vom Präsidium der Volksversammlung verliehen wurden, muß das Urteil nach Eintritt der Rechtskraft dem Präsidium der Volksversammlung mitgeteilt werden.

Art. 24 Verbot der Ausübung einer Tätigkeit oder eines bestimmten Berufes

Das Verbot der Ausübung einer Tätigkeit oder eines bestimmten Berufes wird für einen Zeitraum von einem bis zu fünf Jahren angeordnet, wenn das Gericht feststellt, daß der Verurteilte ihn mißbraucht hat, und überzeugt ist, daß er ihn in Zukunft nicht ausüben dürfe.

Art. 25 Aberkennung des Wahlrechts

Mit der Aberkennung des Wahlrechts verliert der Verurteilte das Stimmrecht und die Wählbarkeit zur Volksversammlung, zu den Volksräten und den Gerichten.

Die Aberkennung des Wahlrechts wird auf Grund der Begehung eines Verbrechens und für die Zeit von einem bis zu fünf Jahren verhängt.

8 Vgl. auch das Gesetz Nr. 6133 vom 12.2.1980 "Über Ehrentitel und Auszeichnungen" (GZ 1980 Nr. 1, S. 10) sowie die Weisung Nr. 3 des OG vom 5.6.1981 "Über die Verhängung von Nebenstrafen", DP 1982 Nr. 1, S. 92.

Art. 26 Verbannung [9]

Die Verbannung ist die Entfernung des Verurteilten vom Wohnort mit oder ohne Verbot, sich dort oder an einigen bestimmten Orten aufzuhalten.

Die Verbannung wird für eine Straftat für einen Zeitraum von einem bis zu fünf Jahren verhängt in Fällen, wenn das Gericht überzeugt ist, daß der Aufenthalt des Verurteilten an bestimmten Orten gesellschaftsgefährlich ist.

Die Verbannung kann gegen Ausländer auch durch ihre Ausweisung aus der Sozialistischen Volksrepublik Albanien verhängt werden.

Die Vollstreckung dieser Strafe wird von den Organen für innere Angelegenheiten nach Verbüßung der Hauptstrafe vorgenommen.

Art. 27 Internierung [9]

Die Internierung ist die Verpflichtung des Verurteilten, sich an einem bestimmten Ort für die Zeit von einem bis zu fünf Jahren aufzuhalten.

Die Internierung wird vom Gericht für die Begehung eines Verbrechens verhängt, wenn es überzeugt ist, daß die Freizügigkeit des Verurteilten eine gesellschaftliche Gefahr darstellt.

Die Vollstreckung dieser Strafe wird von den Organen für innere Angelegenheiten nach Verbüßung der Hauptstrafe vorgenommen.

Art. 28 Medzinische und Erziehungsmaßregeln [10]

Medizinische Maßregeln werden gegen schuldunfähige Personen verhängt, sofern man es als notwendig erachtet, während die Erziehungsmaßregeln vom Gericht verhängt werden, wenn es überzeugt ist, daß eine Strafe nicht ausreicht, oder gegen Personen, die strafunmündig sind.

9 Beachte auch Dekret Nr. 7071 (= lfd. Nr. IV).

10 Hierzu: Weisung Nr. 5 des OG vom 10.5.1982 "Über die Anordnung medizinischer Maßregeln", DP 1983 Nr. 1, S. 92.

Medizinische Maßregeln sind:

1. Zwangsbehandlung;
2. Unterbringung in einer Heilanstalt.

Erziehungsmaßregeln sind:

1. Gesellschaftlicher Tadel;
2. Überweisung einer Person zur Erziehung an ein Kollektiv oder eine gesellschaftliche Organisation;
3. Verschiebung der Frist für den Beginn der beruflichen Weiterbildung um ein Jahr;
4. Zuweisung einer Aufgabe oder Arbeit, die geringer bezahlt wird, bis zu sechs Monaten, und zwar entweder im selben Betrieb, Institution oder gesellschaftlichen Organisation oder in einem Betrieb, Institution oder gesellschaftlichen Organisation außerhalb des Bezirkes;
5. Verbot der Ausübung einer Tätigkeit oder eines bestimmten Berufes für die Dauer von einem bis zu fünf Jahren;
6. Entfernung vom Arbeitsplatz;
7. Unterbringung eines Minderjährigen in einer Erziehungsanstalt.

Vierter Abschnitt

DIE STRAFBEMESSUNG

Art. 29

Das Gericht bewertet als Organ der Diktatur des Proletariats, indem es die Interessen der Arbeiterklasse und der anderen werktätigen Massen zum Ausdruck bringt und verteidigt, bei der Zumessung der Strafe den Grad der Gesellschaftsgefährlichkeit der strafbaren Handlung und der Person, den Grad der Schuld sowie alle anderen mildernden und erschwerenden Umstände.

Das Strafmaß wird nach den Bestimmungen dieses Gesetzes und innerhalb der vom Gesetz vorgesehenen Grenzen festgesetzt.

Art. 30 Mildernde Umstände[11]

Mildernde Umstände sind insbesondere:

a) die Begehung einer Straftat unter dem Einfluß seelischer Erregung, verursacht von einer Provokation oder anderen unrechtmäßigen Handlungen des Verletzten;

b) die Begehung einer strafbaren Handlung unter schweren familiären oder persönlichen Umständen;

c) die Begehung einer strafbaren Handlung unter dem Einfluß von Einschüchterung und Zwang;

ç) die Begehung einer strafbaren Handlung durch eine schwangere Frau;

d) die Begehung einer strafbaren Handlung unter dem Einfluß unrechtmäßiger Taten oder Weisungen von Vorgesetzten;

dh) tiefe Reue des Schuldigen über die begangene Tat;

e) Stellung nach Begehung der Straftat;

ë) Wiedergutmachung des Schadens.

Art. 31 Erschwerende Umstände[11]

Erschwerende Umstände sind insbesondere:

a) die Begehung einer strafbaren Handlung durch eine Person, die zuvor eine andere strafbare Handlung begangen hat;[12]

b) die Begehung einer strafbaren Handlung in Mittäterschaft;

c) die Begehung einer strafbaren Handlung aus niedrigen Beweggründen;

d) die Begehung einer strafbaren Handlung gegen Kinder, schwangere Frauen oder Personen, die sich aus verschiedenen Gründen nicht wehren können;

e) die Begehung einer strafbaren Handlung durch eine Person, die ein wichtiges staatliches und gesellschaftliches Amt innehat;

f) die Verursachung schwerer Folgen durch eine strafbare Handlung.

11 Hierzu: Weisung Nr. 2 des OG vom 3.6.1980 "Über die Anwendung erschwerender und mildernder Umstände", DP 1980 Nr. 4, S. 140.

12 Hierzu: Weisung Nr. 3 des OG vom 21.7.1967 "Über einige Maßnahmen gegen Wiederholungstäter" und Weisung Nr. 5 des OG vom 5.9.1981 "Über die Wiederholungstat", DP 1982 Nr. 2, S. 87.

Art. 32 Milderung der Strafe unter die vom Gesetz vorgesehenen Grenzen[13]

Das Gericht kann in außergewöhnlichen Fällen, wenn es überzeugt ist, daß die Tat eine geringe gesellschaftliche Gefahr darstellt und die Persönlichkeit des Schuldigen derart ist, daß auch mit einem milderen als dem vom Gesetz vorgesehenen Strafmaß dessen Umerziehung bewirkt werden kann, auf eine unter dem Mindestmaß liegende Strafe oder eine mildere als in den entsprechenden Bestimmungen des Besonderen Teils dieses Gesetzes vorgesehene Strafe erkennen.

Liegen die Voraussetzungen des ersten Absatzes dieses Artikels vor, kann das Gericht auf eine unter den vom Gesetz vorgesehenen Grenzen liegende Strafe erkennen, wenn auch das Kollektiv der Werktätigen am Arbeitsplatz des Schuldigen oder eine gesellschaftliche Organisation darum bittet.

Art. 33 Absehen von Strafe wegen mangelnder gesellschaftlicher Gefahr

Eine Person wird nicht bestraft, wenn ihre Tat, obwohl sie zur Zeit der Begehung eine Straftat war, im Laufe des Ermittlungs- und gerichtlichen Verfahrens den gesellschaftsgefährlichen Charakter wegen Veränderung der politisch-gesellschaftlichen Umstände verloren hat, sowie wenn die Person keine gesellschaftliche Gefahr mehr darstellt.

Art. 34 Absehen von Strafe bei Minderjährigen

Das Gericht kann bei Minderjährigen, die zur Zeit der Begehung einer Straftat nicht das achtzehnte Lebensjahr vollendet hatten, in folgenden Fällen von Strafe absehen:

a) wenn sie aus triftigen Gründen nicht im Stande waren, voll zu verstehen, daß ihre Tat gesellschaftsgefährlich war;

13 Hierzu: Weisung Nr. 2 des OG vom 5.6.1981 "Über die Anwendung von Art. 32 KP", DP 1982 Nr. 1, S. 89.

b) wenn sie eine Straftat von geringer Bedeutung begangen haben und sich dabei im Zustande seelischer Erregung, unter dem Einfluß eines Dritten oder in einer zufälligen Situation befanden;

c) wenn man überzeugt ist, daß die Erziehungsmaßregeln den Besserungszweck erfüllen.

Art. 35 Strafbemessung bei Personen, die mehrere strafbare Handlungen begangen haben[14]

Enthalten die begangenen Handlungen oder Unterlassungen die Merkmale mehrerer strafbarer Handlungen und hat die Person mehrere strafbare Handlungen begangen, die noch nicht abgeurteilt sind, bemißt das Gericht zuerst die Strafe für jede Handlung gesondert und bildet dann eine Gesamtstrafe durch Erhöhung der verwirkten höchsten Strafe.

Die Gesamtstrafe darf weder die Summe der Einzelstrafen noch die vom vorliegenden Gesetzbuch für die betreffende Strafart vorgesehene Höchststrafe übersteigen.

Hält das Gericht es für angebracht, verhängt es als Endstrafe diejenige Strafe, die es für die schwerste Tat bemessen hat.

Außer der Hauptstrafe hat das Gericht das Recht, eine oder mehrere Nebenstrafen für jede einzelne Straftat zu verhängen.

Art. 36

Wird der Verurteilte vor vollständiger Verbüßung einer Strafe für eine vor der früheren Verurteilung begangene Straftat verurteilt, werden die Bestimmungen des vorhergehenden Artikels angewendet, und der verbüßte Teil der Strafe wird bei der neuen Strafe berücksichtigt.

Begeht der Verurteilte nach der früheren Verurteilung aber vor vollständiger Verbüßung der Strafe eine neue Straftat, nimmt das Gericht eine Zusammenfassung der neuen Strafe mit der verbliebenen Reststrafe unter Beachtung der im vorhergehenden Artikel getroffenen Bestimmungen vor.

14 Hierzu: Weisung Nr. 1 des OG vom 5.6.1981 "Über die Strafzumessung bei Tatmehrheit", DP 1982 Nr. 1, S. 87.

Art. 37 Anrechnung der Untersuchungshaft

Die Zeit der Untersuchungshaft wird auf eine Freiheitsstrafe, Umerziehung durch Arbeit oder Geldstrafe angerechnet.

Wird auf Umerziehung durch Arbeit als Strafe erkannt, wird ein Tag Untersuchungshaft mit drei Tagen Umerziehung durch Arbeit berechnet; wird eine Geldstrafe verhängt, wird ein Tag Untersuchungshaft mit fünfzehn Lek berechnet.

Art. 38 Bedingte Verurteilung[15]

Ist das Gericht überzeugt, daß der Grad der Gesellschaftsgefährlichkeit der Tat und des Verurteilten dergestalt ist, daß keine Notwendigkeit einer freiheitsentziehenden Maßnahme oder zur Verbüßung einer auf Umerziehung durch Arbeit lautenden Strafe besteht, hat es das Recht, eine bedingte Verurteilung auszusprechen. In diesem Falle ordnet das Gericht an, daß die Strafe nicht vollstreckt wird, wenn im Verlaufe eines bestimmten Zeitraumes der Verurteilte keine weitere ebenso schwere oder schwerere Straftat wie die vorherige begeht. Dieser Zeitraum darf nicht weniger als ein Jahr und nicht mehr als fünf Jahre umfassen.

Liegen die Voraussetzungen des ersten Absatzes dieses Artikels vor, kann das Gericht eine bedingte Verurteilung auch auf Bitten der gesellschaftlichen Organisationen oder des Werktätigenkollektivs verhängen und ihnen die Erziehung und Besserung des bedingt verurteilten Täters anvertrauen.

Begeht der bedingt Verurteilte innerhalb der Bewährungsfrist eine weitere ebenso schwere oder schwerere Straftat als die vorherige, widerruft das Gericht die bedingt verhängte Strafe und wendet die Bestimmungen zur Gesamtstrafenbildung an.

Wenn das Gericht eine Nebenstrafe verhängt hat, wird diese unabhängig davon vollstreckt, ob die Hauptstrafe bedingt verhängt ist, sofern das Gericht nichts anderes entscheidet.

15 Hierzu: Weisung Nr. 5 des OG vom 15.5.1979 "Über die bedingte Verurteilung", DP 1979 Nr. 3, S. 113.

Art. 39

(aufgehoben).[16]

Fünfter Abschnitt

VERFOLGUNGSVERJÄHRUNG

Art. 40

Eine Strafverfolgung kann nicht stattfinden, wenn vom Tage der Begehung eines Vergehens bis zur Anklageerhebung fünf Jahre vergangen sind.

Art. 41

Entzieht sich eine Person, die ein Vergehen begangen hat, dem Ermittlungs- oder gerichtlichen Verfahren, nachdem Sicherungsmittel gegen sie ergriffen worden sind, verdoppelt sich die in Artikel 40 dieses Gesetzes festgelegte Frist der Verfolgungsverjährung.

Begeht eine Person, die ein Vergehen begangen hat, für das kein Strafverfahren eröffnet wurde, eine neue Tat im Verlauf der in Artikel 40 angegebenen Frist, wird der Lauf der Verjährung für das zuvor begangene Vergehen unterbrochen und die Verjährung beginnt neu vom Datum der Begehung der neuen Straftat.

Art. 42 Vollstreckungsverjährung

Das ein Vergehen betreffende Strafurteil wird nicht vollstreckt, wenn seit dem Tage des Eintritts der Rechtskraft zehn Jahre verstrichen sind.

16 Durch Art. 1 des Gesetzes Nr. 6300 vom 27.3.1981 (betraf die vorzeitige Entlassung).

Sechster Abschnitt

GELTUNGSBEREICH DES STRAFGESETZES

Art. 43 Die strafrechtliche Verantwortlichkeit der Staatsbürger der Sozialistischen Volksrepublik Albanien

Albanische Staatsbürger sind für im Inland ebenso wie für außerhalb des Territoriums der Sozialistischen Volksrepublik Albanien begangenen strafbaren Handlungen verantwortlich nach der Strafgesetzgebung der Sozialistischen Volksrepublik Albanien.

Albanische Staatsbürger, die eine Strafe im Ausland für eine dort begangene Straftat verbüßt haben, sind strafrechtlich verantwortlich, falls die begangene Tat auch nach der Strafgesetzgebung der Sozialistischen Volksrepublik Albanien strafbar ist. In diesem Fall kann in Albanien von der Verbüßung der Strafe für diese Straftat abgesehen werden, oder das Gericht kann gegen sie eine Strafe unterhalb des vorgesehenen Mindestmaßes oder eine mildere Strafart festsetzen.

Art. 44 Die strafrechtliche Verantwortlichkeit ausländischer Staatsbürger und staatenloser Personen

Ausländische Staatsbürger und staatenlose Personen sind für auf dem Territorium der Sozialistischen Volksrepublik Albanien begangene strafbare Handlungen nach den Bestimmungen dieses Gesetzes verantwortlich.

Ausländische Staatsbürger und staatenlose Personen sind gleichfalls nach den Bestimmungen dieses Gesetzes in Fällen verantwortlich, wenn sie Verbrechen gegen den Staat außerhalb des Territoriums der Sozialistischen Volksrepublik Albanien begangen haben, deren Folgen innerhalb deren Territorium aufgetreten sind.

Die Frage, ob ausländische Staatsbürger, die diplomatische Immunität genießen und strafbare Handlungen auf dem Territorium der Sozialistischen Volksrepublik Albanien begangen haben, strafrechtlich zur Verantwortung gezogen werden, wird immer auf diplomatischem Wege gelöst.

Art. 45 Grenzen der zeitlichen Geltung des Strafgesetzbuchs

Die Beurteilung einer strafbaren Handlung und ihrer Strafe erfolgt auf der Grundlage des Strafgesetzes, das zur Zeit ihrer Begehung in Kraft war.

Ein neues Gesetz, das eine strafbare Handlung nicht bestraft, hat rückwirkende Kraft.

Personen, die eine auf Grund des altes Gesetzes verhängte Strafe verbüßen, werden von der weiteren Verbüßung der Strafe befreit, wenn nach dem neuen Gesetz das Tun oder Unterlassen keine strafbare Handlung darstellt.

Art. 46 Besondere Bestimmungen

Die Bestimmungen des Allgemeinen Teils dieses Gesetzes werden auch auf Straftaten angewendet, die in besonderen Strafgesetzen vorgesehen sind.

BESONDERER TEIL

A. Verbrechen

Erster Abschnitt

VERBRECHEN GEGEN DEN STAAT[17]

Art. 47 Vaterlandsverrat

Vaterlandsverrat ist das schwerste Verbrechen, das ein Staatsbürger der Sozialistischen Volksrepublik Albanien begehen kann.

Vaterlandsverrat heißt jede Tat, die begangen wird, um den Staat der Diktatur des Proletariats zu stürzen, sowie jede Tat, die gegen die nationale Unabhängigkeit, die Verteidigungskraft und die äußere Sicherheit der Sozialistischen Volkrepublik Albanien gerichtet ist, wie insbesondere:

17 Hierzu: Weisung Nr. 2 des OG vom 5.7.1978 "Über Verbrechen gegen den Staat".

a) Organisierung oder Teilnahme an einem bewaffneten Aufstand zwecks Sturzes des sozialistischen Staates und der Partei der Arbeit Albaniens als einziger politisch führender Kraft des Staates und der Gesellschaft;

b) Ausübung der Souveränität des Volkes im Namen der Sozialistischen Volksrepublik Albanien und jedes Attributes derselben im Widerspruch zur Verfassung;

c) Unterschrift oder Zustimmung zur Kapitulation oder der Besetzung des Landes im Namen der Sozialistischen Volksrepublik Albanien;

ç) eines auf Veräußerung des Territoriums der Sozialistischen Volksrepublik Albanien oder die Antastung ihrer Grenzen zielende Tätigkeit;

d) Zustimmung zur Stationierung von Militärbasen und ausländischen Streitkräften innerhalb des Territoriums der Sozialistischen Volksrepublik Albanien;

dh) Schaffung von Gesellschaften und anderen ausländischen oder gemeinsamen Wirtschafts- und Finanzinstitutionen mit Monopolen und kapitalistischen, bürgerlichen und revisionistischen Staaten sowie Kreditaufnahme bei ihnen;

e) Bruch des Soldateneids durch Organisierung oder Teilnahme an einem Komplott oder Militärputsch, die Übergabe von Militärkräften und Kampfmitteln an den Feind sowie deren Zerstörung oder Unbrauchbarmachung, um diesem zu helfen;

ë) Zusammenarbeit mit dem Feind während eines Krieges in zeitweise von diesem besetzten Zonen;

f) Indiensttreten bei ausländischen Staaten zwecks feindlicher Aktivität gegen die Sozialistische Volksrepublik Albanien;

g) Spionage, Ausführung anderer ausländischer Agentenaufträge sowie die Preisgabe von Militärgeheimnissen oder eines anderen Geheimnisses an ausländische Staaten;

gj) Flucht ins Ausland sowie Ablehnung der Rückkehr ins Vaterland durch eine Person, die im dienstlichen Auftrag ins Ausland entsandt wurde oder sich mit Erlaubnis vorübergehend dort aufhält.

Der Vaterlandsverrat wird mit Freiheitsentzug nicht unter zehn Jahren oder mit dem Tode bestraft.

Art. 48 Spionage

Sammlung, Entwendung und Aufbewahrung zwecks Übergabe oder Übergabe von politischen, militärischen und wirtschaftlichen Informationen an fremde Staaten oder ihre Agenten, begangen von ausländischen Staatsbürgern oder Staatenlosen werden bestraft:

mit Freiheitsentzug nicht unter zehn Jahren oder mit dem Tode.

Art. 49 Provozierung eines Krieges oder des Abbruchs der diplomatischen Beziehungen mit der Sozialistischen Volksrepublik Albanien

Herstellung oder Verwendung von falschen Dokumenten, Weitergabe falscher Informationen oder andere derartige Handlungen zum Zwecke der Provozierung eines Krieges oder des Abbruchs der diplomatischen Beziehungen mit der Sozialistischen Volksrepublik Albanien werden bestraft:

mit Freiheitsentzug nicht unter zehn Jahren oder mit dem Tode.

Art. 50 Terroristische Taten

Terroristische Taten gegen die Vertreter des Staates und der Partei der Arbeit Albaniens oder gegen andere Personen wegen deren staatlicher oder gesellschaftlicher Tätigkeit werden bestraft:

mit Freiheitsentzug nicht unter zehn Jahren oder mit dem Tode.

Dieselben Taten, begangen gegen die Vertreter ausländischer Staaten, werden bestraft:

mit Freiheitsentzug nicht unter zehn Jahren oder mit dem Tode.

Art. 51 Organisierung bewaffneter Banden oder Teilnahme daran

Die Organisierung bewaffneter Banden oder die Teilnahme an diesen Banden, die vom Ausland in die Sozialistische Volksrepublik Albanien eindringen oder sich im Lande bilden, um Verbrechen gegen den Staat zu begehen, wird bestraft:

mit Freiheitsentzug nicht unter zehn Jahren oder mit dem Tode.

Art. 52 Diversion

Zerstörung oder Schädigung des sozialistischen Eigentums durch Sprengung, Feuer oder auf andere Weise, Vergiftungen, Verbreitung epidemischer Tierseuchen zwecks Schwächung oder Untergrabung der Volksmacht werden bestraft:

mit Freiheitsentzug nicht unter zehn Jahren oder mit dem Tode.

Art. 53 Sabotage

Ein Tun oder Unterlassen zwecks Schwächung oder Untergrabung der Tätigkeit des Staates und der Partei der Arbeit Albaniens, der sozialistischen Wirtschaft sowie der Organisierung und Leitung von Staat und Gesellschaft wird bestraft:

mit Freiheitsentzug nicht unter zehn Jahren oder mit dem Tode.

Art. 54 Völkermord[18]

Taten, die begangen wurden, um eine nationale, ethnische und rassische Gruppe vollständig oder teilweise zu vernichten, wie:

a) Tötung der Mitglieder der Gruppe; b) schwere körperliche oder seelische Schädigung der Mitglieder der Gruppe; c) absichtliche Schaffung von Lebensbedingungen für die Gruppe, die geeignet sind, deren vollständige oder teilweise Vernichtung zu verursachen; ç) Maßnahmen, die auf Verhinderung der Fortpflanzung der Gruppe zielen und d) gewaltsame Überführung der Kinder der Gruppe in eine andere Gruppe werden bestraft:

mit Freiheitsentzug nicht unter zehn Jahren oder mit dem Tode.

18 Albanien hat mit Dekret Nr. 1962 vom 9.11.1954 die Konvention "Über die Verhütung und Bestrafung des Völkermordes" ratifiziert (vgl. BGBl. II 1955, S. 856).

Art. 55 Agitation und Propaganda gegen den Staat

Faschistische, antidemokratische, religiöse, kriegstreiberische, antisozialistische Agitation und Propaganda sowie die Herstellung, Verbreitung oder Aufbewahrung zwecks Verbreitung von Literatur mit solchem Inhalt, um den Staat der Diktatur des Proletariats zu schwächen oder zu untergraben, werden bestraft:

mit Freiheitsentzug von drei bis zu zehn Jahren.

Dieselben Taten, begangen in Kriegszeiten oder wenn sie besonders schwere Auswirkungen verursachen, werden bestraft:

mit Freiheitsentzug nicht unter zehn Jahren oder mit dem Tode.

Art. 56 Schürung von Haß oder Streitigkeiten zwischen Nationalitäten und Rassen

Die Schürung von Haß und rassischen oder nationalen Streitigkeiten sowie die Herstellung, Verbreitung oder Aufbewahrung zwecks Verbreitung von Schriften mit solchem Inhalt werden bestraft:

mit Freiheitsentzug von drei bis zu zehn Jahren.

Art. 57 Schaffung einer konterrevolutionären Organisation oder Teilnahme daran

Die Schaffung einer Organisation mit faschistischem, antidemokratischem und antisozialistischem Charakter oder die Teilnahme daran zwecks Begehung von Verbrechen gegen den Staat werden bestraft:

mit Freiheitsentzug nicht unter zehn Jahren oder mit dem Tode.

Art. 58 Feindliche Tätigkeit vor der Befreiung[19]

Aktive Tätigkeit gegen die revolutionäre Bewegung, entwickelt im Verlaufe oder vor der nazifaschistischen Besetzung durch Personen, die an

19 Art. 58 hat nur noch eingeschränkte Bedeutung, da ein Großteil der dort genannten Taten durch das Dekret Nr. 3603 vom 23.11.1962 (GZ 1962 Nr. 9, S. 336) amnestiert wurde; Albanien hat im übrigen auch die Konvention "Über die Unverjährbarkeit von Kriegsverbrechen und Verbrechen gegen die Menschlichkeit" von 1968 gezeichnet.

verantwortlicher Stelle im Staate standen oder durch Personen, die sich in Geheimdiensten oder in verräterischen Organisationen befanden, wird bestraft:

mit Freiheitsentzug nicht unter zehn Jahren oder mit dem Tode.

Art. 59 Unterstützung nach Begehung eines Verbrechens

Das Verbergen einer Person, die ein Verbrechen gegen den Staat begeht, sowie das Verbergen von Spuren oder von Sachen, die von dem Verbrechen herrühren, werden bestraft:

mit Freiheitsentzug nicht unter fünf Jahren und, unter besonders schweren Umständen, mit dem Tode.

Art. 60 Tätigkeit gegen die revolutionäre Bewegung der Arbeiterklasse

Auf der Grundlage des Prinzips des proletarischen Internationalismus werden Verbrechen gegen den Staat, die nach der Strafgesetzgebung der Sozialistischen Volksrepublik Albanien strafbar sind, auch wenn sie sich gegen andere sozialistische Staaten, die revolutionäre Bewegung der Arbeiterklasse, den Kampf der Völker für Freiheit und Unabhängigkeit, gesellschaftlichen Fortschritt und Sozialismus richten, wie gegen die Sozialisitsche Volksrepublik Albanien begangene Verbrechen bestraft.

Zweiter Abschnitt

VERBRECHEN GEGEN DAS SOZIALISTISCHE EIGENTUM

Art. 61 Entwendung von sozialistischem Eigentum[20]

Entwendung von sozialistischem Eigentum wird bestraft:

mit Freiheitsentzug von vier bis zu sieben Jahren.

20 Hierzu: Weisung Nr. 6 des OG vom 10.5.1982 "Über die Entwendung sozialistischen Eigentums", DP 1983 Nr. 2, S. 90.

Art. 62

Entwendung von sozialistischem Eigentum, mehrmals oder von einer organisierten Gruppe oder in großem Ausmaß begangen, wird bestraft:

mit Freiheitsentzug nicht unter sieben Jahren oder mit dem Tode.

Art. 63

Die Entwendung von sozialistischem Eigentum wird, selbst wenn sie mehrmals oder von einer Gruppe begangen wurde, bei geringem[21] Wert des entwendeten Eigentums bestraft:

mit Freiheitsentzug bis zu vier Jahren.

Art. 64

Die Entwendung von sozialistischem Eigentum in Form von Ausbau von Maschinenteilen wird, wenn der Wert der entwendeten Sache gering ist, auch wenn die Tat mehrmals oder von einer organisierten Gruppe begangen wurde, bestraft:

mit Freiheitsentzug bis zu vier Jahren.

Art. 65 Raub[22]

Der Raub von sozialistischem Eigentum wird bestraft:

mit Freiheitsentzug nicht unter zehn Jahren oder mit dem Tode.

21 Der durch Dekret Nr. 7128 vom 25.5.1987 (GZ 1987 Nr. 3, S. 51) eingefügte Art. 83a des Arbeitsgesetzbuches (Gesetz Nr. 6200 vom 28.6.1980, GZ 1980 Nr. 4, S. 65; deutsche Übersetzung: JOR XXIII 1982, S. 411 ff.) sieht vor, daß geringfügige (d.h. bis zu einem Wert von 200 Lek) während bzw. in Zusammenhang mit der Arbeit begangene Diebstähle sozialistischen Eigentums unter Ausschaltung der allgemeinen Strafjustiz durch betriebliche Disziplinarmaßnahmen (Verweis, Zurückstufung um eine Lohnkategorie, Versetzung) geahndet werden können (vgl. ROW 1987, S. 368). Ferner sieht Art. 8 Abs. 3 des Dekretes Nr. 4426 (= lfd. Nr. VIII) in Verbindung mit Art. 1 des Dekretes Nr. 4427 vom 23.9.1968 in der Fassung des Dekretes Nr. 5913 vom 26.6.1979 (GZ 1979 Nr. 2 S. 45) "Über den Schutz der Landwirtschaft" für Entwendungen von landwirtschaftlichen Produkten bis zu einem Wert von 200 Lek die Zuständigkeit der Dorf-, Stadt- und Stadtviertelgerichte vor.

22 Siehe auch Art. 102 KP (Raub von Privateigentum).

Art. 66 Der Ankauf von sozialistischem Eigentum, das aus Verbrechen stammt, oder dessen Annahme

Der Ankauf von sozialistischem Eigentum, das aus Verbrechen stammt, oder dessen Annahme wird bestraft:

mit Umerziehung durch Arbeit oder mit Freiheitsentzug bis zu drei Jahren.

Dieselbe Tat wird, wenn sie mehrmals begangen wurde, bestraft:

mit Freiheitsentzug bis zu fünf Jahren.

Art. 67 Vorsätzliche Zerstörung oder Beschädigung von sozialistischem Eigentum

Vorsätzliche Zerstörung oder Beschädigung von sozialistischem Eigentum wird bestraft:

mit Freiheitsentzug bis zu zehn Jahren.

Dieselbe Tat, begangen unter Einsatz von Feuer oder anderer gemeingefährlicher Mittel, oder wenn sie schwere Folgen verursacht hat, wird bestraft:

mit Freiheitsentzug nicht unter fünf Jahren oder mit dem Tode.

Art. 68 Fahrlässige Zerstörung oder Beschädigung von sozialistischem Eigentum

Fahrlässige Zerstörung oder Beschädigung von sozialistischem Eigentum durch Feuer oder ein anderes gemeingefährliches Mittel wird, wenn sie schwere Folgen verursacht hat, bestraft:

mit Umerziehung durch Arbeit oder mit Freiheitsentzug bis zu zehn Jahren.

Dritter Abschnitt

VERBRECHEN GEGEN DAS SOZIALISTISCHE WIRTSCHAFTSSYSTEM

1. Verbrechen auf dem Gebiete der Industrie, des Bauwesens und der Landwirtschaft

Art. 69 Vertrieb eines Erzeugnisses minderer Qualität[23]

Der Vertrieb eines Industrieproduktes oder die Konstruktion von wichtigen Bauten mit minderwertiger oder unvollständiger Eigenschaft oder im Widerspruch zu den Standards oder Projekten durch den Direktor, Chefingenieur und, in dessen Abwesenheit, den verantwortlichen Ingenieur und den Chef der technischen Kontrolle des Betriebs oder durch andere mit der Qualitätskontrolle beauftragten Personen wird bestraft:

mit Umerziehung durch Arbeit oder mit Freiheitsentzug bis zu fünf Jahren.

Art. 70 Fahrlässige Verwendung oder Aufbewahrung von Maschinen oder technischen Ausrüstungen[24]

Fahrlässige Verwendung oder Aufbewahrung von Industrie-, Landwirtschafts- und Baumaschinen und technischen Ausrüstungen wird, wenn schwere Folgen verursacht wurden, bestraft:

mit Umerziehung durch Arbeit oder mit Freiheitsentzug bis zu sieben Jahren.

23 Vgl. hierzu das Dekret Nr. 7095 vom 17.1.1987 "Über Preise, Standards und Qualitätskontrolle" (GZ 1987 Nr. 1, S. 3), siehe auch ROW 1987, S. 183 sowie die Weisung Nr. 4 des OG vom 1.3.1982 "Über den Vertrieb eines Produktes minderer Qualität", DP 1982 Nr. 3, S. 97.

24 Vgl. hierzu die VO Nr. 3 des Ministerrates vom 6.4.1985 "Über die Nutzung, Instandhaltung, Reparatur und Erhaltung des Maschinenparks" (GZ 1985 Nr. 3, S. 89, siehe auch ROW 1986, S. 133).

Art. 71 Beschädigung von Bewässerungs- und Kläranlagen[25]

Vorsätzliche Beschädigung von Bewässerungs- und Kläranlagen oder der dazugehörigen Gebäude sowie der Reservoire, Pumpen und Flußwehre wird, wenn durch diese Tat schwere Folgen verursacht werden, bestraft:

mit Umerziehung durch Arbeit oder mit Freiheitsentzug bis zu sieben Jahren.

2. Verbrechen auf dem Gebiete des Handels[26]

Art. 72 Schmuggel[27]

Schmuggel wird bestraft:

mit Umerziehung durch Arbeit oder mit Freiheitsentzug bis zu fünf Jahren.

Dieselbe Tat wird, wenn sie in großem Maßstab oder von einer organisierten Gruppe begangen wurde, bestraft:

mit Freiheitsentzug nicht unter fünf Jahren.

Art. 73 Ausübung von verbotenem Handel[28]

Ankauf zwecks Verkaufs oder Wiederverkaufs von Waren und anderen Sachen mit dem Ziel des Gewinns in großem Maßstab wird bestraft:

mit Freiheitsentzug bis zu zehn Jahren.

25 Vgl. hierzu das Dekret Nr. 4311 vom 8.9.1967 "Über den Bau und die Verwaltung von Bewässerungs- und Kläranlagen" (GZ 1967 Nr. 11, S. 211) in Verbindung mit dem gleichlautenden VKM Nr. 130 vom 16.10.1967 (GZ 1967 Nr. 11, S. 225) und VKM Nr. 68 vom 10.5.1979 (GZ 1979 Nr. 3, S. 56).

26 Hierzu: Weisung Nr. 6 des OG vom 13.11.1981 "Über die Anwendung der Art. 73, 74, 75 und 164 KP", DP 1982 Nr. 2, S. 91.

27 Schmuggel ist definiert in Art. 15 des Dekretes Nr. 4748 vom 30.9.1970 "Über das Zollwesen" (GZ 1970 Nr. 8, S. 110, in der Fassung des Art. 2 des Änderungsdekretes Nr. 7261 vom 27.10.1988, GZ 1988 Nr. 4, S. 73; vgl. hierzu ROW 1989,S.168); eine englische Übersetzung findet sich in: Summary of Provisions of the Law on Foreign Trade, Tirana 1986, S. 44.

28 Seit Art. 1 des VKM Nr. 180 vom 15.12.1969 (GZ 1969 Nr. 10, S. 134) ist die Ausübung privaten Handels verboten.

Art. 74 Betrug in Gewicht und Maß[29]

Betrug an Käufern in Gewicht oder Maß zum Zwecke des Gewinns wird bestraft:

mit Umerziehung durch Arbeit oder mit Freiheitsentzug bis zu sieben Jahren.

Art. 75 Verkauf von Waren zu überhöhtem Preis

Der Verkauf von Waren zu höheren Preisen, als sie vom zuständigen Organ festgesetzt sind, oder der Verkauf von Waren einer niedrigeren Qualität zu Preisen, die für eine höhere Qualität festgesetzt sind, werden bestraft:

mit Umerziehung durch Arbeit oder mit Freiheitsentzug bis zu sieben Jahren.

3. Verbrechen auf dem Gebiete der Finanzen

Art. 76 Geldfälschung

Die Fälschung staatlicher Münzen, Banknoten und ausländischer Währung oder ihr Inverkehrbringen werden bestraft:

mit Freiheitsentzug von einem bis zu fünf Jahren.

Wenn obengenannte Taten von einer organisierten Gruppe oder in großem Maßtab begangen werden, werden sie bstraft:

mit Freiheitsentzug von mindestens fünf Jahren oder mit dem Tode.

Art. 77 Verletzung der Bestimmungen über Währung und Gold[30]

Die Verletzung der Bestimmungen über Rechtsgeschäfte mit ausländischer Währung, Gold, Platin, Silber sowie das Umschmelzen von Münzzen

29 Vgl. hierzu das Dekret Nr. 6856 vom 24.1.1984 "Über das Einheitsmaßsystem und die Kontrolle der Maßeinheiten" (GZ 1984 Nr. 1, S. 3; ROW 1984, S.227).

30 Einzelheiten regelt das Dekret Nr. 5531 vom 25.2.1977 "Über Rechtsgeschäfte in Zusammenhang mit Gold, Edelmetallen und ausländischen Währungen" (GZ 1977 Nr. 1, S. 16).

in Barren oder ihre Verwendung zur Herstellung verschiedener Gegenstände, werden bestraft:

mit Umerziehung durch Arbeit oder mit Freiheitsentzug bis zu fünf Jahren.

4. Verbrechen auf dem Gebiete des Transportwesens[31]

Art. 78 Vorsätzliche Zerstörung oder Beschädigung von Straßen und Verkehrsmitteln

Vorsätzliche Zerstörung oder Beschädigung der Verkehrswege, der damit verbundenen Bauten, der Verkehrszeichen und der Verkehrsmittel wird bestraft:

mit Umerziehung durch Arbeit oder mit Freiheitsentzug bis zu zehn Jahren.

Dieselben Taten werden, wenn sie einen Zusammenstoß, Sturz, Defekt, den Tod oder andere schwere Folgen hervorgerufen haben, bestraft:

mit Freiheitsentzug nicht unter fünf Jahren oder mit dem Tode.

Art. 79 Fahrlässige Beschädigung von Straßen und Verkehrsmitteln

Fahrlässige Beschädigung der Straßen und Verkehrsmittel, der damit verbundenen Bauten oder der Verkehrszeichen wird, wenn durch die Taten Zusammenstoß, Sturz, Defekt, der Tod oder andere schwere Folgen verursacht wurden, bestraft:

mit Umerziehung durch Arbeit oder mit Freiheitsentzug bis zu zehn Jahren.

31 Beachte hierzu insbesondere das Straßengesetzbuch (Gesetz Nr. 6943 vom 26.12.1984, GZ 1984 Nr. 4, S. 85) und die Ausführungsbestimmungen im VKM Nr. 70 vom 11.3.1985 (GZ 1985 Nr. 2, S. 46); im einzelnen ROW 1985, S.151 und JOR XXVI (1985), S. 227 und XXVII (1986), S. 215, sowie Stoppel, Ausländer im albanischen Straßenverkehrsrecht, WGO 1988, S. 175 ff. Von Bedeutung ist ferner das Eisenbahngesetz (Gesetz Nr. 7224) vom 22.6.1988 (GZ 1988 Nr. 2, S. 22), vgl. dazu ROW 1988, S. 373.

Art. 80 Verletzung der Arbeitsdisziplin im Transportwesen

Die Verletzung der Arbeitsdisziplin durch Werktätige des Eisenbahn-, Wasser- und Lufttransportwesens wird, wenn diese Verletzung die Unterbrechung der Transportpläne, die Beschädigung der Straßen, der Gebäude oder der Transportmittel oder irgendeine andere schwere Störung im Transportwesen verursacht hat, bestraft:

mit Umerziehung durch Arbeit oder mit Freiheitsentzug bis zu zehn Jahren.

Dieselbe Tat wird, wenn sie Zusammenstoß, Sturz, Defekt, den Tod oder andere schwere Folgen verursacht hat, bestraft:

mit Freiheitsentzug nicht unter fünf Jahren.

Art. 81 Verletzung der Straßenverkehrsregeln[32]

Eine Verletzung der Straßenverkehrsregeln wird, wenn sie den Tod, die schwere Verletzung einer Person, die leichte Verletzung mehrerer Personen oder andere schwere Folgen verursacht hat, bestraft:

mit Umerziehung durch Arbeit oder mit Freiheitsentzug bis zu zehn Jahren.

Dieselbe Tat wird, wenn sie den Tod oder die schwere Verletzung mehrerer Personen verursacht hat, bestraft:

mit Freiheitsentzug nicht unter fünf Jahren.

Art. 82 Beschädigung von Kabeln und Leitungen[33]

Die Beschädigung von Kabeln, elektrischen, telegraphischen oder telefonischen Leitungen oder der damit verbundenen Einrichtungen wird, wenn sie schwere Folgen verursacht hat, bestraft:

mit Umerziehung durch Arbeit oder mit Freiheitsentzug bis zu fünf Jahren.

32 Hierzu: Weisung Nr. 8 des OG vom 5.11.1982 "Über die Verletzung der Straßenverkehrsregeln", DP 1983 Nr. 2, S. 95.

33 Vgl. hierzu das Dekret Nr. 5841 vom 20.2.1979 "Über Post- und Fernmeldedienste" (GZ 1979 Nr. 1, S. 24 mit Änderungsdekret Nr. 6857 vom 24.1.1984, GZ 1984 Nr. 1, S. 7).

Vierter Abschnitt

VERBRECHEN GEGEN DIE PERSON UND DIE FAMILIE

1. Verbrechen gegen das Leben[34]

Art. 83 Tötung

Vorsätzliche Tötung wird bestraft:

mit Freiheitsentzug von zehn bis zu zwanzig Jahren.

Art. 84

Vorsätzliche Tötung, begangen:

a) aus Eigennutz, Rache, Eifersucht oder anderen niedrigen Beweggründen;

b) gegen zwei oder mehrere Personen oder mehrmals;

c) gegen eine wehrlose Person;

ç) auf eine dem Opfer besondere Qualen bereitende Weise;

d) in einer das Leben vieler Personen gefährdenden Weise;

dh) durch eine Person, der eine besondere Obhutspflicht für das Opfer oblag;

e) an einer Frau, von der der Täter wußte, daß sie schwanger war,

wird bestraft:

mit Freiheitsentzug nicht unter fünfzehn Jahren oder mit dem Tode.

Art. 85

Vorsätzliche Tötung, begangen im Zustande starker momentaner seelischer Erregung, verursacht durch Gewaltanwendung oder schwere Kränkung seitens des Opfers, wird bestraft:

mit Freiheitsentzug bis zu acht Jahren.

34 Hierzu: Weisung Nr. 4 des OG vom 5.9.1981 "Über die Bedeutung der Tötungsdelikte und ihre Behandlung im Verfahren", DP 1982 Nr. 2, S. 83.

Art. 86

Eine in Überschreitung der Grenzen der Notwehr begangene Tötung wird bestraft:

mit Freiheitsentzug bis zu acht Jahren.

Art. 87

Vorsätzliche Kindestötung seitens der Mutter in der Geburt oder unmittelbar nach der Geburt wird bestraft:

mit Freiheitsentzug bis zu drei Jahren.

Art. 88

Fahrlässige Tötung wird bestraft:

mit Freiheitsentzug bis zu acht Jahren.

Art. 89 Verursachung einer Selbsttötung

Die Verursachung einer Selbsttötung oder des Versuchs der Selbsttötung einer Person durch systematische schlechte Behandlung oder durch andere systematische Verhaltensweisen, die die Menschenwürde schwer verletzen, wird bestraft:

mit Freiheitsentzug bis zu fünf Jahren.

2. Verbrechen gegen die Gesundheit

KÖRPERVERLETZUNG

Art. 90 Schwere Körperverletzung

Eine vorsätzliche Körperverletzung, die im Augenblick der Verursachung lebensgefährlich ist oder den Verlust der Sehkraft, des Gehörs oder der Funktion eines anderen Organs, den Abbruch einer Schwangerschaft, die dauernde Enstellung des Gesichts, eine seelische Krankheit und jegliche andere Beeinträchtigung der Gesundheit, die die ständige Arbeitsunfähigkeit eines Dritten zur Folge hat, wird bestraft:

mit Freiheitsentzug bis zu zehn Jahren.

Dieselbe Tat, begangen gegen mehrere Personen oder mehrmals, sowie wenn sie den Tod zur Folge hat, wird bestraft:

mit Freiheitsentzug von fünf bis zu fünfzehn Jahren.

Art. 91

Vorsätzliche schwere Körperverletzung, begangen im Zustand momentaner schwerer seelischer Erregung, verursacht durch Gewaltanwendung oder schwere Kränkung seitens des Verletzten, wird bestraft:

mit Freiheitsentzug bis zu fünf Jahren.

Art. 92

Vorsätzliche schwere Körperverletzung, begangen in Überschreitung der Grenzen der Notwehr, wird bestraft:

mit Freiheitsentzug bis zu drei Jahren.

Art. 93 Leichte Körperverletzung

Vorsätzliche leichte Körperverletzung wird bestraft:

mit Umerziehung durch Arbeit oder mit Freiheitsentzug bis zu drei Jahren.

Dieselbe Tat, mehrmals oder gegen mehrere Personen begangen, wird bestraft:

mit Freiheitsentzug bis zu fünf Jahren.

Art. 94 Freiheitsberaubung

Gesetzwidriger Freiheitsentzug zum Schaden mehrerer Personen, oder wenn Leben und Gesundheit einer Person gefährdet oder körperlicher Schmerz verursacht werden, wird bestraft:

mit Freiheitsentzug bis zu fünf Jahren.

Art. 95 Unerlaubte Abtreibung

Unerlaubte Abtreibung wird, wenn sie mehrmals begangen wurde oder den Tod oder die schwere Zerrüttung der Gesundheit der Frau zur Folge hat, bestraft:

mit Freiheitsentzug bis zu acht Jahren.

Art. 96 Fahrlässiger Behandlungsfehler

Fahrlässige Behandlung von Kranken durch einen Arzt oder das andere Pflegepersonal sowie die Unterlassung der Therapie oder das Nichtbefolgen von Anweisungen des Arztes durch das Pflegepersonal oder einen Apotheker werden, wenn diese Taten eine schwere Gesundheitsschädigung hervorgerufen oder das Leben der Person gefährdet oder ihren Tod verursacht haben, bestraft:

mit Umerziehung durch Arbeit oder mit Freiheitsentzug bis zu fünf Jahren.

3. Sexualverbrechen[35]

Art. 97 Notzucht

Geschlechtsverkehr, begangen unter Gewaltanwendung oder in Ausnutzung der Unfähigkeit des Opfers, sich zu wehren, wird bestraft:

mit Freiheitsentzug bis zu zehn Jahren.

Dieselbe Tat, begangen in Mittäterschaft, sowie wenn sie schwere Folgen für die Gesundheit verursacht hat, wird bestraft:

mit Freiheitsentzug nicht unter zehn Jahren und, wenn sie die Selbsttötung oder den Tod des Opfers zur Folge hatte, auch mit dem Tode.

Art. 98 Geschlechtsverkehr mit Minderjährigen

Geschlechtsverkehr mit einem Mädchen, das nicht das Alter von vierzehn Jahren oder die Geschlechtsreife erreicht hat, wird bestraft:

35 Hierzu: Weisung Nr. 1 des OG vom 14.3.1979 "Über Sexualverbrechen", DP 1979 Nr. 2,S. 110.

mit Freiheitsentzug bis zu fünfzehn Jahren.

Dieselbe Tat, begangen unter Gewaltanwendung, in Mittäterschaft, oder wenn sie schwere Folgen für die Gesundheit verursacht hat, wird bestraft:

mit Freiheitsentzug nicht unter zehn Jahren und, wenn sie die Selbsttötung oder den Tod des Opfers zur Folge hat, auch mit dem Tode.

Art. 99 Unzüchtige Handlungen

Die Begehung unzüchtiger Handlungen mit Personen unter vierzehn Jahren wird bestraft:

mit Freiheitsentzug bis zu fünf Jahren.

Art. 100 Blutschande

Geschlechtsverkehr zwischen Personen, die in direkter Linie verwandt sind, oder zwischen Bruder und Schwester wird bestraft:

mit Freiheitsentzug bis zu fünf Jahren.

Fünfter Abschnitt

VERBRECHEN GEGEN DAS EIGENTUM DER STAATSBÜRGER

Art. 101 Diebstahl

Die Wegnahme des Eigentums eines anderen wird bestraft:

mit Freiheitsentzug bis zu fünf Jahren.

Dieselbe Tat, mehrmals oder durch eine organisierte Gruppe oder in großem Maßstab begangen, wird bestraft:

mit Freiheitsentzug bis zu zehn Jahren.

Art. 102 Raub

Ein zum Zwecke der Aneignung des Eigentums eines anderen begangener Angriff, der mit körperlicher Gewalt oder unter Androhung derselben erfolgte, wird bestraft:

mit Freiheitsentzug nicht unter fünf Jahren oder mit dem Tode.

Art. 103 Erpressung

Die Nötigung einer Person, Eigentum oder andere Vermögensvorteile herzugeben, unter Androhung der Anwendung körperlicher Gewalt gegen sie oder ihre Verwandten, oder daß ihr ein schwerer Vermögensschaden zugefügt oder entehrende Tatsachen über sie oder ihre Verwandten enthüllt würden, wird bestraft:

mit Freiheitsentzug bis zu fünf Jahren.

Art. 104 Betrug

Die Aneignung des Eigentums eines anderen oder die Erlangung anderer Vermögensvorteile durch Täuschung oder Mißbrauch des Vertrauens wird bestraft:

mit Freiheitsentzug bis zu drei Jahren.

Dieselbe Tat, mehrmals begangen, wird bestraft:

mit Freiheitsentzug bis zu fünf Jahren.

Art. 105 Vorsätzliche Zerstörung oder Beschädigung des Eigentums eines anderen

Vorsätzliche Zerstörung oder Beschädigung des Eigentums eines anderen wird, wenn sie schwere Folgen hat, bestraft:

mit Umerziehung durch Arbeit oder mit Freiheitsentzug bis zu fünf Jahren.

Sechster Abschnitt

VERBRECHEN IN AUSÜBUNG EINES AMTES[36]

Art. 106 Amtsmißbrauch

Vorsätzliche Begehung von Taten, die im Widerspruch zur ordnungsgemäßen Erfüllung eines staatlichen oder gesellschaftlichen Amtes stehen, oder vorsätzliche Nichtausübung der Pflicht wird, wenn es für die Staats- und Gesellschaftsinteressen oder die gesetzlichen Rechte und Interessen der Staatsbürger schwere Folgen herbeigeführt hat oder bekanntermaßen herbeiführen konnte, bestraft:

mit Umerziehung durch Arbeit oder mit Freiheitsentzug bis zu zehn Jahren.

Art. 107 Verletzung der Gleichheit der Bürger

Die Schaffung von Vorrechten, von nationaler Ungleichheit sowie jedes andere Tun, das die Rechte der nationalen Minderheiten verletzt, wird, wenn die Tat kein Verbrechen gegen den Staat beinhaltet, bestraft:

mit Freiheitsentzug bis zu zehn Jahren.

Art. 108 Fahrlässige Amtsausübung

Ein fahrlässiges Verhalten in Ausübung eines staatlichen oder gesellschaftlichen Amtes wird, wenn sie schwere Folgen für die Staats- und Gesellschaftsinteressen oder die gesetzlichen Rechte der Staatsbürger herbeigeführt hat, bestraft:

mit Umerziehung durch Arbeit oder mit Freiheitsentzug bis zu drei Jahren.

Art. 109 Bestechung

Passive Bestechung im Amt wird bestraft:

mit Freiheitsentzug bis zu zehn Jahren.

36 Hierzu: Weisung Nr. 2 des OG vom 14.3.1979 "Über das Verbrechen des Amtsmißbrauches", DP 1979 Nr. 2, S. 112.

Aktive Bestechung wird bestraft:

mit Umerziehung durch Arbeit oder mit Freiheitsentzug bis zu drei Jahren.

Art. 110 Fälschung

Das Eintragen von bewußt falschen Umständen und Angaben in amtlichen Dokumenten, die bewußt falsche Abfassung oder Ausgabe von falschen Dokumenten sowie die Fälschung von Dokumenten von Staatsbürgern, die sich in den Akten einer Institution, eines Betriebs oder einer Organisation befinden, werden, auch mehrmals begangen, bestraft:

mit Umerziehung durch Arbeit oder mit Freiheitsentzug bis zu acht Jahren.

Siebter Abschnitt

VERBRECHEN GEGEN DIE RECHTSPFLEGE

Art. 111 Unterstützung nach Begehung eines Verbrechens

Das Verbergen einer Person, die ein Verbrechen begeht, das Verbergen der Spuren oder von aus einem Verbrechen stammenden Sachen werden, wenn für dieses Verbrechen eine Strafe mit Freiheitsentzug von über zwei Jahren vorgesehen ist, bestraft:

mit Freiheitsentzug bis zu fünf Jahren.

Dieselben Taten werden, wenn sie zu einem Verbrechen in Beziehung stehen, für die eine Strafe von nicht unter zehn Jahren vorgesehen ist, bestraft:

mit Freiheitsentzug bis zu zehn Jahren.

Art. 112 Nichtanzeige eines Verbrechens

Die Nichtanzeige eines Verbrechens nach den Artikeln 62, 65, 67 Abs. 2, 72 Abs. 2, 76 Abs. 2, 83, 84 und 102 dieses Gesetzes wird bestraft:

mit Freiheitsentzug bis zu drei Jahren.

Die Nichtanzeige eines Verbrechens gegen den Staat nach den Artikeln 47-57 und 60 dieses Gesetzes, von dem man sichere Kenntnis hat, daß es vorbereitet wird oder begangen wurde, wird bestraft:

mit Freiheitsentzug bis zu zehn Jahren.

Art. 113 Falsche Verdächtigung

Wer wider besseres Wissen ein Verbrechen, das nicht begangen wurde, oder eine Person anzeigt, die kein Verbrechen begangen hat, sowie wer falsche Beweismittel zwecks Einleitung eines Strafverfahrens schafft, wird bestraft:

mit Freiheitsentzug bis zu fünf Jahren.

Art. 114 Ungesetzliche Einleitung eines Strafverfahrens[37]

Die Einleitung eines Strafverfahrens seitens der Ermittlungsorgane, der Staatsanwaltschaft oder des Gerichts gegen eine Person, die offenkundig unschuldig ist, wird bestraft:

mit Freiheitsentzug bis zu fünf Jahren.

Art. 115 Aussageerpressung

Gewaltanwendung zur Herbeiführung von Erklärungen durch die die Untersuchung führende Person wird bestraft:

mit Freiheitsentzug bis zu acht Jahren.

Art. 116 Rechtsbeugung

Der Erlaß eines offenkundig rechtswidrigen Urteils wird bestraft:

mit Freiheitsentzug bis zu zehn Jahren.

37 Vgl. Art. 34, 63 ff. KPP.

Art. 117 Entweichen eines Festgenommenen oder eines Verurteilten

Das Entweichen eines Verhafteten oder eines zu Freiheitsentzug Verurteilten oder eines Internierten vom Ort des Zwangsaufenthalts oder während einer Überführung wird bestraft:

mit Freiheitsentzug bis zu drei Jahren.

Achter Abschnitt

VERBRECHEN GEGEN DIE VERWALTUNGSORDNUNG[38]

1. Verbrechen gegen die staatliche oder gesellschaftliche Tätigkeit

Art. 118 Widerstand gegen einen Vertreter des Staates

Widerstand gegen einen Vertreter des Staates, in Ausübung seiner gesetzlichen Pflichten, mit körperlicher Gewalt oder in Mittäterschaft begangen, wird bestraft:

mit Umerziehung durch Arbeit oder mit Freiheitsentzug bis zu fünf Jahren.

Art. 119 Angriff auf eine Amtsperson

Schläge oder andere Gewaltakte, die einer Person im Zusammenhang mit ihrer staatlichen oder gesellschaftlichen Tätigkeit oder in der Produktion zugefügt werden, werden bestraft:

mit Umerziehung durch Arbeit oder mit Freiheitsentzug bis zu drei Jahren.

Art. 120 Beleidigung einer Amtsperson

Die Beleidigung einer Person im Zusammenhang mit ihrer staatlichen oder gesellschaftlichen Tätigkeit oder in der Produktion, die öffentlich zum Schaden mehrerer Personen oder mehrmals begangen wurde, wird bestraft:

mit Umerziehung durch Arbeit oder mit Freiheitsentzug bis zu fünf Jahren.

38 Hierzu: Weisung Nr. 4 des OG vom 16.12.1980 "Über Straftaten gegen die Verwaltungsordnung", DP 1981 Nr. 1, S. 91.

Art. 121 Fälschung von Dokumenten oder Entgegennahme derselben zwecks Gebrauchs

Aneignung, Verkauf, Fälschung oder Entgegennahme von amtlichen Dokumenten zwecks Gebrauchs oder die Verwendung solcher Dokumente, die einen Dritten betreffen, wird, auch mehrmals begangen, bestraft:

mit Umerziehung durch Arbeit oder mit Freiheitsentzug bis zu fünf Jahren.

2. Verbrechen im Zusammenhang mit der Verteidigung der Sozialistischen Volksrepublik Albanien

Art. 122 Verbreitung eines Staatsgeheimnisses

Die Verbreitung von Informationen, die ein Staatsgeheimnis beinhalten, durch Personen, denen diese Informationen anvertraut sind oder die aufgrund ihres Amtes diese Informationen erhalten konnten, wird bestraft:

mit Freiheitsentzug bis zu zehn Jahren.

Art. 123 Verlust von Dokumenten

Der Verlust von Dokumenten, Veröffentlichungen oder anderen Materialien, die ein Staatsgeheimnis beinhalten, durch Personen, denen diese anvertraut sind, wird bestraft:

mit Umerziehung durch Arbeit oder mit Freiheitsentzug bis zu fünf Jahren.

Art. 124 Verbreitung von falschen Informationen, die Panik hervorrufen

Die Verbreitung von falschen Informationen, die Panik hervorrufen, wird bestraft:

mit Freiheitsentzug bis zu fünf Jahren.

Dieselbe Tat, begangen zur Kriegszeit oder im Ausnahmezustand, wird bestraft:

mit Freiheitsentzug nicht unter zehn Jahren oder mit dem Tode.

Art. 125 Entziehung von den Pflichten des Zivilschutzes

Die Nichtausführung von Pflichten in den Reihen der Abteilungen des Zivilschutzes der Sozialistischen Volksrepublik Albanien zur Kriegszeit oder im Ausnahmezustand wird bestraft:

mit Umerziehung durch Arbeit oder mit Freiheitsentzug bis zu fünf Jahren.

Art. 126 Bekanntmachung von Erfindungen oder Rationalisierungsmaßnahmen im Ausland[39]

Die Bekanntmachung oder Weitergabe von Erfindungen oder Rationalisierungsmaßnahmen, die ein Staatsgeheimnis beinhalten und die in Albanien oder im Ausland gemacht wurden, an das Ausland, werden bestraft:

mit Freiheitsentzug bis zu zehn Jahren.

3. Verbrechen im Zusammenhang mit der Einhaltung der Staatsgrenzen[40]

Art. 127 Gesetzwidriger Grenzübertritt

Gesetzwidrige Überschreitung der Staatsgrenzen wird bestraft:

mit Freiheitsentzug bis zu fünf Jahren.

39 Vgl. Art. 333 KC (deutsche Übersetzung: WGO 1986, S.109) und Stoppel, Erfindungs- und Markenschutz in Albanien, GRUR Int. 1984, S. 721 ff.

40 Grenzregelungen finden sich im Dekret Nr. 4650 vom 9.3.1970 "Über die Staatsgrenzen der Volksrepublik Albanien" (GZ 1970 Nr. 3, S. 34) in der Fassung des Dekretes Nr. 5384 vom 23.2.1976 (GZ 1976 Nr. 2, S. 15) und Nr. 6181 vom 26.4.1980 (GZ 1980 Nr. 2, S. 40); deutsche Übersetzung: WGO 1970, S. 309; 1976, S. 114; 1980, S. 100. Vgl. auch die VO Nr. 2 des Ministerrates vom 2.5.1980 "Über die Schiffahrt in den Territorialgewässern der SVR Albanien" (GZ 1980 Nr. 3, S. 47); deutsche Übersetzung: WGO 1981, S. 109.

Art. 128 Verletzung der Vorschriften über den Luftverkehr

Die Verletzung der internationalen Vorschriften über den Luftverkehr, besonders der Einflug in die Sozialistische Volksrepublik Albanien, oder deren Verlassen ohne Flugerlaubnis, die Nichtbeachtung der Luftverkehrsstraßen, der Landeplätze, der Luftkorridore und der zugewiesenen Flughöhe werden bestraft:

mit Freiheitsentzug bis zu fünf Jahren.

4. Verbrechen gegen die gesellschaftliche Sicherheit

Art. 129 Unwürdiges Verhalten in der Gesellschaft

Unwürdiges Verhalten in der Gesellschaft aus Motiven der Herumtreiberei, das in sichtbarer Weise gegen die Regeln des sozialistischen Zusammenlebens verstößt, wird bestraft:

mit Umerziehung durch Arbeit oder mit Freiheitsentzug bis zu fünf Jahren.

Art. 130 Verletzung der Bestimmungen des Arbeitsschutzes[41]

Die Verletzung der Bestimmungen der Sicherheitstechnik, der Hygiene oder der anderen Bestimmungen des Arbeitsschutzes wird, wenn diese Verletzung den Tod oder andere schwere Folgen hervorgerufen hat, bestraft:

mit Umerziehung durch Arbeit oder mit Freiheitsentzug bis zu zehn Jahren.

Art. 131 Verletzung der technischen Produktionsordnung

Die Verletzung der technischen Bestimmungen, der technischen Produktionsdisziplin oder der Arbeitsbedingungen, die den Werktätigen bei der Produktion schützen, wird, wenn dadurch der Tod oder andere schwere Folgen verursacht wurden, bestraft:

41 Vgl. hierzu Art. 71 ff. des Arbeitsgesetzbuches (siehe Anm. 21) in Verbindung mit VKM Nr. 411 vom 25.9.1980 (GZ 1980 Nr. 7, S. 151; ROW 1981, S. 116).

mit Umerziehung durch Arbeit oder mit Freiheitsentzug bis zu fünfzehn Jahren.

Art. 132 Verletzung der Vorschriften zur Ausführung der Arbeiten[42]

Die Verletzung der Vorschriften des Bauwesens, der Hygiene oder des Feuerschutzes, die für Bauarbeiten oder zur Sicherheit in den Bergwerken erlassen sind, wird, wenn diese Verletzung den Tod oder andere schwere Folgen verursacht hat, bestraft:

mit Umerziehung durch Arbeit oder mit Freiheitsentzug bis zu fünfzehn Jahren.

Art. 133 Verletzung der Werksordnung

Rauchen, Trunkenheit oder Schlafen während der Fertigung in Abteilungen, in denen Explosionsgefahr besteht, werden, wenn der Tod oder andere schwere Folgen verursacht wurden, bestraft:

mit Umerziehung durch Arbeit oder mit Freiheitsentzug bis zu fünfzehn Jahren.

Art. 134 Herstellung oder Verkauf von Drogen oder Giftstoffen[43]

Unerlaubte Herstellung, Aufbewahrung und Verkauf von Giftstoffen mit schwerer Wirkung werden bestraft:

mit Umerziehung durch Arbeit oder mit Freiheitsentzug bis zu fünf Jahren.

Unerlaubte Herstellung, Aufbewahrung und Verkauf von Drogen werden bestraft:

mit Umerziehung durch Arbeit oder mit Freiheitsentzug bis zu zehn Jahren.

42 Z.B. VO Nr. 2 des Ministerrates vom 25.1.1978 "Über den Feuerschutz" (GZ 1978 Nr. 2, S. 30 in Verbindung mit ÄnderungsVO Nr. 2 vom 6.7.1982, GZ 1982 Nr. 4, S. 78).

43 Vgl. hierzu auch die VO Nr. 4 des Ministerrates vom 15.7.1976 "Über Explosivstoffe und hochwirksame Gifte" (GZ 1976 Nr. 4, S. 60).

5. Verbrechen gegen die gesellschaftliche Moral

Art. 135 Ausübung der Prostitution

Ausübung der Prostitution, Anstiftung oder Vermittlung von Prostitution sowie Bezahlung dafür werden bestraft:

mit Freiheitsentzug bis zu fünf Jahren.

Art. 136 Pornographie

Herstellung, Vertrieb und Werbung für pornographische Werke, Veröffentlichungen, Darstellungen und andere Gegenstände sowie Handel damit oder ihre Aufbewahrung mit dem Zwecke des Verkaufs oder der Verbreitung werden bestraft:

mit Freiheitsentzug bis zu drei Jahren.

Art. 137 Päderastie

Päderastie wird bestraft:

mit Freiheitsentzug bis zu zehn Jahren.

Neunter Abschnitt

VERBRECHEN VON MILITÄRPERSONEN[44]

Art. 138 Personen, die für die Begehung militärischer Verbrechen verantwortlich sind

Für militärische Straftaten tragen strafrechtliche Verantwortlichkeit die Soldaten des aktiven Dienstes, die Wehrpflichtigen, die zu Übungen Einberufenen sowie sonstige Personen, die nach dem Gesetz diesen gleichgestellt sind.

44 Vgl. hierzu das Gesetz Nr. 5592 vom 15.7.1977 "Über den Militärdienst in den bewaffneten Streitkräften der SVR Albanien" (nicht in GZ, aber PPL 1985 II, S. 1270).

Art. 139 Verweigerung des Militärdienstes[45]

Die dauernde Verweigerung des Militärdienstes wird bestraft:

mit Freiheitsentzug bis zu fünf Jahren.

Dieselbe Tat wird, wenn sie in Kriegszeiten oder im Ausnahmezustand begangen wurde, bestraft:

mit Freiheitsentzug nicht unter fünf Jahren oder mit dem Tode.

Art. 140 Unerlaubte Entfernung

Die unerlaubte Entfernung wehrpflichtiger Soldaten und Unteroffiziere von der Truppe oder dem Dienstort für einen Zeitraum von über vierundzwanzig Stunden oder mehrmals auch für eine Zeit von weniger als vierundzwanzig Stunden, begangen in Kriegszeiten oder im Ausnahmezustand, wird bestraft:

mit Freiheitsentzug nicht unter drei Jahren.

Dieselbe Tat, begangen von Offizieren und Unteroffizieren des aktiven Dienstes für einen Zeitraum von über drei Tagen oder mehrmals auch für eine Zeit von weniger als drei Tagen, wird bestraft:

mit Freiheitsentzug nicht unter fünf Jahren.

Art. 141 Nichterscheinen in der Einheit oder am Dienstort

Das Nichterscheinen von Soldaten und Unteroffizieren des aktiven Dienstes ohne triftigen Grund bei der Einheit oder am Dienstort für einen Zeitraum von über vierundzwanzig Stunden oder mehrfach auch für eine Zeit von weniger als vierundzwanzig Stunden, begangen in Kriegszeiten oder im Ausnahmezustand, wird bestraft:

mit Freiheitsentzug nicht unter zwei Jahren.

45 Zu Art. 139-141, 143, 237-239, 241 KP vgl. Weisung Nr. 4 des OG vom 15.5.1979 "Über die Verweigerung des Militärdienstes", Bul. 1979 Nr. 7.

Art. 142 Befehlsverweigerung[46]

Die Weigerung, einen dienstlichen Befehl auszuführen, begangen in Mittäterschaft oder von einer Person des Kommandokaders, oder wenn sie schwere Folgen verursacht hat, wird bestraft:

mit Umerziehung durch Arbeit oder mit Freiheitsentzug bis zu zehn Jahren.

Dieselbe Tat, begangen in Kriegszeiten oder im Ausnahmezustand, wird bestraft:

mit Freiheitsentzug nicht unter fünf Jahren oder mit dem Tode.

Art. 143 Vorübergehende Verweigerung des Dienstes

Die zeitweise Verweigerung des Militärdienstes oder die Nichtausübung der Pflichten des Militärdienstes werden, wenn sie durch Schädigung der Gesundheit, durch Vortäuschung einer Krankheit, Fälschung von Dokumenten oder auf eine andere Weise in Kriegszeiten oder im Ausnahmezustand erfolgen, bestraft:

mit Freiheitsentzug bis zu zehn Jahren.

Art. 144 Widerstand und Nötigung zur Pflichtverletzung

Der Widerstand gegen einen Soldaten in Ausübung der Pflichten des Militärdienstes oder seine Nötigung zur Verletzung derselben werden bestraft:

mit Umerziehung durch Arbeit oder mit Freiheitsentzug bis zu fünf Jahren.

Dieselben Taten, verübt in Kriegszeiten oder im Ausnahmezustand, werden bestraft:

mit Freiheitsentzug nicht unter fünf Jahren oder mit dem Tode.

46 Hierzu: Weisung Nr. 3 des OG vom 8.9.1980 "Über die Befehlsverweigerung", Bul. 1980 Nr. 10.

Art. 145 Unterlassung der Einteilung von Wachen

Das Unterlassen der Einteilung und Aufstellung von Wachen und Begleitpersonen ohne triftige Gründe in Kriegszeiten oder im Ausnahmezustand wird, wenn schwere Folgen verursacht wurden, bestraft:

mit Freiheitsentzug bis zu zehn Jahren.

Art. 146 Verletzung der Vorschriften des Wachdienstes[47]

Verletzungen der Vorschriften des Wachdienstes oder des Begleitdienstes durch Personen, die mit der Ausführung dieser Dienste an Objekten von besonders großer staatlicher Bedeutung beauftragt sind, oder bei Bewachung der Staatsgrenzen werden, wenn sie zur Kriegszeit oder im Ausnahmezustand begangen oder wenn schwere Folgen verursacht wurden, bestraft:

mit Freiheitsentzug bis zu fünfzehn Jahren.

Art. 147 Mißbrauch, Zerstörung oder Beschädigung von militärischem Eigentum[48]

Vorsätzlicher Mißbrauch, Zerstörung oder Beschädigung der Bewaffnung, von Mitteln des Verkehrs oder der Nachrichtenübermittlung und der Kriegstechnik, die zu Gebrauch oder Aufbewahrung ausgehändigt wurden, werden bestraft:

mit Freiheitsentzug bis zu zehn Jahren.

Dieselben Taten, begangen unter Einsatz von Feuer oder anderen gemeingefährlichen Mitteln, oder wenn der Tod oder andere schwere Folgen verursacht wurden, oder in Kriegszeiten oder im Ausnahmezustand, werden bestraft:

mit Freiheitsentzug nicht unter fünf Jahren oder mit dem Tode.

47 Hierzu: VKM Nr. 343 vom 18.11.1983 "Regulativ über den Wachdienst und die Kriegsreserven" (nicht in GZ, aber PPL 1985, S. 1287) sowie Weisung Nr. 3 des OG vom 20.12.1978 "Über Straftaten im Zusammenhang mit dem Wachdienst", Bul. 1979 Nr. 2.

48 Hierzu: Weisung Nr. 5 des OG vom 15.10.1979 "Über Straftaten betreffend die Beschädigung militärischen Eigentums", Bul. 1979 Nr. 12.

Art. 148 Fahrlässige Zerstörung von militärischem Eigentum[48]

Fahrlässige Zerstörung der Bewaffnung sowie von Mitteln der Kriegstechnik, des Verkehrs und der Nachrichtenübermittlung, die zur Verwahrung oder zum Gebrauch ausgehändigt wurden, wird bestraft:

mit Umerziehung durch Arbeit oder mit Freiheitsentzug bis zu fünf Jahren.

Dieselbe Tat wird, wenn sie den Tod oder andere schwere Folgen verursachte oder zur Kriegszeit oder im Ausnahmezustand begangen wurde, bestraft:

mit Freiheitsentzug bis zu fünfzehn Jahren.

Art. 149 Verletzung der Flugvorschriften

Die Verletzung der Vorschriften über das Fliegen und die technische Flugbereitschaft wird, wenn dadurch der Tod oder andere schwere Folgen verursacht wurden, bestraft:

mit Freiheitsentzug bis zu fünfzehn Jahren.

Art. 150 Verletzung der Schiffahrtsvorschriften

Die Verletzung der Vorschriften über die Schiffahrt und die technische Schiffahrtsbereitschaft wird, wenn diese Taten den Tod oder andere schwere Folgen verursacht haben, bestraft:

mit Freiheitsentzug bis zu fünfzehn Jahren.

Art. 151 Verletzung der Vorschriften der Verwaltung und Benutzung von Kriegsfahrzeugen

Die Verletzung der Vorschriften der Verwaltung und Benutzung von Kriegsfahrzeugen wird, wenn durch diese Taten der Tod oder andere schwere Folgen verursacht wurden, bestraft:

mit Freiheitsentzug bis zu fünfzehn Jahren.

48 Hierzu: Weisung Nr. 5 des OG vom 15.10.1979 "Über Straftaten betreffend die Beschädigung militärischen Eigentums", Bul. 1979 Nr. 12.

Art. 152 Zerstörung von Kampfmitteln

Den militärischen Vorschriften widersprechende Zerstörung oder Unbrauchbarmachung von Befestigungen, Schiffen, Panzern, Flugzeugen, Militärdepots und sonstigen Kampfmitteln durch die Kommandokader, denen diese anvertraut sind, sowie das Unterlassen gebotener Maßnahmen zur Zerstörung oder Unbrauchbarmachung obiger Kampfmittel, wenn sie dem Feind unmittelbar in die Hände zu fallen Gefahr laufen und wenn nicht alle Möglichkeiten und Arten zu ihrer Rettung ausgeschöpft wurden, werden bestraft:

mit Freiheitsentzug von fünf bis zu zwanzig Jahren und, wenn schwere Folgen verursacht wurden, mit Freiheitsentzug nicht unter zwanzig Jahren oder mit dem Tode.

Art. 153 Verweigerung von Befehlen zum Kämpfen

Wer als Kommandokader vorsätzlich die Befehle, die zum Kämpfen erteilt wurden, nicht ausführt und dies zwar nicht mit dem Ziel der Begünstigung des Feindes, aber im Widerspruch zu den militärischen Vorschriften begeht, wird bestraft:

mit Freiheitsentzug nicht unter drei Jahren und, wenn die Folgen besonders schwer waren, auch mit dem Tode.

Art. 154 Feigheit vor dem Feind

Wer sich ohne Befehl während des Kampfes vom Schlachtfeld entfernt oder es ablehnt, während des Kampfes die Waffe zu benutzen, sowie wer sich aus Angst oder Schwäche als Gefangener ergibt, wird bestraft:

mit Freiheitsentzug nicht unter fünf Jahren oder mit dem Tode.

Art. 155 Verlust der Fahne

Der Verlust der Fahne der militärischen Einheit im Kampf aus Angst wird bestraft:

mit Freiheitsentzug nicht unter zehn Jahren oder mit dem Tode.

Art. 156 Verlassen eines sinkenden Kriegsschiffes

Das Verlassen eines sinkenden Kriegsschiffes durch Kommandokader, die nicht bis zum Schluß ihre Dienstpflichten erfüllt haben, sowie durch Besatzungsmitglieder ohne entsprechenden Befehl des vorgesetzten Kommandos, wird bestraft:

mit Freiheitsentzug nicht unter zehn Jahren.

Art. 157 Aneignung von Gegenständen Gefallener, Verwundeter und von Gefangenen

Wer sich auf dem Schlachtfeld Gegenstände aneignet, die sich bei Gefallenen und Verwundeten befinden, sowie wer Kriegsgefangene beraubt, wird bestraft:

mit Freiheitsentzug von drei bis zu zehn Jahren und, bei erschwerenden Umständen, mit Freiheitsentzug nicht unter zehn Jahren oder mit dem Tode.

Art. 158 Zurücklassen von Verwundeten

Das Zurücklassen der Verwundeten auf dem Schlachtfeld durch die Personen, die mit deren Bergung beauftragt sind, wird bestraft:

mit Freiheitsentzug bis zu zehn Jahren.

Art. 159 Gewaltanwendung gegen die Bevölkerung in den Zonen militärischer Operationen

Gewalt gegen Personen, Diebstahl, Raub, Zerstörung und gesetzwidrige Wegnahme des Eigentums unter dem Vorwand militärischer Notwendigkeit zum Schaden der Bevölkerung, die sich in den Zonen militärischer Operationen befindet, werden bestraft:

mit Freiheitsentzug bis zu zehn Jahren.

Dieselben Taten, begangen unter erschwerenden Umständen, werden bestraft:

mit Freiheitsentzug nicht unter zehn Jahren.

Art. 160 Mißhandlung von Kriegsgefangenen

Rohes Verhalten gegenüber Gefangenen oder fahrlässige Ausübung der Pflichten gegenüber Kriegsgefanenen, Kranken oder Verwundeten seitens der mit ihrer Pflege beauftragten Personen werden bestraft:

mit Freiheitsentzug bis zu drei Jahren.

B. VERGEHEN

Erster Abschnitt

VERGEHEN AUF DEM GEBIETE DER WIRTSCHAFT

Art. 161 Aneignung gefundenen sozialistischen Eigentums

Die Aneignung sozialistischen Eigentums, das gefunden wurde oder irrtümlich oder zufällig in Besitz gelangt ist, wird bestraft:

mit Geldstrafe bis zu eintausend Lek, mit Umerziehung durch Arbeit oder mit Freiheitsentzug bis zu zwei Jahren.

Art. 162 Verletzung der Bestimmungen über den Außenhandel[49]

Eine Verletzung der Bestimmungen über das Außenhandelsmonopol wird bestraft:

mit Umerziehung durch Arbeit oder mit Freiheitsentzug bis zu zwei Jahren.

Art. 163 Verbergen von Schmuggelgut[50]

Verbergen, Kauf oder Verkauf von Gegenständen, die offenkundig Schmuggelgut sind, wird bestraft:

mit Umerziehung durch Arbeit oder mit Freiheitsentzug bis zu zwei Jahren.

49 Siehe Art. 27 Verfassung.

50 Siehe Art. 72 KP und Anm. 27. Die Tat war bislang reines Wiederholungsdelikt und ist erst seit dem Änderungsdekret Nr. 7251 vom 15.9.1988 auch schon bei erstmaliger Begehung strafbar.

Art. 164 Ausübung verbotenen Handels[51]

Ankauf zum Verkauf sowie die Ausübung jeder anderen Tätigkeit des An- und Verkaufs von Waren oder Gegenständen zu Gewinnzwecken werden bestraft:

mit gesellschaftlichem Tadel, mit Geldstrafe bis zu eintausend Lek, mit Umerziehung durch Arbeit oder mit Freiheitsentzug bis zu zwei Jahren.

Art. 165 Unerlaubte Berufsausübung

Die unerlaubte Ausübung eines Berufs oder Handwerks wird, wenn dies schon einmal als Verwaltungsübertretung[52] geahndet wurde, bestraft:

mit Umerziehung durch Arbeit oder mit Freiheitsentzug bis zu einem Jahr.

Art. 166 Fälschung der Eichmaße

Herstellung von gefälschten Eichmaßen oder ihre Aufbewahrung zwecks Verkaufs sowie ihr Gebrauch werden bestraft:

mit Umerziehung durch Arbeit oder mit Freiheitsentzug bis zu zwei Jahren.

Art. 167 Verletzung von Vorschriften des Bauwesens[53]

Die Verletzung von Vorschriften über die Projektierung, Planung, Bauausführung und Finanzierung von Investitionen und Grundbauten wird, wenn schwere Folgen eingetreten sind, bestraft:

mit Umerziehung durch Arbeit oder mit Freiheitsentzug bis zu zwei Jahren.

51 Siehe Art. 73 KP und Anm. 28.

52 Und zwar nach Art. 4 des VKM Nr. 180 (siehe Anm. 28).

53 Vgl. hierzu die VO Nr. 5 des Ministerrates vom 20.10.1982 "Über Voruntersuchung, Projektierung, Planung, Durchführung, Finanzierung von Investitionen und Grundbauten und die Abnahme von Bauwerken" (GZ 1982 Nr. 6, S. 118; ROW 1983, S. 162).

Art. 168 Beschädigung von Kabeln und Leitungen

Die Beschädigung von Kabeln, elektrischen, telegraphischen und telephonischen Leitungen oder der damit im Zusammenhang stehenden Einrichtungen wird bestraft:

mit gesellschaftlichem Tadel, Umerziehung durch Arbeit oder mit Freiheitsentzug bis zu zwei Jahren.

Art. 169 Besetzung oder Mißbrauch von Land[54]

Die Besetzung von Land oder jeder Mißbrauch damit wird bestraft:

mit Geldstrafe bis zu fünfhundert Lek, mit Umerziehung durch Arbeit oder mit Freiheitsentzug bis zu sechs Monaten.

Art. 170 Verletzung der Bestimmungen über den Pflanzenschutz[55]

Eine Verletzung der Bestimmungen über die innere und äußere Pflanzenquarantäne wird, wenn diese Verletzung schwere Folgen verursacht hat, bestraft:

mit gesellschaftlichem Tadel, mit Geldstrafe bis zu eintausend Lek, mit Umerziehung durch Arbeit oder mit Freiheitsentzug bis zu einem Jahr.

Art. 171 Verletzung der Bestimmungen über das Veterinärwesen[56]

Eine Verletzung der Bestimmungen über das Veterinärwesen wird, wenn diese Verletzung schwere Folgen verursacht hat, bestraft:

mit gesellschaftlichem Tadel, mit Geldstrafe bis zu eintausend Lek, mit Umerziehung durch Arbeit oder mit Freiheitsentzug bis zu einem Jahr.

54 Vgl. hierzu insbesondere das Gesetz Nr. 5686 vom 21.2.1978 "Über den Bodenschutz" (GZ 1978 Nr. 1, S. 9 mit zahlreichen Änderungen, zuletzt durch Dekret Nr. 7010 vom 3.12.1985, GZ 1985 Nr. 5, S. 135) in Verbindung mit VKM Nr. 9 vom 27.2.1978 "Über Registrierung und Änderung des Bodenzustandes" (GZ 1978 Nr. 2, S. 36 mit ÄnderungsVKM Nr. 147 vom 28.4.1986, GZ 1986 Nr. 2, S. 27); im einzelnen ROW 1986, S. 180, 231 und JOR XXVII (1986), S. 218.

55 Einzelheiten regeln die Art. 9-11 des Gesetzes Nr. 7188 vom 29.12.1987 "Über den Pflanzenschutzdienst" (GZ 1987 Nr.6, S. 129; vgl. auch ROW 1988, S. 190).

56 Vgl. Art. 22 des Gesetzes Nr. 4625 vom 24.12.1969 "Über den Veterinärdienst" (GZ 1969 Nr. 10, S. 117).

Art. 172 Fahrlässige Behandlung des Viehbestands

Eine fahrlässige Behandlung von Vieh, das sozialistisches Eigentum darstellt, wird, wenn durch diese Behandlung schwere Folgen verursacht werden, bestraft:

mit Umerziehung durch Arbeit oder mit Freiheitsentzug bis zu zwei Jahren.

Art. 173 Waldfrevel[57]

Gesetzwidriges Abholzen der Wälder oder deren Beschädigung wird, wenn die Tat keine Verwaltungsübertretung darstellt, bestraft:

mit Geldstrafe bis zu eintausend Lek, mit Umerziehung durch Arbeit oder mit Freiheitsentzug bis zu einem Jahr.

Art. 174 Fischwilderei[58]

Fischfang in Meeren, Seen, Flüssen oder Reservoirs mit verbotenen Mitteln und auf verbotene Art und Weise wird bestraft:

mit gesellschaftlichem Tadel, mit Geldstrafe bis zu eintausend Lek, mit Umerziehung durch Arbeit oder mit Freiheitsentzug bis zu einem Jahr.

Zweiter Abschnitt

VERGEHEN GEGEN DIE PERSON UND DIE FAMILIE

Art. 175 Fahrlässige schwere Körperverletzung

Fahrlässige schwere Körperverletzung wird bestraft:

mit Umerziehung durch Arbeit oder mit Freiheitsentzug bis zu zwei Jahren.

57 Vgl. Art. 17 des Gesetzes Nr. 4407 vom 25.6.1968 "Über den Wald" (GZ 1968 Nr. 7, S. 121 mit Änderungsgesetz Nr. 6727 vom 29.1.1983, GZ 1983 Nr. 1, S. 16).

58 Was im einzelnen verboten ist, regelt Art. 6 des Gesetzes Nr. 6071 vom 25.12.1979 "Über die Fischereiwirtschaft" (GZ 1979 Nr. 4, S. 150).

Art. 176 Fahrlässige leichte Körperverletzung

Fahrlässige leichte Körperverletzung wird bestraft:

mit gesellschaftlichem Tadel oder mit Umerziehung durch Arbeit bis zu sechs Monaten.

Art. 177 Raufhändel[59]

Prügelei, Schläge oder jede Gewaltanwendung mit oder ohne leichte körperliche Beeinträchtigung werden, wenn sie zumindest körperliche Schmerzen bereiten, bestraft:

mit gesellschaftlichem Tadel, mit Geldstrafe bis zu fünfhundert Lek, mit Umerziehung durch Arbeit oder mit Freiheitsentzug bis zu sechs Monaten.

Dieselben Taten, öffentlich zum Schaden mehrerer Personen oder mehrmals begangen, werden bestraft:

mit Umerziehung durch Arbeit oder mit Freiheitsentzug bis zu zwei Jahren.

Art. 178 Unerlaubte Abtreibung

Eine unerlaubte Abtreibung, vorgenommen an einer schwangeren Frau, wird bestraft:

mit Umerziehung durch Arbeit oder mit Freiheitsentzug bis zu zwei Jahren.

Eine unerlaubte Abtreibung, vorgenommen durch die schwangere Frau selbst mit oder ohne Hilfe eines Dritten, wird bestraft:

mit gesellschaftlichem Tadel oder mit Umerziehung durch Arbeit.

Art. 179 Unterlassene Hilfeleistung

Das Unterlassen einer Hilfeleistung ohne triftige Gründe seitens einer Person, die durch Gesetz oder aus Gründen ihres Amts zur Hilfeleistung

59 Hierzu: Weisung Nr. 1 des OG vom 19.1.1982 "Über Beleidigung, Verleumdung und Raufhändel", DP 1982 Nr. 3, S. 89.

verpflichtet war, wird, wenn durch die Unterlassung der Tod oder eine schwere Gesundheitsschädigung verursacht wurde, bestraft:

mit Umerziehung durch Arbeit oder mit Freiheitsentzug bis zu zwei Jahren.

Art. 180

Wer als Kapitän eines Schiffes Menschen, die im Meer oder anderen Gewässern zu ertrinken im Begriff sind, die Hilfe verweigert, obwohl diese ohne ernsthafte Gefahr für das Schiff, die Besatzung und die Passagiere gewährt werden konnte, wird bestraft:

mit Umerziehung durch Arbeit oder mit Freiheitsentzug bis zu zwei Jahren.

Art. 181 Freiheitsberaubung

Wer eine Person gesetzwidrig ihrer Freiheit beraubt, wird bestraft:

mit Umerziehung durch Arbeit oder mit Freiheitsentzug bis zu einem Jahr.

Art. 182 Entführung oder Nötigung zur Heirat

Wer eine Frau raubt oder zur Eheschließung nötigt, wird bestraft:

mit Umerziehung durch Arbeit oder mit Freiheitsentzug bis zu zwei Jahren.

Art. 183 Hausfriedensbruch

Rechtswidriges Eindringen in die Wohnung eines anderen oder Verweilen darin wird bestraft:

mit Geldstrafe bis zu fünfhundert Lek, mit Umerziehung durch Arbeit oder mit Freiheitsentzug bis zu einem Jahr.

Dieselbe Tat, unter Gewaltanwendung begangen, wird bestraft:

mit Freiheitsentzug bis zu zwei Jahren.

Art. 184 Bedrohung

Eine ernsthafte Bedrohung mit dem Tod oder mit schwerer Körperverletzung, ausgesprochen gegenüber einer Person, wird bestraft:

mit Umerziehung durch Arbeit oder mit Freiheitsentzug bis zu einem Jahr.

Art. 185 Beleidigung[59]

Wer eine Person beleidigt, wird bestraft:

mit gesellschaftlichem Tadel, mit Geldstrafe bis zu fünfhundert Lek, Umerziehung durch Arbeit bis zu sechs Monaten oder mit Freiheitsentzug bis zu sechs Monaten.

Dieselbe Tat, öffentlich zum Schaden mehrerer Personen oder mehrmals begangen, wird bestraft:

mit Umerziehung durch Arbeit oder mit Freiheitsentzug bis zu einem Jahr.

Art. 186 Verleumdung[59]

Die bewußte Verbreitung falscher und die Ehre und die Würde der Person verletzender Aussagen wird bestraft:

mit Umerziehung durch Arbeit oder mit Freiheitsentzug bis zu einem Jahr.

Dieselbe Tat wird, wenn sie öffentlich zum Schaden mehrerer Personen oder mehrmals begangen wurde, bestraft:

mit Freiheitsentzug bis zu zwei Jahren.

Art. 187 Verletzung des Briefgeheimnisses

Die Verletzung des Briefgeheimnisses und anderer der Geheimhaltung unterliegender Kommunikationsmittel wird bestraft:

59 Hierzu: Weisung Nr. 1 des OG vom 19.1.1982 "Über Beleidigung, Verleumdung und Raufhändel", DP 1982 Nr. 3, S. 89.

mit gesellschaftlichem Tadel, mit Umerziehung durch Arbeit oder mit Freiheitsentzug bis zu sechs Monaten.

Art. 188 Verletzung der Rechte der Frau

Die vorsätzliche Hinderung einer Frau, bei der Arbeit, der Entlohnung, im Sozialversicherungs- und Ausbildungsbereich sowie bei allen gesellschaftlichen und politischen Aktivitäten gleiche Rechte wie der Mann in Anspruch zu nehmen, wird bestraft:

mit gesellschaftlichem Tadel, mit Umerziehung durch Arbeit oder mit Freiheitsentzug bis zu zwei Jahren.

Art. 189 Verlobung Eheunmündiger[60]

Verlobung von nach dem Gesetz eheunmündigen Personen durch die Eltern, den Vormund oder sonstige Personen oder Anstiftung zur Verlobung unterhalb dieser Altersgrenze, wird bestraft:

mit Umerziehung durch Arbeit oder mit Freiheitsentzug bis zu einem Jahr.

Art. 190 Bezahlung für Eheschließung

Bezahlung oder Annahme von Geld für die Eheschließung wird bestraft:

mit Umerziehung durch Arbeit oder mit Freiheitsentzug bis zu einem Jahr.

Art. 191 Nötigung zu oder Hinderung am ehelichen Zusammenleben oder der Auflösung der Ehe

Nötigung oder Hinderung einer Frau, das Eheleben fortzusetzen, oder Nötigung, die Ehe aufzulösen, wird bestraft:

60 Nach Art. 14 KF (Gesetz Nr. 6599 vom 29.6.1982, GZ 1982 Nr. 3, S. 35 f.; deutsche Übersetzung: Bergmann/Ferid/Stoppel, Internationales Ehe- und Kindschaftsrecht, Länderteil Albanien, Frankfurt 1987, S. 27 f.) kann die Ehe eingehen eine Frau, die das 16., und ein Mann, der das 18. Lebensjahr vollendet hat.

mit Umerziehung durch Arbeit oder mit Freiheitsentzug bis zu zwei Jahren.

192 Verbotenes Zusammenleben[61]

Wer zu einer Frau Beziehungen wie ein Ehegatte unterhält, ohne bei Gericht Klage auf Aulösung einer gesetzlichen Ehe erhoben zu haben und ohne über diese verhandeln zu lassen, wird bestraft:

mit Umerziehung durch Arbeit oder mit Freiheitsentzug bis zu einem Jahr.

Art. 193

Wer gleichzeitig zu zwei oder mehr Frauen Beziehungen wie ein Ehegatte unterhält, wird bestraft:

mit Umerziehung durch Arbeit oder mit Freiheitsentzug bis zu zwei Jahren.

Art. 194 Verletzung der familiären Verpflichtungen[62]

Wer seinen Kindern, Eltern oder dem Ehegatten, die arbeitsunfähig sind, die Mittel zum Lebensunterhalt vorenthält, obwohl er dazu in der Lage wäre, sowie die Eltern, die minderjährige Kinder ohne jede Unterstützung lassen, werden bestraft:

mit gesellschaftlichem Tadel, mit Umerziehung durch Arbeit oder mit Freiheitsentzug bis zu einem Jahr.

61 Art. 192 KP betrifft das eheähnliche Zusammenleben eines verheirateten Mannes, der noch nicht geschieden ist, mit einer unverheirateten Frau; der bloße Ehebruch ist nicht strafbar. Die wilde Ehe zweier unverheirateter Partner wird nur als Verwaltungsübertretung gemäß Dekret Nr. 3161 vom 10.10.1960 (GZ 1960 Nr. 11, S. 327) geahndet. Art. 193 KP regelt den Fall, daß der verheiratete Mann z.B. zusätzlich eine Frau in den Haushalt aufnimmt und damit das Gebot der Einehe nach Art. 15 KF verletzt.

62 Vgl. hierzu Art. 78 ff. KF betreffend den Umfang der Unterhaltspflicht (siehe Anm. 60 und dortige Nachweise) sowie Stoppel, Das Unterhaltsrecht in Albanien, in: Das Unterhaltsrecht in Osteuropa, hrsg. von G. Gralla und P. Lehonhardt, Bonn 1989, S. 11 ff.

Dritter Abschnitt

VERGEHEN GEGEN DAS EIGENTUM DER STAATSBÜRGER

Art. 195 Mißbrauch des Eigentums

Mißbrauch des Eigentums eines anderen durch die Person, der dieses zu einem bestimmten Zweck anvertraut wurde, wird, auch bei mehrmaliger Begehung, bestraft:

mit Umerziehung durch Arbeit oder mit Freiheitsentzug bis zu zwei Jahren.

Art. 196 Fundunterschlagung

Aneignung persönlichen Eigentums, das gefunden wurde oder irrtümlich oder zufällig in Besitz gelangt, wird bestraft:

mit gesellschaftlichem Tadel oder mit Umerziehung durch Arbeit.

Art. 197 Urkundenfälschung

Die Fälschung von Dokumenten der Staatsbürger zwecks Erlangung eines Vermögensvorteils wird bestraft:

mit Umerziehung durch Arbeit oder mit Freiheitsentzug bis zu zwei Jahren.

Art. 198 Ankauf des Eigentums von Staatsbürgern, das aus einer Straftat herrührt, oder seine Entgegennahme

Der Ankauf von Privateigentum, das offenkundig aus einem Verbrechen stammt, oder seine Annahme wird, auch bei mehrmaliger Begehung, bestraft:

mit Umerziehung durch Arbeit oder mit Freiheitsentzug bis zu zwei Jahren.

Art. 199 Fahrlässige Zerstörung oder Beschädigung des Eigentums von Staatsbürgern[63]

Wer fahrlässig das Eigentum von Staatsbürgern durch Feuer oder ein anderes gemeingefährliches Mittel zerstört oder beschädigt, wird, wenn diese Taten schwere Folgen verursacht haben, bestraft:

mit Umerziehung durch Arbeit oder mit Freiheitsentzug bis zu zwei Jahren.

Vierter Abschnitt

VERGEHEN IM ZUSAMMENHANG MIT DEM WAHLRECHT[64]

Art. 200 Behinderung bei Ausübung des Wahlrechts

Behinderung von Staatsbürgern, frei das aktive und passive Wahlrecht zu den Staatsorganen auszuüben, Aufstellung eines unrichtigen und gesetzeswidrigen Wählerverzeichnisses sowie Verletzung des Wahlgeheimnisses durch einen mit der Durchführung der Wahlen Beauftragten, wird bestraft:

mit gesellschaftlichem Tadel, mit Umerziehung durch Arbeit oder mit Freiheitsentzug bis zu einem Jahr.

63 Bezüglich Beschädigung und Zerstörung geringwertiger (bis 200 Lek) landwirtschaftlicher Produkte und Pflanzen vgl. Art. 1 des Dekretes Nr. 4427 (siehe Anm. 21).

64 Vgl. hierzu das Dekret Nr. 4243 vom 13.3.1967 "Über die Wahlen zu den Volksräten und Volksgerichten" (GZ 1967 Nr. 4, S. 42 mit zahlreichen Änderungen, zuletzt durch Dekret Nr. 6702 vom 21.1.1983, GZ 1983 Nr. 1, S. 25) sowie das Gesetz Nr. 4121 vom 17.3.1966 "Über die Wahl zur Volksversammlung" (GZ 1966 Nr. 2, S. 25). Vom Dekret Nr. 4243 existiert eine italienische Übersetzung: Biscaretti di Rufia, L'Amministrazione locale in Europa, Vol. 5: Albania, Milano 1985, S. 190 ff.; zum Dekret Nr. 4121 vgl. Nohlen, Albanien, in: Sternberger/Vogel, Die Wahl der Parlamente und anderer Staatsorgane, Bd. I: Europa, 1969 (S. 57-69).

Art. 201 Fälschung von Wahlunterlagen

Die Fälschung von Wahlunterlagen oder von Wahlergebnissen, begangen durch eine mit der Durchführung der Wahl beauftragte Person, wird bestraft:

mit Umerziehung durch Arbeit oder mit Freiheitsentzug bis zu zwei Jahren.

Fünfter Abschnitt

VERGEHEN GEGEN DIE RECHTSPFLEGE

Art. 202 Falsche Zeugenaussage, Gutachtenerstattung und Übersetzung

Zeugenaussagen, Gutachtenerstattung und Übersetzung, die offenkundig falsch sind, werden bestraft:

mit Umerziehung durch Arbeit oder mit Freiheitsentzug bis zu zwei Jahren.

Art. 203 Nichterscheinen eines Zeugen, eines Sachverständigen oder eines Übersetzers

Wer ohne triftigen Grund als Zeuge, Gutachter oder Übersetzer nicht vor den Ermittlungs- oder Gerichtsorganen erscheint, oder sich weigert, als Zeuge auszusagen oder seine Pflichten zu erfüllen, wird bestraft:

mit gesellschaftlichem Tadel, mit Umerziehung durch Arbeit oder mit Freiheitsentzug bis zu drei Monaten.

Sechster Abschnitt

VERGEHEN GEGEN DIE VERWALTUNGSORDNUNG

Art. 204 Widerstand gegen die Staatsgewalt

Widerstand gegen einen Vertreter des Staates, der seine gesetzliche Pflicht ausübt, wird bestraft:

mit Umerziehung durch Arbeit oder mit Freiheitsentzug bis zu zwei Jahren.

Art. 205 Widerstand gegen gesellschaftliche Aktivisten

Widerstand gegen gesellschaftliche Aktivisten, die die Arbeiter- und Bauernkontrolle ausüben, wird bestraft:

mit Umerziehung durch Arbeit oder mit Freiheitsentzug bis zu zwei Jahren.

Art. 206 Beleidigung einer Amtsperson

Die Beleidigung einer Person im Zusammenhang mit ihrer staatlichen oder gesellschaftlichen Tätigkeit oder in der Produktion wird bestraft:

mit Geldstrafe bis zu fünfhundert Lek, mit Umerziehung durch Arbeit oder mit Freiheitsentzug bis zu einem Jahr.

Art. 207 Bedrohung einer Amtsperson

Wer eine Person im Zusammenhang mit ihrer staatlichen oder gesellschaftlichen Tätigkeit oder in der Produktion ernsthaft mit Tötung oder schwerer Körperverletzung bedroht, wird bestraft:

mit Umerziehung durch Arbeit oder mit Freiheitsentzug bis zu zwei Jahren.

Art. 208 Amtsanmaßung

Die rechtswidrige Aneignung des Titels oder des Amtes eines Vertreters des Staates, begleitet von gesetzwidrigen Taten, wird bestraft:

mit Umerziehung durch Arbeit oder mit Freiheitsentzug bis zu einem Jahr.

Art. 209 Arbeitsverweigerung von Personen mit parasitärem Lebenswandel[65]

Die Weigerung einer Person mit parasitärem Lebenswandel, einem Beschluß der staatlichen Organe auf Aufnahme einer Arbeit nachzukommen, wird, bei mehrmaliger Begehung, bestraft:

mit Umerziehung durch Arbeit oder mit Freiheitsentzug bis zu zwei Jahren.

Art. 210 Selbstjustiz

Die Ausübung eines Rechtes durch eine Person, das ihr wirklich oder vermeintlich zusteht und das von einem anderen nicht anerkannt wird, ohne sich an das zuständige staatliche Organ zu wenden, wird bestraft:

mit gesellschaftlichem Tadel, mit Umerziehung durch Arbeit bis zu sechs Monaten oder mit Freiheitsentzug bis zu drei Monaten.

Art. 211 Vollstreckungsvereitelung

Verbergen, Veräußerung, Verbrauch, Beschädigung oder Zerstörung von Gegenständen, über die ein Gericht oder eine andere zuständige Behörde einen Beschluß gefaßt hat, oder die Begehung anderer Taten, die mit der Absicht begangen wurden, daß die Ausführung des Beschlusses vereitelt oder behindert wird, werden bestraft:

mit Umerziehung durch Arbeit oder mit Freiheitsentzug bis zu zwei Jahren.

Art. 212 Herstellung von falschen Siegeln, Stempeln und Formblättern

Die Herstellung, das Inverkehrbringen oder die Aneignung von Siegeln, Stempeln oder Formularen einer Institution oder eines Staatsbetriebes, um falsche Dokumente zu verfertigen, wird bestraft:

mit Umerziehung durch Arbeit oder mit Freiheitsentzug bis zu zwei Jahren.

65 Siehe auch das Dekret Nr. 5072 (= lfd. Nr. V).

Art. 213 Das Verheimlichen des Namens eines Schiffes durch seinen Kapitän

Wer als Kapitän eines Schiffes dessen Namen und Registrierungshafen sowie Herkunfts- und Zielort verheimlicht, obwohl er die Möglichkeit hatte, diese Informationen anläßlich eines Zusammenstoßes mit einem anderen Schiffe zu geben, wird bestraft:

mit Geldstrafe bis zu fünfhundert Lek, mit Umerziehung durch Arbeit oder mit Freiheitsentzug bis zu drei Monaten.

Art. 214 Unterlassene Hilfeleistung bei einem Schiffszusammenstoß

Wer als Kapitän eines der Schiffe, die auf See zusammengestoßen sind, keine geeigneten Maßnahmen zur Rettung des anderen Schiffes ergreift, wenn diese Maßnahmen ohne ernsthafte Gefährdung der Passagiere und des eigenen Schiffes ergriffen werden konnten, wird bestraft:

mit Umerziehung durch Arbeit oder mit Freiheitsentzug bis zu sechs Monaten.

Art. 215 Aneignung, Zerstörung oder Beschädigung von Archivmaterialien[66]

Aneignung, Zerstörung oder Beschädigung von Archivmaterialien des Staates werden bestraft:

mit gesellschaftlichem Tadel, mit Geldstrafe bis zu fünfhundert Lek, mit Umerziehung durch Arbeit oder mit Freiheitsentzug bis zu zwei Jahren.

66 Vgl. hierzu das Gesetz Nr. 6893 vom 19.6.1984 "Über den staatlichen Archivfond und die Archive" (GZ 1984 Nr. 2, S. 19; siehe auch ROW 1985, S. 151).

Art. 216 Beschädigung oder Zerstörung von Kulturdenkmälern[67]

Beschädigung oder Zerstörung von Kulturdenkmälern, die staatliches Eigentum sind oder unter Denkmalschutz stehen, sowie ihre gesetzwidrige Verfälschung oder Verwendung zum Schaden ihres wissenschaftlichen, geschichtlichen oder künstlerischen Wertes, wird bestraft:

mit gesellschaftlichem Tadel, mit Geldstrafe bis zu fünfhundert Lek, mit Umerziehung durch Arbeit oder mit Freiheitsentzug bis zu zwei Jahren.

Siebter Abschnitt

VERGEHEN AUF DEM GEBIETE DER VERTEIDIGUNG DER SOZIALISTISCHEN VOLKSREPUBLIK ALBANIEN

Art. 217 Entziehung von der militärischen Erfassung

Wer sich als albanischer Staatsbürger (Reservist oder in vormilitärischer Ausbildung Befindlicher) der Erfassung entzieht oder Veränderungen in der Wehrüberwachung nicht durchführen läßt, wird, wenn dies mehrmals erfolgt ist, bestraft:

mit Geldstrafe bis zu fünfhundert Lek, mit Umerziehung durch Arbeit oder mit Freiheitsentzug bis zu sechs Monaten.

Art. 218 Verweigerung des Militärdienstes

Die Weigerung eines albanischen Staatsbürgers, der Einberufung zur Ableistung des Wehrdienstes Folge zu leisten, wird bestraft:

mit Geldstrafe bis zu eintausend Lek, mit Umerziehung durch Arbeit oder mit Freiheitsentzug bis zu zwei Jahren.

67 Vgl. hierzu Gesetz Nr. 4874 vom 23.9.1971 "Über den Schutz von Kulturdenkmälern ..." (GZ 1971 Nr. 9, S. 150, nebst Änderungen durch Dekret Nr. 5731 vom 27.5.1978, GZ 1978 Nr. 2, S. 24, und Nr. 6703 vom 21.1.1983, GZ 1983 Nr. 1, S. 27); deutsche Übersetzung in: Hingst/Lipowschek, Europäische Denkmalschutzgesetze, Neumünster 1975, S. 1-3, sowie der Änderungen in: WGO 1978, S. 129 und 1983, S. 90.

Die Weigerung eines albanischen Staatsbürgers, der Einberufung zum vormilitärischen Dienst, zu Militärübungen oder der Bereitschaftsprüfung und der Mobilmachung Folge zu leisten, wird, wenn dies mehrmals erfolgt, bestraft:

mit Geldstrafe bis zu eintausend Lek, mit Umerziehung durch Arbeit oder mit Freiheitsentzug bis zu zwei Jahren.

Art. 219 Verweigerung der Übergabe von Tieren, Mitteln oder Einrichtungen

Die Weigerung, der Pflicht zur Übergabe von Tieren, Transportmitteln oder Einrichtungen für die Bedürfnisse der Streitkräfte nachzukommen, wird bestraft:

mit Geldstrafe bis zu fünfhundert Lek oder mit Umerziehung durch Arbeit.

Art. 220 Unerlaubtes Betreten der Grenzzonen

Unerlaubtes Betreten der Grenzzonen oder anderer verbotener Zonen, Überlassung eines Erlaubnisscheines an eine andere Person, Benutzung eines fremden Erlaubnisscheines, Unterlassung der Registrierung eines Erlaubnisscheines sowie jede sonstige Verletzung der Bestimmungen über Bewegung und Aufenthalt der Staatsbürger in diesen Zonen, wird, sofern dies nicht bloß eine Verwaltungsübertretung darstellt, bestraft:

mit Umerziehung durch Arbeit oder mit Freiheitsentzug bis zu zwei Jahren.

Art. 221 Verletzung der Bestimmungen über den Gebauch der Rundfunkeinrichtungen

Die Verletzung der Bestimmungen über den Gebrauch der Rundfunkeinrichtungen auf albanischen Schiffen und Flugzeugen oder an Bord ausländischer Schiffe und Flugzeuge, die sich in den Gewässern oder im Luftraum der Sozialistischen Volksrepublik Albanien befinden, wird bestraft:

mit Geldstrafe bis zu eintausend Lek, mit Umerziehung durch Arbeit oder mit Freiheitsentzug bis zu zwei Jahren.

Art. 222 Entfernung oder Zerstörung von topographischen Markierungen

Die dauernde oder vorübergehende Entfernung oder Zerstörung von zu topographischen oder geodätischen Zwecken aufgestellten Markierungen oder die gesetzwidrige Aufstellung solcher Zeichen, wird bestraft:

mit gesellschaftlichem Tadel, mit Geldstrafe bis zu fünfhundert Lek oder mit Umerziehung durch Arbeit bis zu sechs Monaten.

Art. 223 Rechtswidriges Hissen der Flagge

Das Hissen der Flagge der Sozialistischen Volksrepublik Albanien auf einem Handelsschiff, das dazu nicht berechtigt ist, wird bestraft:

mit Geldstrafe bis zu eintausend Lek oder mit Freiheitsstrafe bis zu zwei Jahren.

Achter Abschnitt

VERGEHEN GEGEN DIE GESELLSCHAFTLICHE SICHERHEIT

Art. 224 Herstellung, Aufbewahrung, An- oder Verkauf von Waffen

Herstellung, Aufbewahrung, An oder Verkauf von Waffen und Sprengstoff ohne Erlaubnis der zuständigen Organe werden bestraft:

mit Umerziehung durch Arbeit oder mit Freiheitsentzug bis zu zwei Jahren.

Art. 225 Verstoß gegen die Bestimmungen über Waffen[68]

Der Verstoß gegen die Bestimmungen über Waffen wird, wenn als Folge der Handlungen durch eine schuldunfähige Person eine schwere

68 Vgl. hierzu das Gesetz Nr. 4279 vom 20.6.1967 "Über Waffen" (GZ 1967 Nr. 7, S. 143); dazu: Wiener Quellenhefte AL 1967, S. 11.

Körperverletzung oder der Tod verursacht wurde, bestraft:

mit Umerziehung durch Arbeit oder mit Freiheitsentzug bis zu zwei Jahren.

Art. 226 Verstoß gegen die Sprengstoffvorschriften

Ein Verstoß gegen die für die Herstellung, Aufbewahrung, den Versand oder Transport von Sprengstoff, Brennstoff und radioaktivem Material erlassenen Vorschriften wird bestraft:

mit Umerziehung durch Arbeit oder mit Freiheitsentzug bis zu zwei Jahren.

Art. 227 Verstoß gegen die Vorschriften über Giftstoffe[69]

Ein Verstoß gegen die für Herstellung, Aufbewahrung, Versand und Transport von starkwirkenden Giftstoffen erlassenen Bestimmungen wird, wenn er schwere Folgen herbeigeführt hat, bestraft:

mit Geldstrafe bis zu eintausend Lek, mit Umerziehung durch Arbeit oder mit Freiheitsentzug bis zu einem Jahr.

Art. 228 Verstoß gegen die Arbeitsschutzvorschriften[70]

Ein Verstoß gegen die Vorschriften der Sicherheitstechnik, der Hygiene oder anderer Arbeitsschutzvorschriften wird, wenn er eine Gefahr für das Leben oder die Gesundheit der Werktätigen herbeigeführt hat, bestraft:

mit Umerziehung durch Arbeit oder mit Freiheitsentzug bis zu einem Jahr.

Art. 229 Verletzung der Rechte der Werktätigen

Willkürliches oder überhebliches Handeln sowie jede sonstige vorsätzliche Verletzung der Rechte, die den Werktätigen von der Verfassung der

69 Siehe Anm. 43.

70 Siehe Anm. 41.

Sozialistischen Volksrepublik Albanien und den anderen in Ausführung der Verfassung erlassenen gesetzlichen Bestimmungen auf dem Gebiet der Arbeitsbeziehungen gewährt werden, durch den Leiter eines Staatsbetriebes, einer Institution oder Organisation, wird bestraft:

mit gesellschaftlichem Tadel, mit Umerziehung durch Arbeit oder mit Freiheitsentzug bis zu sechs Monaten.

Art. 230 Verletzung der Produktionsordnung

Rauchen, Trunkenheit oder Schlafen während der Fertigung in Abteilungen, wo Explosionsgefahr besteht, werden bestraft:

mit Geldstrafen bis zu fünfhundert Lek, mit Umerziehung durch Arbeit oder mit Freiheitsentzug bis zu sechs Monaten.

Art. 231 Verletzung der Arbeitsvorschriften

Die Verletzung der Vorschriften des Bauwesens, der Hygiene oder des Feuerschutzes, die für Bauarbeiten oder die Sicherheit in Bergwerken erlassen wurden, wird bestraft:

mit Geldstrafe bis zu fünfhundert Lek, mit Umerziehung durch Arbeit oder mit Freiheitsentzug bis zu sechs Monaten.

Art. 232 Verletzung der Vorschriften für den Brandschutz

Die Verletzung der Brandschutzvorschriften durch mit deren Einhaltung betraute Personen wird, wenn schwere Folgen verursacht wurden, bestraft:

mit Umerziehung durch Arbeit oder mit Freiheitsentzug bis zu zwei Jahren.

Neunter Abschnitt

VERGEHEN AUF DEM GEBIETE DES GESUNDHEITSWESENS

Art. 233 Rechtswidrige Ausübung des Arztberufs

Die Ausübung des Arztberufs durch eine dazu nicht berechtigte Person wird bestraft:

mit gesellschaftlichem Tadel, mit Umerziehung durch Arbeit oder mit Freiheitsentzug bis zu zwei Jahren.

Art. 234 Herstellung und Verkauf von gesundheitsgefährlichen Lebensmitteln

Herstellung, Aufbewahrung zwecks Verkauf und der Verkauf von Lebensmitteln und Getränken, die für die Gesundheit gefährlich oder schädlich sind, werden, wenn diese Taten keine Verwaltungsübertretungen sind, bestraft:

mit Umerziehung durch Arbeit oder mit Freiheitsentzug bis zu einem Jahr.

Art. 235 Umweltverschmutzung

Verletzung der Vorschriften zum Schutz des Bodens,[71] der Naturschätze, der Gewässer und der Luft durch Zerstörung oder Verschmutzung wird, wenn schwere Folgen verursacht wurden, bestraft:

mit gesellschaftlichem Tadel oder mit Geldstrafe bis zu eintausend Lek, mit Umerziehung durch Arbeit oder mit Freiheitsentzug bis zu zwei Jahren.

71 Siehe Nachweise in Anm. 54 und Dekret Nr. 5105 vom 30.10.1973 "Über den Schutz der Umwelt gegen Verschmutzung" (GZ 1973 Nr. 5, S. 55). Hierzu Cenko, Umweltschutz in unserem Lande, Albanien heute Nr. 103 (1988 Nr. 6), S. 41 ff.

Zehnter Abschnitt

VERGEHEN GEGEN DIE GESELLSCHAFTLICHE MORAL

Art. 236 Glücksspiel

Glücksspiel wird bestraft:

mit Geldstrafe bis zu eintausend Lek, mit Umerziehung durch Arbeit oder mit Freiheitsentzug bis zu zwei Jahren.

Elfter Abschnitt

VERGEHEN VON MILITÄRPERSONEN

Art. 237 Unerlaubte Entfernung

Die unerlaubte Entfernung eines Soldaten von der Truppe oder dem Dienstort für eine Zeit von mehr als vierundzwanzig Stunden oder mehrmals auch für einen Zeitraum von weniger als vierundzwanzig Stunden wird bestraft:

mit gesellschaftlichem Tadel, mit Umerziehung durch Arbeit oder mit Freiheitsentzug bis zu einem Jahr; bei Vorliegen mildernder Umstände kommt die "Disziplinarordnung der Volksarmee" zur Anwendung.

Dieselbe Tat wird, wenn sie von Offizieren und Unteroffizieren für einen Zeitraum von mehr als drei Tagen oder mehrmals auch für einen Zeitraum von weniger als drei Tagen begangen wurde, bestraft:

mit gesellschaftlichem Tadel, mit Umerziehung durch Arbeit oder mit Freiheitsentzug bis zu zwei Jahren.

Art. 238 Nichterscheinen bei der Einheit oder am Dienstort

Wer sich als wehrpflichtiger Soldat oder Unteroffizier ohne triftigen Grund für einen Zeitraum von über vierundzwanzig Stunden oder mehrmals auch für eine Zeit von weniger als vierundzwanzig Stunden nicht bei der Einheit oder am Dienstort meldet, wird bestraft:

mit gesellschaftlichem Tadel, mit Umerziehung durch Arbeit oder mit Freiheitsentzug bis zu sechs Monaten; bei Vorliegen mildernder Umstände kommt die "Disziplinarordnung der Volksarmee" zur Anwendung.

Dieselbe Tat, begangen von Offizieren und Unteroffizieren des aktiven Dienstes für einen Zeitraum von mehr als drei Tagen oder mehrmals auch für eine Zeit von weniger als drei Tagen, wird bestraft:

mit gesellschaftlichem Tadel, mit Umerziehung durch Arbeit oder mit Freiheitsentzug bis zu einem Jahr.

Art. 239 Unerlaubte Entfernung der zu einer Übung Einberufenen

Die unerlaubte Entfernung von zu einer Übung einberufenen Soldaten oder ihr Nichterscheinen ohne triftigen Grund bei der Einheit oder am Dienstort zur festgesetzten Zeit wird bestraft:

mit gesellschaftlichem Tadel, mit Umerziehung durch Arbeit oder mit Freiheitsentzug bis zu sechs Monaten; bei Vorliegen mildernder Umstände kommt die "Disziplinarordnung der Volksarmee" zur Anwendung.

Art. 240 Befehlsverweigerung

Die Weigerung, einen dienstlichen Befehl auszuführen, wird bestraft:

mit Umerziehung durch Arbeit oder mit Freiheitsentzug bis zu einem Jahr.

Bei Vorliegen mildernder Umstände kommt die "Disziplinarordnung der Volksarmee" zur Anwendung.

Art. 241 Vorübergehende Verweigerung des Dienstes

Vorübergehende Verweigerung des Militärdienstes oder der Erfüllung der Pflichten des Militärdienstes durch Schädigung der Gesundheit, Vortäuschen einer Krankheit, Fälschung von Dokumenten oder auf sonstige Art und Weise, wird bestraft:

mit gesellschaftlichem Tadel, mit Umerziehung durch Arbeit oder mit Freiheitsentzug bis zu zwei Jahren.

Art. 242 Taten, die das Militär diskreditieren

Wer als Soldat Taten begeht, die offen das Ansehen und die Autorität des Militärs mindern, wird bestraft:

mit gesellschaftlichem Tadel, mit Umerziehung durch Arbeit oder mit Freiheitsentzug bis zu zwei Jahren.

Art. 243 Unterlassen der Einteilung von Wachen

Wer es ohne triftigen Grund unterläßt, Wachen und Begleitpersonen einzuteilen oder aufzustellen, wird bestraft:

mit gesellschaftlichem Tadel, Umerziehung durch Arbeit oder mit Freiheitsentzug bis zu einem Jahr.

Art. 244 Verletzung der Vorschriften des Wachdienstes

Verletzung der Vorschriften des Wachdienstes als Soldat, der zur Bewachung von bestimmten Objekten oder zur Begleitung von Personen eingesetzt ist, wird bestraft:

mit gesellschaftlichem Tadel, mit Umerziehung durch Arbeit oder mit Freiheitsentzug bis zu zwei Jahren.

Art. 245 Fahrlässige Beschädigung von Gerätschaften

Wer fahrlässig seine Bewaffnung sowie die Mittel der Kriegstechnik, des Verkehrs und der Nachrichtenübermittlung, die ihm zur Aufbewahrung oder zum Gebrauch ausgehändigt wurden, beschädigt, wird bestraft:

mit Umerziehung durch Arbeit oder mit Freiheitsentzug bis zu zwei Jahren.

Art. 246 Mißbrauch, Zerstörung oder Beschädigung der Bekleidung und des Schuhwerks

Vorsätzlicher Mißbrauch, Zerstörung oder Beschädigung der Bekleidungsgegenstände und des Schuhwerks, die zur Aufbewahrung oder zur Verwendung ausgehändigt wurden, werden bestraft:

mit gesellschaftlichem Tadel, mit Umerziehung durch Arbeit oder mit Freiheitsentzug bis zu einem Jahr.

Zwölfter Abschnitt

SCHLUSSBESTIMMUNGEN

Art. 247

Das durch Gesetz Nr. 1516 vom 7. August 1952 gebilligte Strafgesetzbuch mit den späteren Änderungen sowie die anderen Bestimmungen, die strafbare Handlungen regeln, werden aufgehoben.

Art. 248

Dieses Gesetz tritt am 1. Oktober 1977 in Kraft.

III.

Gesetz Nr. 6070

"Über Verwaltungsübertretungen"

vom 25.12.1979 (GZ 1979 Nr. 4, S. 144 ff.)

Mit dem Ziel, daß bei der Tätigkeit der staatlichen Organe die Politik der Partei der Arbeit Albanien und das Recht mit überzeugenden Methoden zum Ausdruck gebracht werden, und zur kommunistischen Erziehung der Werktätigen mit bindendem Verwaltungshandeln, zum Schutz und zur weiteren Festigung der sozialistischen Rechtsordnung, getragen von den Grundsätzen der Verhütung von Gesetzesverstößen, die auch in Form von Verwaltungsübertretungen auftreten können, hat das Präsidium der Volksversammlung .... beschlossen:

Art. 1

Der Ministerrat, die Ministerien und die anderen zentralen Institutionen der Staatsverwaltung und die Bezirksvolksräte haben das Recht, Vorschriften zu erlassen und zu bestimmen, daß deren Zuwiderhandlung als Verwaltungsübertretung geahndet wird.[1]

Untere Organe der Staatsmacht und Staatsverwaltung haben kein Recht zum Erlaß von Vorschriften, die Verwaltungsübertretungen vorsehen, wenn bereits entsprechende Vorschriften existieren.

1 Eine Auflistung sämtlicher Übertretungstatbestände würde den Rahmen des vorliegenden Buches sprengen, zumal der Großteil der Verwaltungsübertretungen ohnehin der gerichtlichen Nachprüfung entzogen ist und von den Verwaltungsbehörden selbst abgehandelt wird. Lediglich ca. 30 Tatbestände fallen in die Zuständigkeit der Dorf-, Stadt- und Stadtviertelgerichte, die in kommentierter Fassung aufgelistet sind in: Organizimi dhe Kompetencat e Gjykatave të Fshatrave, të Qytëteve dhe të Lagjeve të Qytëteve, 8. Aufl. Tirana 1988 (Organisation und Zuständigkeit der Gerichte auf dem Land, in der Stadt und den Wohnvierteln).

Art. 2

Verwaltungsübertretungen werden geahndet mit

a) gesellschaftlichem Tadel;

b) Geldbuße.

Besondere Bestimmungen können auch andere Verwaltungsmaßnahmen vorsehen, wie Entzug des Führerscheines oder des Gesundheitsbuches, Einziehen von Sachen, die bei der Begehung der Übertretung benutzt worden sind, usw.

Art. 3

Geldbuße als Verwaltungsstrafe kann der Höhe nach angedroht werden in Akten[2]

a) des Ministerrates bis zu fünfhundert Lek;

b) der Ministerien und anderen zentralen Institutionen bis zu dreihundert Lek;

c) der Bezirksvolksräte bis zu hundert Lek.

Art. 4

Bußen wegen Verwaltungsübertretungen können gegen zurechnungsfähige Personen, die das 15. Lebensjahr vollendet und die Übertretung vorsätzlich oder fahrlässig begangen haben, verhängt werden.

Bußen wegen Verwaltungsübertretungen können nicht gegen Betriebe, Institutionen, landwirtschaftliche Genossenschaft und gesellschaftliche Organisationen verhängt werden, sondern nur gegen deren Mitarbeiter.

2 Über Art und Qualität solcher normativer Akte vgl. Stoppel, Die Rechtsquellen und juristischen Publikationsorgane in Albanien, JOR XXVI (1985), S. 409 ff.

Art. 5

Staatliche Organe, die zum Erlaß von Vorschriften ermächtigt sind, deren Zuwiderhandlung eine Übertretung darstellt, können anordnen, daß Angehörige der Volkspolizei oder andere hiermit besonders betraute Mitarbeiter Übertretungen an Ort und Stelle mit einem Verwarnungsgeld in Höhe eines festen Betrages, jedoch nicht mehr als zehn Lek, ahnden.[3]

Art. 6

Zur Feststellung von Verwaltungsübertretungen, außer in Fällen, wo ein Verwarnungsgeld erhoben wird, nehmen die Mitglieder des Volksrates, die Angehörigen der Volkspolizei, die Volksstaatsanwälte und die mit besonderen Vorschriften hiermit betrauten Personen ein Protokoll auf, in dem die Personalien des Täters und die Art der Verwaltungsübertretung festgehalten werden. Das Protokoll ist vom Verfasser und, soweit vorhanden, von den anwesenden Zeugen zu unterschreiben.

Das von einem Mitglied des Volksrates oder von einem Volksstaatsanwalt aufgenommene Protokoll ist unverzüglich durch den Volksrat an das Organ der Staatsverwaltung zur Entscheidung abzugeben, während das von einem Angehörigen der Volkspolizei und einer hiermit mit besonderen Vorschriften betrauten Person aufgenommene Protokoll nach Erstellung unmittelbar dem Organ der Staatsverwaltung zu übersenden ist.

Die Abgabe eines Protokolls an das Gericht erfolgt nach dem Dekret über die Gerichte auf dem Lande, in der Stadt und in den Wohnvierteln.[4]

Bei der Aufdeckung von Verwaltungsübertretungen stützen sich die Mitglieder des Volksrates, die Angehörigen der Volkspolizei, die Volksstaatsanwälte und die anderen hiermit betrauten Personen auf die aktive Mithilfe der werktätigen Massen.

3 Z.B. bei Straßenverkehrsübertretungen, vgl. Art. 72 des Gesetzes Nr. 6943 vom 26.12.1984 (siehe Anm. 29 zu Art. 78 KP).

4 Vgl. Dekret Nr. 4426 (lfd. Nr. VIII).

Art. 7

Die Verfolgung und Ahndung von Verwaltungsübertretungen hat innerhalb eines Monats ab ihrer Entdeckung zu erfolgen, jedoch nicht später als drei Monate ab ihrer Begehung. Nach Ablauf dieser Frist kann eine Verwaltungsübertretung nicht mehr verfolgt werden.

Art. 8

Das gerichtliche Übertretungsverfahren findet bei den Gerichten auf dem Lande, in der Stadt und in den Wohnvierteln gemäß dem für diese Gerichte maßgebenden Gesetz[4] statt. Sehen besondere Vorschriften vor, daß das Übertretungsverfahren vor einem Organ der Staatsverwaltung erfolgt, hat dieses nach den Vorschriften jenes Gesetzes zu verfahren.

Das Organ der Staatsverwaltung, das Übertretungen bearbeitet, ist in den Vorschriften, die Verwaltungsübertretungen vorsehen, genau zu bezeichnen.

Art. 9

Für die Verfolgung und Ahndung von Verwaltungsübertretungen ist das Organ der Staatsverwaltung zuständig, in dessen Gebiet die Übertretung begangen worden ist.

Das Organ der Staatsverwaltung, das eine Übertretung entdeckt, deren Verfolgung und Ahndung keine besonderen Schwierigkeiten bereitet, hat das Recht, die Sache mit Protokoll an das Organ am Wohnort des Täters abzugeben.

Kompetenzkonflikte sind nicht erlaubt.

Art. 10

Das Übertretungsverfahren kann in Anwesenheit wie auch in Abwesenheit des Täters durchgeführt werden, und zwar gestützt auf das Protokoll, wenn feststeht, daß der Täter davon Kenntnis genommen hat und keine triftigen Gründe entgegenstehen.

4 Vgl. Dekret Nr. 4426 (lfd. Nr. VIII).

Hält es das Organ der Staatsverwaltung für angebracht, kann das Übertretungsverfahren in Anwesenheit des Kollektivs am Arbeitsplatz oder der Einwohner im Dorf oder Wohnviertel durchgeführt werden, wo der Täter arbeitet oder wohnt.

Art. 11

Zusammen mit der Verwaltungsübertretung wird, ohne daß ein besonderer Antrag gestellt werden muß, die Frage des Ersatzes für den durch die Übertretung verursachten Schaden untersucht und entschieden, wenn dies in besonderen Vorschriften vorgesehen ist.

Art. 12

Bei der Festsetzung der Art der Buße und der Bemessung der Höhe der Geldbuße hat das Organ der Staatsverwaltung, das die Verwaltungsübertretung ahndet, folgende Umstände zu berücksichtigen: die Schwere der Gesetzesverletzung, das Verhalten des Täters bei der Arbeit und in der Gesellschaft, sowie seine persönlichen und familiären Verhältnisse.

Gesteht der Täter im Laufe des Übertretungsverfahrens seine Schuld ein, zeigt er aufrichtige Reue, übt er Selbstkritik und kann daher die erzieherische Wirkung des Verfahrens als erfüllt angesehen werden, hat das Organ der Staatsverwaltung das Recht, das Verfahren einzustellen und allein über den Schadensersatz zu entscheiden.

Die Einstellung des Verfahrens kann auch auf Antrag des Arbeitskollektivs oder einer gesellschaftlichen Organisation erfolgen.

Im Bußbescheid sind, außer den Personalien des Täters, der begangene Gesetzesverstoß, die vorhängte Buße, die Verpflichtung zum Schadensersatz und die eingezogenen Sachen aufzunehmen.

Je nach Lage der Dinge kann der Bußbescheid auch an den Arbeitsplatz des Täters zur Verkündung vor dem Kollektiv geschickt werden.

Art. 13

Gegen den Bußbescheid kann innerhalb von fünf Tagen ab Verkündung der Entscheidung oder Bekanntgabe, wenn der Täter nicht am Verfahren teilgenommen hat, Beschwerde zum höheren Organ der Staatsverwaltung erhoben werden bzw. von der Staatsanwaltschaft Einspruch. Wird Beschwerde oder Einspruch eingelegt, wird die Vollstreckung der Entscheidung bis zu ihrer Überprüfung gehemmt.

Das Organ der Staatsverwaltung, das die Beschwerde oder den Einspruch prüft, kann die Entscheidung bestätigen, ändern oder aufheben und entscheidet in der Sache selbst innerhalb eines Monats nach Eingang der Beschwerde oder des Einspruchs.

Art. 14

Werden die Geldbuße und der Schadensersatz nicht innerhalb der festgelegten Frist gezahlt, wird der Betrag bei dem Betrieb, der Institution oder dem Organ, bei dem der Täter als Arbeiter oder Staatsangestellter beschäftigt ist, vom Lohn, und wenn der Täter Mitglied einer landwirtschaftlichen Genossenschaft ist, von seiner Geweinnbeteiligung oder von seinem sonstigen Einkommen abgezogen.

Steht der Täter in keinem Arbeitsverhältnis, werden die Geldbuße und der Schadensersatz auf der Grundlage des Gesetzes über die Beitreibung von Staatseinkünften[5] beglichen.

Geldbußen fließen in den Haushalt des Volksrates der Samtgemeinde,[6] der Stadt und des Bezirkes des Wohnortes des Täters, während Schadensersatzleistungen dem Geschädigten zugute kommen.

5 Hierbei handelt es sich um das Dekret Nr. 4744 vom 30.9.1970 "Über die Beitreibung von Staatseinkünften und anderen Verpflichtungen" (GZ 1970 Nr. 8, S. 114); die Beitreibung erfolgt hiernach durch Vollstreckung in das Vermögen oder Lohnpfändung im Rahmen bestimmter Freibeträge (Art. 3 Abs. 3), wobei ein Verspätungszuschlag von 0,1 % pro Tag zu zahlen ist (Art. 2). Bei fruchtloser Vollstreckung wird die Schuld erlassen (Art. 6).

6 Siehe Anm. 6 zu Dekret Nr. 4426 (= lfd. Nr. VIII).

Art. 15

Die Vollstreckung eines auf Geldbuße lautenden Bescheides beginnt mit der Rechtskraft der Entscheidung und ist innerhalb eines Jahres zu beenden.

Art. 16

Nach Ablauf von zwei Jahren ab Erlaß des Bußbescheides wegen einer Verwaltungsübertretung gilt der Täter nicht mehr als vorbestraft.

Art. 17

Soweit besondere Vorschriften des Ministerrates, der Ministerien und anderen zentralen Institutionen und der Bezirksvolksräte, die vor Inkrafttreten dieses Gesetzes erlassen worden sind, die Ahndung von Verwaltungsübertretungen mit einer höheren Geldbuße vorsehen, wird diese auf das in Artikel 3 dieses Gesetzes bestimmte Maß herabgesetzt.

Art. 18

Das Dekret Nr. 4379 vom 13.4.1968 "Über Übertretungen" wird aufgehoben.

Art. 19

Dieses Gesetz tritt fünfzehn Tage nach seiner Veröffentlichung im Gesetzblatt in Kraft.[7]

7 Die entsprechende Nummer des Gesetzblattes ist ohne Datum unter der Angabe "Dezember 1979" Ende Januar 1980 erschienen.

IV.

Dekret Nr. 7071

"Über Verbannung und Internierung als Verwaltungsmaßnahme"

vom 15.9.1986

(Der Text ist bislang weder im Gesetzblatt noch in einer anderen, für Ausländer zugänglichen Quelle veröffentlicht worden.)[1]

1 Die Existenz dieses Dekretes läßt sich aus dem Gesetz Nr. 7109 "Über die Billigung von Dekreten des Präsidiums der Volksversammlung" vom 21.2.1987 (GZ 1987 Nr. 2, S. 36) ableiten, wo es unter der laufenden Nummer 1 mit dem Titel aufgeführt ist. Während alle weiteren dort erwähnten Dekrete im Gesetzblatt publiziert und im übrigen auch in der albanischen Tagespresse erwähnt worden sind, findet sich das Verbannungsdekret noch nicht einmal in der Tagesordnung der entsprechenden Sitzung der Volksversammlung. Offensichtlich handelt es sich hierbei um eine Neufassung bzw. Überarbeitung des gleichlautenden Dekretes Nr. 5912 vom 26.9.1979 (GZ 1979 Nr. 2, S. 42 f.; deutsche Übersetzung: WGO 1979, S. 295 f.), das wegen seiner weitreichenden Eingriffsmöglichkeiten in die persönliche Freiheit wiederholt im Ausland auf Kritik gestoßen ist (vgl. ROW 1980, S. 36; 1983, S. 222 f. mit weiteren Nachweisen). Nach inoffiziellen Angaben albanischer Justizkreise soll indes die Neufassung von 1986 lediglich Änderungen formaler Natur beinhalten (vgl. im einzelnen JOR XXVIII (1988), S. 272).

V.

Dekret Nr. 5072

"Über die Zwangsverpflichtung von Personen mit parasitärem Lebenswandel zur Arbeit"

vom 29.6.1973 (GZ 1973 Nr. 3, S. 34 f.)
geändert durch Dekret Nr. 5370 vom 31.1.1976 (GZ 1976 Nr. 1, S. 4 f.)

Die Teilnahme an der Arbeit ist in der Volksrepublik Albanien Ehre und Pflicht; sie kann aber auch als Erziehungsmittel bei solchen Bürgern in Betracht kommen, die sich der gesellschaftlichen Arbeit zum eigenen Vorteil entziehen und ein parasitäres Leben führen, was mit der sozialistischen Gesellschaftsordnung unvereinbar ist; aus diesem Grunde hat das Präsidium der Volksversammlung auf der Grundlage von Artikel 58 Ziff. 6 der Verfassung[1] und auf Vorschlag des Ministerrates beschlossen:

Art. 1

Eine männliche Person, die das fünfzehnte Lebensjahr vollendet hat und, obwohl sie die Voraussetzungen zur Arbeitsaufnahme nach ihrer Leistungsfähigkeit und Berufsausbildung erfüllt, sich der gesellschaftlichen Arbeit zum eigenen Vorteil entzieht und auf Kosten anderer Familienangehöriger lebt oder ihren Lebensunterhalt mit Schwarzhandel bestreitet, einen Beruf ohne Erlaubnis oder eine andere Tätigkeit vergleichbarer Natur ausübt, wird, soweit ihr Verhalten keine Straftat[2] darstellt, zur Arbeit zwangsverpflichtet.

1 Betraf die Verfassung von 1950, jetzt Art. 78 Verfassung.

2 Vgl. Art. 209 KP.

Art. 2

Mit Ersuchen von gesellschaftlichen Organisationen, von Organen der Volksmacht, der Volksjustiz und der Volkspolizei wird eine Person, die ein parasitäres Leben führt, dem Exekutivkomitee des Volksrates ihres Wohnortes zur Arbeitsaufnahme gemeldet.

Nimmt die vorgenannte Person die Arbeit nicht innerhalb von fünfzehn Tagen ab Meldung auf, wird sie mit Beschluß des Exekutivkomitees des Bezirksvolksrates verpflichtet, gemäß ihrer Leistungsfähigkeit eine für sie vernünftig scheinende Arbeit innerhalb oder außerhalb ihres Wohnortes anzunehmen.

Im Beschluß des Exekutivkomitees des Bezirksvolksrates ist die Zeit der Arbeitsverpflichtung festzulegen, die nicht länger als drei Jahre sein darf.

Art. 3

Eine Person, die zur Arbeit in einem Betrieb zwangsverpflichtet ist, hat das Recht auf Entlohnung gemäß den geltenden Vorschriften,[3] während eine Person, die zur Arbeit in einer landwirtschaftlichen Genossenschaft zwangsverpflichtet ist, auf der Grundlage der Musteranordnung "Über die Organisierung und Arbeitsentlohnung in landwirtschaftlichen Genossenschaften"[4] bezahlt wird.

Art. 4

Entzieht sich eine zur Arbeit zwangsverpflichtete Person ohne triftigen Grund dem Vollzug des Beschlusses des Exekutivkomitees des Bezirksvolksrates oder verläßt sie den ihr zugewiesenen Arbeitsplatz oder verstößt sie gegen die Arbeitsdisziplin, wird ihr Verhalten als Übertretung mit Geldbuße bis zu fünfhundert Lek und im Wiederholungsfalle als Straftat mit Umerziehung durch Arbeit oder Freiheitsentzug bis zu zwei Jahren geahndet.

3 Vgl. Art. 43 ff. Arbeitsgesetzbuch (Gesetz Nr. 6200 vom 28.6.1980, siehe Anm. 21 zu Art. 63 KP).

4 VKM Nr. 120 vom 12.7.1972 (nicht in GZ, aber in PPL, 1979, Bd. 1, S. 512).

Art. 5

Das Exekutivkomitee des Bezirksvolksrates kann aus eigener Initiative oder auf Vorschlag vom Arbeitsplatz, an dem sich die zur Arbeit zwangsverpflichtete Person befindet, die Arbeitsverpflichtung ermäßigen oder ganz erlassen oder von einer Verlängerung der festgelegten Zeit absehen, wenn diese durch ihr Verhalten und ihre Einstellung zur gesellschaftlichen Arbeit gezeigt hat, daß sie endgültig auf einen parasitären Lebenswandel verzichtet.

Art. 6

Der Ministerrat wird ermächtigt, Weisungen zur Ausführung dieses Dekretes zu erlassen.

Art. 7

Dieses Dekret tritt fünfzehn Tage nach seiner Verkündung im Gesetzblatt in Kraft.[5]

5 Die entsprechende Ausgabe des Gesetzblattes datiert vom 9. Juli 1973.

VI.

STRAFPROZESSORDNUNG

Gesetz Nr. 6069 vom 25.12.1979
(GZ 1979 Nr. 4, S. 83 ff.)

geändert durch

Gesetz Nr. 6300 vom 27.3.1981
(GZ 1981 Nr. 2, S. 37)

Gesetz Nr. 6801 vom 29.6.1983
GZ 1983 Nr. 3, S. 54)

Dekret Nr. 7177 vom 20.11.1987
(GZ 1987 Nr. 5, S. 103 ff.

Dekret Nr. 7252 vom 15.9.1988
(GZ 1988 Nr. 3, S. 54)

Inhaltsübersicht[1]

1 Die Inhaltsübersicht ist nicht amtlich, findet sich aber z.B. im "Kodet..." (1982), S. 632.

BESONDERER TEIL

A. Ermittlungsverfahren

Erster Abschnitt
Die Ermittlungsbehörde und ihre Zuständigkeit

Zweiter Abschnitt
Einleitung des Strafverfahrens

Dritter Abschnitt
Anklageerhebung und Vernehmung des Beschuldigten

Vierter Abschnitt
Zeugenvernehmung und Sachverständigengutachten

Fünfter Abschnitt
Durchsuchung, Beschlagnahme und andere Maßnahmen

Sechster Abschnitt
Aussetzung und Abschluß der Ermittlungen

B. Gerichtliches Verfahren

Erster Abschnitt
Zusammensetzung und Zuständigkeit der Gerichte

Zweiter Abschnitt
Gerichtliches Verfahren erster Instanz

Dritter Abschnitt
Gerichtliches Verfahren zweiter Instanz

Vierter Abschnitt
Überprüfung rechtskräftiger Entscheidungen

Fünfter Abschnitt
Vollstreckung von Entscheidungen

ALLGEMEINER TEIL

Erster Abschnitt

INHALT, AUFGABEN, GRUNDLAGEN UND GRUNDPRINZIPIEN DER STRAFPROZESSGESETZGEBUNG DER SOZIALISTISCHEN VOLKSREPUBLIK ALBANIEN

Art. 1 Inhalt der Strafprozeßgesetzgebung

Die Strafprozeßgesetzgebung bringt den Willen der Arbeiterklasse und der anderen werktätigen Massen zum Ausdruck und ist ein bedeutsames Mittel des Staates der Diktatur des Proletariats im Kampf gegen Straftaten. Sie bestimmt die Regeln für die Untersuchung, Verhandlung und Entscheidung von Strafsachen sowie für die staatsanwaltschaftliche Kontrolle.

Art. 2 Aufgaben der Strafprozeßgesetzgebung

Die Strafprozeßgesetzgebung hat die Aufgabe, den sozialistischen Staat, die Partei der Arbeit Albaniens als der einzigen führenden Kraft des Staates und der Gesellschaft zu verteidigen, den sozialistischen Aufbau des Landes in Übereinstimmung mit den Prinzipien des Sich-Stützens auf die eigene Kraft zu schützen und zu unterstützen und die gesetzmäßigen Rechte und Interessen der Bürger zu schützen.

Die Strafprozeßgesetzgebung hat die Aufgabe, die Begehung von Straftaten zu verhindern und die Bürger im Geiste der Achtung der sozialistischen Gesetzlichkeit zu erziehen.

Die Strafprozeßgesetzgebung hat die Aufgabe zu gewährleisten, daß Ermittlungen und Entscheidungen in Strafsachen korrekt und zügig im Kampf gegen Erscheinungen des Bürokratismus und Liberalismus erfolgen.

Art. 3 Grundlagen der Strafprozeßgesetzgebung

Die Strafprozeßgesetzgebung wird von der Politik der Partei der Arbeit Albaniens geleitet und basiert auf der Ideologie der Arbeiterklasse, dem Marxismus-Leninismus.

Die Strafprozeßgesetzgebung gründet sich auf der Verfassung der Sozialistischen Volksrepublik Albanien.

Art. 4 Grundprinzipien der Strafprozeßgesetzgebung

Die Strafprozeßgesetzgebung folgt den Prinzipien des Klassenkampfes gegen Straftaten.

Die Verwirklichung der Massenlinie durchdringt die gesamte Strafprozeßgesetzgebung.

Die sozialistische Gesetzlichkeit ist die Grundlage der Strafprozeßgesetzgebung. Auf ihrer Basis führen die Gerichte und Ermittlungsbehörden - unter Anwendung einheitlicher und gleicher Regeln für alle - ihre Untersuchungen in objektiver, vollständiger und verständlicher Art und Weise mit dem Ziel, daß kein Schuldiger sich seiner Verantwortung entzieht und jeder Bürger sicher vor ungerechtfertigter Verfolgung und Bestrafung ist.

Zweiter Abschnitt

GERICHT, STAATSANWALTSCHAFT, ERMITTLUNGSBEHÖRDE UND BETEILIGTE AM STRAFPROZESS

Art. 5 Das Gericht

Das Gericht ist das Organ, das Recht spricht.

Niemand kann für schuldig erklärt oder für die Begehung einer Straftat bestraft werden ohne gerichtliche Entscheidung.

Das Gericht hat alles zu tun, um zu einem gerechten Urteil zu gelangen, und dabei so umfassend wie möglich erzieherische Ziele zu verwirklichen.

Das Gericht ist bei der Verhandlung und Entscheidung in Strafsachen unabhängig und entscheidet allein auf der Grundlage des Gesetzes.

Art. 6 Die Staatsanwaltschaft

Die Staatsanwaltschaft ist das Organ, das die korrekte und einheitliche Anwendung der Gesetze bei allen strafprozessualen Handlungen kontrolliert und Maßnahmen ergreift, um Gesetzesverstößen vorzubeugen.

Der Staatsanwalt hat die Aufgabe, Straftaten aufzudecken, Feinde und sonstige Übeltäter zu entlarven, die Massen mit klassengemäßen und revolutionären Mitteln zu erziehen und Straftaten zu verhüten.

Art. 7 Die Ermittlungsbehörde

Die Ermittlungsbehörde ist das Organ, das in Strafsachen Untersuchungen vornimmt.

Der Ermittlungsbeamte bestimmt eigenständig die Zielrichtung und den Gang der Ermittlungen zur Aufdeckung von Straftaten und zur Überführung des Täters und trifft gleichermaßen jede Entscheidung.

Bei der Durchführung von Ermittlungen ist die Anwendung körperlichen oder psychischen Zwangs sowie ähnlicher Maßnahmen verboten.

Art. 8 Der Beschuldigte

Der Beschuldigte ist die Person, die für die Begehung einer Straftat verantwortlich gemacht wird. Er wird solange so bezeichnet, bis das Gericht eine rechtskräftige Entscheidung getroffen hat oder das Verfahren eingestellt worden ist.

Der Beschuldigte genießt das Recht auf Verteidigung während des gesamten Strafprozesses[2].

In den in den Artikeln 9 und 10 dieses Gesetzes genannten Fällen ist dem Beschuldigten im gerichtlichen Verfahren besondere Verteidigung zu gewähren.

2 Vgl. hierzu die Weisung Nr. 1 des OG vom 27.10.1986 "Über die Verteidigung im Strafprozeß" (DP 1987 Nr. 1, S. 87 ff.) sowie ROW 1987, S. 315.

Art. 9 Der Verteidiger

Der Verteidiger ist die Person, die bestellt wird, um den Beschuldigten bei der Verteidigung seiner gesetzmäßigen Rechte und Interessen zu unterstützen.

Verteidiger kann sein:

ein Rechtsrat[3], der Ehegatte oder ein naher Verwandter oder Verschwägerter des Beschuldigten.

Auf Beschluß des Gerichts kann die Verteidigung des Beschuldigten auch von einer anderen Person übernommen werden.

Art. 10

Ein Rechtsrat wird zum Verteidiger bestellt, wenn:

1. der Beschuldigte noch nicht 18 Jahre alt ist;

2. der Beschuldigte aus körperlichen oder geistigen Gründen nicht in der Lage ist, seine Verteidigung selbst wahrzunehmen;

3. der Beschuldigte Ausländer ist und die Beiordnung eines Rechtsrates beantragt;

4. das Gericht es aus Gründen des besonderen Charakters des Falles oder wegen anderer Umstände für notwendig erachtet.

In den in Ziffer 1 und 2 dieses Artikels genannten Fällen ist die Beiordnung eines Rechtsrates obligatorisch.

Art. 11 Der Verletzte

Der Verletzte ist die Person, die durch eine Straftat geschädigt worden ist.

Die Umstände der Beteiligung des Verletzten sind in besonderen Vorschriften dieses Gesetzes festgelegt.

3 Auch "Rechtspfleger", also die staatlichen rechtskundigen Angestellten der Rechtshilfebüros, vgl. Art. 32 ff. DOGJ (abgedruckt unter Nr. VII).

Art. 12 Der zivile Nebenkläger

Der zivile Nebenkläger ist die natürliche oder juristische Person, die durch eine begangene Straftat einen materiellen Schaden erlitten und das Recht hat, im Strafprozeß Zivilklage auf Ersatz der erlittenen Schäden zu erheben.

Art. 13 Der Zivilbeklagte

Der Zivilbeklagte ist die Person, die nach dem Gesetz für den durch die Straftat erlittenen Schaden zivilrechtlich verantwortlich ist.

Art. 14 Die Rechte der am Strafprozeß Beteiligten

Die am Strafprozeß Beteiligten haben das Recht, zur Wahrung ihrer Interessen Beweise vorzulegen, Ergänzungen der Ermittlungen zu beantragen, Anträge zu stellen, Erklärungen abzugeben sowie gegen Handlungen oder Entscheidungen des Gerichts und der Ermittlungsbehörde Beschwerde einzulegen, und zwar jeweils entsprechend den Vorschriften dieses Gesetzes.

Dritter Abschnitt

BEWEIS

Art. 15 Begriff des Beweises

Beweis sind alle Fakten, die in der im Gesetz beschriebenen Form erlangt werden und die die Begehung oder Nichtbegehung einer Straftat, die Schuld oder Unschuld des Beschuldigten, den Grad seiner Verantwortlichkeit, die Persönlichkeit des Beschuldigten sowie die Folgen der Straftat belegen.

4 Albanisch "provat materiale"; gemeint sind Beweisgegenstände, Augenscheinsobjekte, aber auch Indizien jeder Art (vgl. Art. 27 ff.), so daß sich auch der Begriff "Sachbeweis" (entsprechend der Terminologie im Verfahrensrecht der DDR) anbietet.

Art. 16 Beweismittel

Beweismittel im Strafprozeß sind: Zeugenaussagen, Aussage des Beschuldigten, Sachverständigengutachten, materieller Beweis[4] und Urkunden.

Art. 17 Beweiserhebung

Das Gericht und die Ermittlungsbehörde haben in Strafsachen das Recht, von staatlichen Organen, gesellschaftlichen Organisationen und allen Bürgern in deren Wissen stehenden Beweis zu fordern und zu erheben, und zwar auch in bezug auf die Verantwortlichkeit des Beschuldigten erschwerende und mildernde Umstände.

Art. 18 Beweiswürdigung

Kein Beweis darf im voraus gewürdigt werden.

Das Gericht und die Ermittlungsbehörde würdigen den Beweis entsprechend ihrer nach vollständiger Prüfung gewonnenen Überzeugung, auf der Grundlage des Gesetzes und ihres sozialistisch-juristischen Bewußtseins.

Art. 19 Die Zeugen[5]

Jede Person, die als Zeuge vom Gericht oder einem Ermittlungsbeamten vorgeladen wird, hat die Pflicht, über die Tatsachen auszusagen, von denen sie Kenntnis hat.

Nicht als Zeuge geladen oder vernommen werden kann eine Person, die wegen körperlicher oder geistiger Gebrechen nicht in der Lage ist, eine zuverlässige Aussage zu machen.

Nicht als Beweis verwertet werden darf die Aussage eines Zeugen, wenn nicht feststeht, daß er persönlich Kenntnis von den Umständen hat, über die er aussagt.

5 Vgl. hierzu auch VKM Nr. 370 vom 29.9.1964 "Über die Entschädigung und Entlohnung von Zeugen, Sachverständigen und Dolmetschern, die von den Ermittlungsorganen oder dem Gericht geladen werden" (nicht in GZ, aber in PPL 1971 S. 336).

Art. 20 Pflicht des Zeugen zum Erscheinen

Ein Zeuge, der ohne triftigen Grund auf die Ladung des Gerichts oder der Ermittlungsbehörde nicht erscheint, kann zwangsweise vorgeführt werden.[6]

Art. 21 Vernehmung eines minderjährigen Zeugen

Ein Zeuge, der nicht das 14. Lebensjahr vollendet hat, ist in Gegenwart eines Lehrers, eines gesetzlichen Vertreters oder eines nahen Verwandten zu vernehmen. Ein Zeuge, der das 14. Lebensjahr vollendet hat, kann in Gegenwart einer der vorerwähnten Personen vernommen werden, falls dies erforderlich erscheint.

Art. 22 Vernehmung des Beschuldigten

Dem Beschuldigten ist vor der Vernehmung die Anklage[7] zu eröffnen.

Die Vernehmung eines Beschuldigten, der noch nicht das 16. Lebensjahr vollendet hat, ist in Gegenwart eines Lehrers oder einer anderen Person vorzunehmen, die ihm helfen kann, eine richtige Aussage zu machen. Die Vernehmung eines minderjährigen Beschuldigten, der das 16. Lebensjahr vollendet hat, kann in Gegenwart eines Lehrers oder einer anderen Person vorgenommen werden, falls dies erforderlich erscheint.

Art. 23 Wert der Aussage des Beschuldigten

Die Aussage des Beschuldigten hat denselben Wert wie andere Beweise; sie soll am Anfang der Untersuchung stehen und alle Umstände des Falles berücksichtigen.

6 Beachte auch Art. 203 KP

7 Albanisch "akuza" im Sinne von "zur Last gelegte Tat"; hiervon zu unterscheiden sind die Anklageerhebung (Art. 35) als erste formelle Anschuldigung und als zweites Stadium des Ermittlungsverfahrens sowie schließlich die materielle Anklageerhebung durch Anklageschrift (Art. 37) als Abschluß des Ermittlungsverfahrens.

Art. 24 Pflicht des Beschuldigten zum Erscheinen

Erscheint ein Beschuldigter in Strafsachen ohne triftigen Grund nicht vor der Ermittlungsbehörde oder vor Gericht, kann er zwangsweise vorgeführt werden.

Art. 25 Sachverständigengutachten[8]

Ist für die Bestätigung oder Klärung von Tatsachen, die für den Fall erheblich sind, besondere Sachkunde auf dem Gebiet der Wissenschaft, Kunst oder Technik erforderlich, hat das Gericht, der Einzelrichter oder der Ermittlungsbeamte die Einholung eines Sachverständigengutachtens anzuordnen.

Das Sachverständigengutachten wird in einer staatlichen Institution von einem oder mehreren Spezialisten erstellt, die vom Gericht, dem Einzelrichter[9] oder dem Ermittlungsbeamten bestimmt werden.

Erscheint ein Sachverständiger ungerechtfertigt nicht vor Gericht oder der Ermittlungsbehörde, kann er zwangsweise vorgeführt werden.

Art. 26 Stellungnahme des Sachverständigen

Der Sachverständige hat seine Stellungnahme schriftlich abzugeben, danach kann er mündlich vernommen werden.

Falls es erforderlich erscheint, kann die Erstellung eines ergänzenden oder neuen Gutachtens angeordnet werden.

Art. 27 Materieller Beweis

Materieller Beweis sind Sachen, die zur Ausführung der Straftat gedient haben oder an denen Spuren festzustellen sind oder die Objekt

8 Zur Sachverständigenentschädigung siehe Anm. 5.

9 Albanisch "gjyqtari i vetëm" (wörtlich: "der Richter allein"); gemeint sind die Berufsrichter, die bis zur Verhandlung die Sache allein bearbeiten (vergleichbar dem Vorsitzenden eines Schöffengerichts, einer kleinen Strafkammer oder einer Kammer für Handelssachen in der Bundesrepublik).

der Handlungen des Beschuldigten waren sowie jede andere Sache, die der Untersuchung und Entscheidung des Falles dienlich ist.

Art. 28 Behandlung des materiellen Beweises

Der materielle Beweis ist im Protokoll im einzelnen zu beschreiben, falls möglich zu photographieren und auf Anordnung des Gerichts oder der Ermittlungsbehörde in das Verfahren einzubringen.

Verliert der Beweisgegenstand seiner Natur nach an Wert, wenn er nicht umgehend der Person, der er gehört, zurückgegeben wird, ist er Institutionen, Staatsbetrieben oder Genossenschaften zur freien Verwendung zu übergeben, die verpflichtet sind, ihn gegen eine Sache gleicher Art umzutauschen oder seinen Wert zu bezahlen, falls das Gericht oder die Ermittlungsbehörde dies anordnet.

Art. 29 Materieller Beweis nach Beendigung des Strafverfahrens

Im Urteil oder Einstellungsbeschluß hat das Gericht oder die Ermittlungsbehörde zu bestimmen, was mit dem Beweisgegenstand zu geschehen hat, wobei folgendes zu berücksichtigen ist:

1. Sachen, die für die Begehung einer Straftat gebraucht wurden oder bestimmt waren, oder Sachen, die durch eine Straftat erlangt oder als Belohnung für deren Begehung hingegeben oder versprochen wurden, gehen in das Eigentum des Staates über, es sei denn, sie gehören einer Person, die an der Ausführung der Straftat nicht beteiligt war.

2. Sachen, deren Besitz oder Verbreitung verboten ist, werden eingezogen oder unbrauchbar gemacht.

3. Sachen, die ohne Wert sind, werden unbrauchbar gemacht.

4. Andere Sachen werden ihrem Eigentümer zurückgegeben; ist das Eigentum streitig, werden sie verwahrt, bis die Eigentumsfrage gerichtlich geklärt ist.

Beweisgegenstände können ihrem Eigentümer frühestens nach Beendigung des Ermittlungs- oder gerichtlichen Verfahrens zurückgegeben werden, falls dies ohne Beeinträchtigung für die Ermittlungen in der Sache möglich ist.

Art. 30 Urkunden

Als Beweis zählen Urkunden, Protokolle ermittlungsbehördlicher oder richterlicher Handlungen in Strafsachen sowie jeder andere schriftliche Akt, wenn damit Tatsachen bestätigt werden, die für den Fall von Bedeutung sind.

Art. 31 Dolmetscher

Für die Vernehmung von Personen, die der albanischen Sprache nicht mächtig sind, oder für die Übersetzung von Urkunden, die in einer fremden Sprache abgefaßt sind, zieht das Gericht, der Einzelrichter oder die Ermittlungsbehörde einen Dolmetscher bei.

Ist eine stumme oder taube Person zu vernehmen, ist ein Dolmetscher beizuziehen, der die jeweilige Zeichensprache versteht, falls die Vernehmung nicht schriftlich erfolgen kann.

Ein Dolmetscher, der nicht erscheint, kann zwangsweise vorgeführt werden.

Vierter Abschnitt

PROZESSUALE AKTE UND FRISTEN

Art. 32 Begriff des prozessualen Aktes

Prozessuale Akte sind Entscheidungen, Protokolle und sonstige Schriftstücke, die nach den Bestimmungen dieses Gesetzes anfallen und die in Zusammenhang mit dem Verfahren stehende Umstände beinhalten, die verschiedene, während des Ermittlungs- oder des gerichtlichen Verfahrens anfallende Fragen lösen oder Rechte und Pflichten des Gerichtes, der Staatsanwaltschaft, der Ermittlungsbehörde und der sonstigen am Strafprozeß Beteiligten verwirklichen.

Entscheidungen sind solche, die vom Gericht in der Hauptverhandlung, im Vortermin und bei der Vollstreckung des Urteils getroffen werden, sowie solche, die vom Ermittlungsbeamten im Laufe des Ermittlungsverfahrens gefaßt werden.

Richterliche Entscheidungen können von Kollegialspruchkörpern erster und zweiter Instanz getroffen werden. Ein Einzelrichter kann Entscheidungen nur in den in diesem Gesetz ausdrücklich genannten Fällen treffen.

Art. 33 Die hauptsächlichen prozessualen Akte

Die hauptsächlichen prozessualen Akte sind: Beschluß über die Einleitung des Strafverfahrens, Beschluß über die Anklageerhebung, Einstellungsbeschluß, Anklageschrift, Beschwerde und Einspruch, Vernehmungsprotokoll des Angeklagten bei Abschluß der Ermittlungen oder in der Hauptverhandlung, Urteile sowie Anträge auf Verteidigung der Gesetzlichkeit.[10]

Art. 34 Beschluß über die Einleitung des Strafverfahrens

Der Beschluß über die Einleitung des Strafverfahrens ist der Akt, der vom Gericht, dem Einzelrichter, der Staatsanwaltschaft oder dem Ermittlungsbeamten erlassen wird, wenn eine Straftat begangen wurde, und der dem Gericht, dem Einzelrichter oder dem Ermittlungsbeamten das Recht gibt, weitere prozessuale Maßnahmen zu ergreifen.

Im Beschluß über die Einleitung des Strafverfahrens sind die Zeit und der Ort, die Gründe für die Grundlage der Entscheidung anzugeben sowie die Vorschriften des Strafgesetzbuches, die durch die begangene Straftat erfüllt werden.

Art. 35 Beschluß über die Anklageerhebung

Der Beschluß über die Anklageerhebung ist der Akt, mit dem das Gericht, der Einzelrichter oder der Ermittlungsbeamte einer Person zur Last legt, eine Straftat begangen zu haben, und sie auf ihre Rechte hinweist, alle notwendigen prozessualen Maßnahmen zur Klärung der gegen sie erhobenen Anklage zu ergreifen.

10 Eine Art Revision und Wiederaufnahme von Amts wegen, vgl. im einzelnen Art. 41, 179 ff. KPP

Im Beschluß über die Anklageerhebung sind anzugeben der Ort und die Zeit, der Vor- und Nachname des Beschuldigten sowie sonstige in bezug auf die begangene Straftat bekanntgewordene Fakten und die Gründe, weshalb Anklage erhoben wird.

Art. 36 Einstellungsbeschluß

Der Einstellungsbeschluß ist der Akt, der vom Gericht oder Ermittlungsbeamten erlassen wird und durch den der Strafprozeß in den in diesem Gesetz genannten Fällen beendet wird.

Art. 37 Anklageschrift

Die Anklageschrift ist der Akt, der vom Ermittlungsbeamten nach Abschluß der Ermittlungen erlassen wird, um den Beschuldigten vor Gericht zu bringen.

In der Anklageschrift sind anzugeben: der Ort, die Zeit, die Mittel und die Begehungsweise der Straftat, das Motiv und die Gründe, die zu ihrer Begehung geführt haben, ihre Folgen, die Beweise für die Täterschaft des Beschuldigten, seine Einlassung und das Ergebnis ihrer Überprüfung, die die Verantwortlichkeit des Beschuldigten erschwerenden oder mildernden Umstände, seine persönlichen Verhältnisse sowie die Vorschriften des Strafgesetzbuches, die durch die Straftat erfüllt werden.

Art. 38 Urteil

Das Urteil ist der Akt, der vom Gericht im Namen des Volkes nach der Prüfung der Sache in einer Hauptverhandlung erlassen wird; es enthält eine politisch-gesellschaftliche Wertung der Tat, ihre rechtliche Würdigung und einen Ausspruch über Verurteilung oder Freisprechung des Beschuldigten, über Strafanwendung[11] oder Nichtanwendung, über medizinische oder erzieherische Maßregeln sowie gegebenenfalls über die Einstellung des Verfahrens.

Das Urteil besteht aus einem Rubrum, einem darstellenden-begründenden Teil und einem Tenor.

11 Gemeint ist der Ausspruch zum Strafmaß.

Im Rubrum des Urteils wird festgehalten: das Gericht, das den Fall entschieden hat, Zeit und Ort der Entscheidung, Vor- und Nachname sowie sonstige den Beschuldigten betreffende Daten, Kernpunkt der Anklage und Schlußanträge.

Im darstellenden-begründenden Teil sind die Umstände des Falles und die Beweise festzuhalten.

Im Tenor sind aufzunehmen die Verurteilung oder Freisprechung des Beschuldigten, die Vorschriften des Strafgesetzbuches, die durch die Straftat erfüllt werden, die gegen den Beschuldigten verhängte Strafe, die Entscheidung über die zivile Nebenklage.

Daneben hat das Urteil einen Ausspruch über das Recht auf Beschwerde oder Einspruch und die Fristen für deren Einlegung zu enthalten.

Art. 39 Einspruch

Einspruch ist der Akt, mit dem die Staatsanwaltschaft die Aufhebung oder Änderung von gerichtlichen Entscheidungen sowie von Entscheidungen oder sonstigen gesetzwidrigen Akten der Ermittlungsbehörde begehrt.

Wird Einspruch eingelegt, ist die Vollziehung der angefochtenen Entscheidung bis zur Entscheidung über den Einspruch ausgesetzt. Einspruch gegen Entscheidungen der Ermittlungsbehörde kann jederzeit eingelegt werden.

Art. 40 Beschwerde

Beschwerde ist der Akt, mit dem die am Strafprozeß Beteiligten Einwände gegen Handlungen oder Entscheidungen des Gerichts, des Einzelrichters und der Ermittlungsbehörde zur Wahrung ihrer Rechte und Interessen erheben.

Art. 41 Antrag auf Verteidigung der Gesetzlichkeit

Antrag auf Verteidigung der Gesetzlichkeit ist der Akt, mit dem der Präsident des Obersten Gerichts oder der Generalstaatsanwalt die

Aufhebung oder Änderung einer rechtskräftigen gerichtlichen Entscheidung begehren.

Art. 42 Inhalt des Protokolls

Handlungen, die von den Ermittlungsorganen sowie im Vortermin und der Hauptverhandlung vorgenommen werden, sind in einem Protokoll aufzunehmen, das festhält:

1. Ort, Jahr, Monat, Tag und, falls erforderlich, die Uhrzeit des Beginns und der Beendigung dieser Handlung;

2. Vor- und Nachname und Amtsbezeichnung der Person, die die Handlung vorgenommen hat;

3. Vor- und Nachnamen der Personen, die an der Handlung teilgenommen haben;

4. die Handlung, die vorgenommen wurde, sowie Erklärungen und Anträge der Personen, die teilgenommen haben.

Das Ermittlungsprotokoll ist auf jeder Seite von den Personen zu unterschreiben, die an der Handlung teilgenommen haben. Wird die Unterschrift verweigert oder unter Vorbehalt geleistet, ist das Protokoll zu vermerken.

Das Protokoll des Vortermins oder der Hauptverhandlung ist nur vom Vorsitzenden und dem Protokollführer zu unterschreiben.

Art. 43 Berichtigung des gerichtlichen Protokolls

Die Staatsanwaltschaft, der Verteidiger, der Beschuldigte, die Zeugen, der zivile Nebenkläger und der Zivilbeklagte, die an der Verhandlung teilgenommen haben, können Berichtigung des Protokolls unter Hinweis auf dessen Fehlerhaftigkeit binnen drei Tagen nach Beendigung der Hauptverhandlung beantragen.

Über den Berichtigungsantrag befindet das Gericht durch einen Kollegialspruchkörper, dem der Vorsitzende und einer der Hilfsrichter, die am Verfahren teilgenommen haben, angehören müssen.

Art. 44 Begriff der prozessualen Fristen

Unter einer prozessualen Frist versteht man die Zeitspanne, während der eine Handlung vorzunehmen oder eine Entscheidung zu erlassen ist entsprechend den besonderen Vorschriften dieses Gesetzes.

Art. 45 Fristberechnung

Fristen werden nach Stunden, Tagen und Monaten berechnet. Bei der Berechnung einer Frist sind die Stunde und der Tag des Beginns des Fristlaufes nicht mitzurechnen.

Wird eine Frist nach Tagen bestimmt, endet sie um 24 Uhr des letzten Tages.

Wird eine Frist nach Monaten bestimmt, endet sie am entsprechenden Tag des letzten Monats; fehlt dieser Tag, so endet die Frist am letzten Tag dieses Monats.

Fällt das Ende einer Frist auf einen Feiertag, so gilt der erste Arbeitstag nach dem Feiertag als letzter Tag.

Eine Frist gilt nicht als versäumt, wenn eine Beschwerde oder irgendein anderes Schriftstück innerhalb der Frist zur Post auf- oder bei der Verwaltung des Gefängnisses abgegeben wird, in dem die Person einsitzt.

Art. 46 Wiedereinsetzung in Fristen

In Fristen, die aus triftigem Grund versäumt wurden, kann vom Gericht, dem Einzelrichter oder dem Ermittlungsbeamten, bei dem das Verfahren anhängig ist, Wiedereinsetzung gewährt werden.

Fünfter Abschnitt

SICHERUNGSMITTEL

Art. 47 Anordnung und Arten von Sicherungsmitteln

Um zu gewährleisten, daß die Ermittlungen korrekt und schnell abgewickelt werden, haben das Gericht, der Einzelrichter und der Ermittlungsbeamte das Recht, Sicherungsmittel gegen eine Person zu ergreifen, gegen die Anklage erhoben worden ist.

In außergewöhnlichen Fällen dürfen Sicherungsmittel gegen eine Person auch vor Anklageerhebung angeordnet werden. Ist es in diesen Fällen nicht möglich, innerhalb von vierzehn Tagen gegen die Person Anklage zu erheben, ist das Sicherungsmittel aufzuheben.

Sicherungsmittel sind: 1. Beschränkung der Bewegungsfreiheit und 2. Haft.

Art. 48 Beschränkung der Bewegungsfreiheit

Beschränkung der Bewegungsfreiheit wird durch den Ermittlungsbeamten oder den Einzelrichter verhängt und verpflichtet den Beschuldigten, sich nicht ohne Erlaubnis des Ermittlungsbeamten oder des Richters von seinem ständigen Wohnort oder seinem vorübergehenden Aufenthaltsort zu entfernen.

Art. 49 Haft

Haft als Sicherungsmittel kann vom Gericht oder einem Ermittlungsbeamten angeordnet werden bei einer Straftat, die mit Freiheitsstrafe bedroht ist, wenn:

1. der Beschuldigte ein Verbrechen begangen hat, das ausschließlich mit Freiheitsstrafe bedroht ist;

2. bestimmte Tatsachen dahin vorliegen, der Beschuldigte werde sich dem Ermittlungs- oder gerichtlichen Verfahren oder der Strafvollstreckung entziehen oder die Wahrheitsfindung erschweren;

3. der Beschuldigte auf frischer Tat oder unmittelbar nach Begehung der Tat gefaßt worden ist oder der Verletzte oder ein Zeuge, der das Geschehen beobachtet hat, den Beschuldigten als Täter bezeichnet;

4. das Gericht oder der Ermittlungsbeamte es in besonderen Fällen aus Gründen der Gesellschaftsgefährlichkeit der Tat oder des Beschuldigten für notwendig erachtet.

Art. 50 Haftbefehl

Haft wird durch eine Entscheidung angeordnet, in der aufzuführen sind die Straftat, die dem Beschuldigten zur Last gelegt wird, sowie die Gründe für den Erlaß dieser Maßnahme. Die Entscheidung ist dem Beschuldigten unverzüglich bekanntzugeben. Ist der Beschuldigte Ausländer, ist eine Ausfertigung des Haftbefehls dem Außenministerium zu übersenden.

Ein Haftbefehl, der von einem Ermittlungsbeamten ausgestellt wurde, kann erst nach Zustimmung der Staatsanwaltschaft vollzogen werden.

Die Staatsanwaltschaft hat bei triftigem Grund das Recht, die Zustimmung zur Haftanordnung zu widerrufen. Der Widerruf setzt den Haftbefehl, der von einem Ermittlungsbeamten ausgestellt worden ist, außer Kraft.

Art. 51 Aufhebung und Änderung von Sicherungsmitteln

Sicherungsmittel können durch eine zu begründende Entscheidung des Gerichts oder des Ermittlungsbeamten aufgehoben oder geändert werden.

Die Änderung einer Haftanordnung, die ein Ermittlungsbeamter ausgesprochen hat, bedarf der Zustimmung der Staatsanwaltschaft.

BESONDERER TEIL

A. Ermittlungsverfahren

Erster Abschnitt

DIE ERMITTLUNGSBEHÖRDE UND IHRE ZUSTÄNDIGKEIT

Art. 52 Ermittlungsorgane

Ermittlungen in Strafsachen werden von den Ermittlungsorganen durchgeführt.

Art. 53 Beteiligung der werktätigen Massen am Ermittlungsverfahren

Hält der Ermittlungsbeamte es zur Aufklärung einer Straftat oder zur Klärung von Umständen, die zu ihr geführt haben, oder der Persönlichkeit des Beschuldigten für erforderlich, kann er das Arbeitskollektiv oder eine gesellschaftliche Organisation um Mithilfe ersuchen.

In diesem Falle ist ein Protokoll aufzunehmen, das vom Präsidium der Versammlung zu unterschreiben ist.

Die so getroffenen Feststellungen sind, wenn sie für den Fall erheblich sind, nach den in diesem Gesetz bestimmten Regeln zu behandeln.

Art. 54 Zusammensetzung der Ermittlungsorgane

Die Ermittlungsorgane bestehen aus der Generalermittlungsbehörde und den Bezirksermittlungsbehörden.

Art. 55 Weisungsgebundenheit der Ermittlungsorgane

Der Leiter der Bezirksermittlungsbehörde hat das Recht, Entscheidungen eines Ermittlungsbeamten zu ändern oder aufzuheben sowie, soweit notwendig, prozessuale Handlungen in Einzelfällen selbst vorzunehmen.

Anordnungen und Weisungen des Leiters der Bezirksermittlungsbehörde sind für die Ermittlungsbeamten bindend. Dieses Recht steht auch dem Leiter der Generalermittlungsbehörde zu.

Stimmt ein Ermittlungsbeamter in seiner Auffassung nicht mit dem Leiter der Bezirksermittlungsbehörde überein, hat er entsprechend den Umständen das Recht zur Beschwerde an den Leiter der Generalermittlungsbehörde.

Art. 56 Ermittlungsgruppen

In besonderen Fällen kann der Leiter der Bezirksermittlungsbehörde oder der Generalermittlungsbehörde eine Ermittlungsgruppe mit einem Verantwortlichen an der Spitze bilden.

Der Ermittlungsgruppenführer leitet das Ermittlungsverfahren, erläßt Entscheidungen über die Einleitung oder Einstellung des Verfahrens und verfaßt die Anklageschrift.

Art. 57 Zuständigkeit der Ermittlungsorgane

Die Ermittlungsorgane führen Ermittlungen in allen - mit Ausnahme der in Artikel 63 Abs. 3 und Artikel 127 der Strafprozeßordnung genannten - Straftaten sowie in Sachen, die ihnen vom Gericht zugewiesen werden.

Art. 58 Örtliche Zuständigkeit der Ermittlungsorgane

Das Ermittlungsverfahren ist in dem Bezirk durchzuführen, in dem die Straftat begangen wurde. Mit Zustimmung der Staatsanwaltschaft können die Ermittlungen auch in einem anderen Bezirk geführt werden.

Ist der Ort der Begehung der Straftat nicht bekannt oder ist diese im Ausland begangen worden, werden die Ermittlungen an dem Ort geführt, der vom Leiter der Bezirksermittlungsbehörde bestimmt wird.

Erscheint es notwendig, besondere Ermittlungen in einem anderen Bezirk zu führen, hat der Ermittlungsbeamte das Recht, sie entweder selbst in diesem Bezirk vorzunehmen oder sie den zuständigen dortigen Organen mit Beweisersuchen zu übertragen.

Art. 59 Verweisung der Strafsache

Stellt der Ermittlungsbeamte fest, daß der Fall, in dem er ermittelt, nicht in seine örtliche Zuständigkeit fällt, kann er - nach Vornahme aller Ermittlungshandlungen, die keinen Aufschub dulden - eine Entscheidung über die Verweisung der Sache treffen.

Kompetenzkonflikte sind nicht erlaubt. Der Leiter der Generalermittlungsbehörde hat das Recht, Sachen zuzuweisen.

Wird eine Sache nur auf Antrag des Verletzten verfolgt, ohne daß die Vornahme von Ermittlungen erforderlich ist, gibt die Ermittlungsbehörde sie an das zuständige Gericht ab.

Art. 60 Verbindung und Teilung von Strafsachen

Zu einem Ermittlungsverfahren können nur Sachen verbunden werden, in denen mehrere Personen als Mittäter eine oder mehrere Straftaten begangen haben, sowie Sachen mehrerer von einer Person begangener Taten und Sachen von von mehreren Personen begangener zusammenhängender Straftaten.

Wird während der Ermittlung eine andere Straftat entdeckt, die mit der Ermittlungssache in keinem Zusammenhang steht, legt der Ermittlungsbeamte mit dem Material des neuen Falles ein eigenes Verfahren an.

In besonderen Fällen kann das Verfahren geteilt werden, auch wenn die Voraussetzungen des Absatzes 1 dieses Artikels vorliegen.

Art. 61 Fristen für Ermittlungen und Fristverlängerung

Ermittlungen sind innerhalb eines Monats bei Vergehen,[12] innerhalb

12 Das albanische Recht unterscheidet unter dem Oberbegriff "vepra penale" (Straftat) zum einen, "krim" (Verbrechen) und "kundervajtje penale" (wörtlich: "strafbare Übertretung", was materiell dem deutschen Begriff "Vergehen" entspricht), daneben aber auch "kundërvajtje administrative" (Verwaltungsübertretung im Sinne von Ordnungswidrigkeit); vgl. auch Art. 4 KP.

von zwei Monaten bei Verbrechen und innerhalb von drei Monaten bei Verbrechen nach Artikel 47-60, 61-63, 65, 67, 83-87 und 102 des Strafgesetzbuches abzuschließen.

Die Frist bestimmt sich ab dem Tag, an dem die Ermittlungsorgane zum ersten Mal Kenntnis von der Tat erhalten haben, bis zu dem Tag der Abgabe der Sache an das Gericht oder ihrer Einstellung.

Werden in der Sache vom Gericht Ergänzungen der Ermittlungen verlangt, hat die Ermittlungsbehörde diese Ermittlungeshandlungen innerhalb von einem Monat vorzunehmen.

Kann in außergewöhnlichen Fällen die Ermittlungsbehörde die Ermittlungen nicht fristgemäß abschließen, hat sie das Recht, Fristverlängerung zu beschließen.

Über die Verlängerung der Ermittlungsfrist trifft der Ermittlungsbeamte eine Entscheidung, in der die Gründe aufzuführen sind für den nicht fristgemäßen Abschluß der Sache und der Zeitraum, der für ihren Abschluß noch erforderlich scheint. Die Verlängerung einer Ermittlungsfrist bis zu einem Monat bedarf der Zustimmung der Bezirksstaatsanwaltschaft und über einen Monat der Zustimmung der Generalstaatsanwaltschaft.

Art. 62 Ermittlungsplan

Für die allseitige, vollständige und rasche Ermittlung in Strafsachen ist ein Ermittlungsplan zu erstellen, der insbesondere zu berücksichtigen hat: die Versionen des Geschehens, ihre Überprüfung, die Beteiligung und Meinung der Massen, die Klärung der Gründe und Umstände, die die Begehung der Straftat begünstigt haben, Mittel und Wege zu deren Eliminierung, Ermittlungen zur Persönlichkeit des Beschuldigten sowie die Feststellung von erschwerenden und mildernden Umständen.

Zweiter Abschnitt

EINLEITUNG DES STRAFVERFAHRENS

Art. 63 Einleitung des Strafverfahrens[13]

Das Strafverfahren wird mit zu begründendem Beschluß des Gerichts, des Einzelrichters, der Staatsanwaltschaft oder des Ermittlungsbeamten eingeleitet, wenn hierfür ausreichende Tatsachen vorliegen.

Verfügt ein Ermittlungsbeamter die Einleitung des Strafverfahrens, hat er innerhalb von 24 Stunden eine Abschrift der Entscheidung der Staatsanwaltschaft zu übersenden.

Bei Straftaten nach Artikel 93, 176, 177, 181, 183, 184, 185, 186 und 195 des Strafgesetzbuches wird das Strafverfahren auf Antrag des Verletzten eingeleitet und eingestellt, wenn der Verletzte den Antrag zurücknimmt. Die Rücknahme des Antrags ist möglich, solange die Entscheidung des Gerichts noch nicht rechtskräftig geworden ist.

In besonderen Fällen, nämlich wenn die Sache von gesellschaftlicher Bedeutung ist, kann bei einem der in Absatz 3 dieses Artikels genannten Vergehen das Verfahren auch auf Antrag der Staatsanwaltschaft eingeleitet werden.

Bei Straftaten nach Artikel 101, 104, 105, 195, 197 und 198 des Strafgesetzbuches, die von in einem Familienverband zusammenlebenden nahen Verwandten oder Ehegatten begangen wurden, wird das Strafverfahren auf Antrag des Verletzten eingeleitet. Die Rücknahme des Antrags hindert nicht die Fortsetzung des Verfahrens.

Ist der Verletzte noch keine 14 Jahre alt oder aufgrund eines körperlichen oder geistigen Gebrechens nicht in der Lage, seine Rechte selbst wahrzunehmen, kann in den in Absatz 3 und 5 dieses Artikels genannten Fällen das Strafverfahren auch auf Antrag des gesetzlichen Vertreters oder der Staatsanwaltschaft eingeleitet werden.

13 Albanisch "fillimi i çeshtjes penale", was im albanischen Rechtswörterbuch (siehe Bibliographie) auf S. 46 mit "instruction préalable" wiedergegeben wird, so daß die Eröffnung der Voruntersuchung als formeller Akt zum Abschluß der Vorermittlungen gemeint ist.

Art. 64 Anzeige begangener Straftaten

Jeder Staatsbetrieb, jede Institution und jede Organisation sowie jeder Staatsbürger haben das Recht und die Pflicht, eine begangene Straftat den Ermittlungsorganen, dem Gericht, der Staatsanwaltschaft, den Organen für innere Angelegenheiten, den lokalen Organen der Staatsmacht und dem Kommandanten einer militärischen Einheit anzuzeigen.

Die Anzeige kann mündlich oder schriftlich erfolgen. Über eine mündliche Anzeige ist ein Protokoll aufzunehmen.

Art. 65

Fällt die angezeigte Straftat in die Zuständigkeit eines anderen Organs oder ist die Tat an einem anderen Ort begangen, so ist die Anzeige unverzüglich an das zuständige Organ weiterzuleiten.

Art. 65a

Stellt die Staatsanwaltschaft anläßlich der Kontrolle der Gesetzesanwendung eine gesetzwidrige Handlung fest, die eine Straftat gegen das sozialistische Eigentum, die Regeln des Arbeitsverhältnisses sowie gegen verfassungsmäßige Rechte von Staatsbürgern beinhaltet, und hält sie die Sachlage für so eindeutig, daß keine Ermittlungen mehr nötig sind, leitet sie ein Strafverfahren ein und gibt die Sache zusammen mit den zugehörigen Unterlagen direkt an das Gericht ab.

Art. 66

Wird eine Person auf frischer Tat oder unmittelbar nach Begehung der Tat betroffen, haben die Organe für innere Angelegenheiten Maßnahmen zur Sicherung des Tatortes, zur Sammlung und Sicherstellung von Beweisgegenständen, zur Feststellung weiterer Beweise zu ergreifen und gegebenenfalls Festnahme, Beschlagnahme und Durchsuchung vorzunehmen.

Art. 67

Der Vorsitzende, der Sekretär und - bei deren Abwesenheit - die Mitglieder des Volksrates eines Dorfes, das keine Volkspolizei hat, sowie der Kommandant einer militärischen Einheit haben bei Vorliegen einer Straftat Maßnahmen zur Sicherung des Tatortes, zur Sammlung und Sicherstellung von Beweisgegenständen und zur Feststellung weiterer Beweise zu ergreifen.

Der Vorsitzende, der Sekretär und - bei deren Abwesenheit - die Mitglieder des Volksrates eines Dorfes, einer Stadt oder eines Wohnviertels sowie der Hilfsrichter, der Volksstaatsanwalt und die Mitglieder der Gruppen für freiwillige Zusammenarbeit[14] haben auf Ersuchen des Gerichts, des Einzelrichters oder des Ermittlungsbeamten Amtshilfe bei den Ermittlungen zu leisten, und zwar auch schon vor Einleitung des Strafverfahrens.

Die Tätigkeit der vorgenannten Personen ist in einem Protokoll festzuhalten, das von ihnen zu unterschreiben ist.

Art. 67a

Die Kontrolle der in Artikel 64, 65, 66 und 67 dieses Gesetzes genannten Tätigkeiten obliegt der Staatsanwaltschaft, die das Recht hat, sich jederzeit über alle durchgeführten Akte und Tätigkeiten zu informieren. Stellt die Staatsanwaltschaft Gesetzesverstöße fest, ordnet sie die Vollzugsaussetzung der gesetzwidrigen Handlung an und ergreift die im Gesetz genannten Maßnahmen.

Art. 68 Festnahme

Die Ermittlungsorgane, die Organe der Staatsanwaltschaft, die Organe für innere Angelegenheiten und der Kommandant einer militärischen Einheit haben das Recht, eine Person festzunehmen, die verdächtigt wird, eine Straftat begangen zu haben, die mit Freiheitsentzug bedroht ist, nur in Fällen, in denen

14 Vgl. Art. 7 LPP; gemeint sind primär Milizen und Betriebskampfgruppen.

1. die Person bei der Vorbereitung der Tat, bei ihrer Begehung oder unmittelbar danach gestellt wird;

2. der Verletzte oder ein Zeuge, der das Geschehen beobachtet hat, die Person, die die Straftat begangen hat, als Täter bezeichnet;

3. am Körper oder in der Wohnung der Person Spuren der Straftat entdeckt werden;

4. die Person unmittelbar nach Begehung der Straftat versucht, sich den Ermittlungen zu entziehen.

Art. 69 Protokoll über die Festnahme

Über die Festnahme ist ein Protokoll aufzunehmen, in dem anzugeben sind Datum, Uhrzeit und Ort der Festnahme, die Person, die die Maßnahme ergriffen hat, Name und Vorname des Festgenommenen, die Umstände, unter denen die Festnahme erfolgt ist, sowie die Gründe für das Ergreifen dieser Maßnahme. Das Protokoll ist von der Person, die die Festnahme vorgenommen hat, und dem Festgenommenen zu unterschreiben.

Art. 70 Entlassung des Festgenommenen

Bei Vornahme einer Festnahme hat das Organ, das die Festnahme durchgeführt hat, die Pflicht, unverzüglich die Staatsanwaltschaft zu benachrichtigen, die - ausgenommen in Fällen, in denen die Sache bereits an das Gericht abgegeben worden ist - die Aufhobung dieser Maßnahme anordnet, wenn sie die Festnahme für grundlos hält.

Die Festnahme darf nicht länger als zweiundsiebzig Stunden andauern.

Art. 71 Umstände, die keine Einleitung eines Strafverfahrens erlauben

Gegen eine Person kann kein Strafverfahren eingeleitet werden bzw. ein bereits eingeleitetes Strafverfahren ist in jedem Stadium der Ermittlungen oder des gerichtlichen Verfahrens einzustellen, wenn

1. die Person verstorben ist;

2. die Person unzurechnungsfähig ist, ausgenommen in den in Artikel 160 dieses Gesetzes genannten Fällen;

3. die Person nicht strafmündig und die Verhängung von Erziehungsmaßregeln nicht beabsichtigt ist;

4. bei den in Artikel 63 Abs. 3 und 5 dieses Gesetzes genannten Straftaten kein Strafantrag gestellt wurde;

5. der Verletzte der in Artikel 63 Abs. 3 dieses Gesetzes genannten Antragsdelikte seinen Strafantrag zurückgenommen hat;

6. dieselbe Person nochmals derselben Straftat bezichtigt wird, wegen der eine Verfahrenseinstellung oder bereits eine rechtskräftige gerichtliche Entscheidung ergangen ist;

7. die Tat nicht begangen wurde oder keinen Straftatbestand erfüllt;

8. eine Amnestie ergangen ist;

9. die Straftat verjährt ist;

10. und in allen anderen gesetzlich geregelten Fällen.

Art. 72 Ablehnung der Einleitung eines Strafverfahrens

Gelangt der Richter oder der Ermittlungsbeamte zu der Überzeugung, daß die erstattete Anzeige lediglich in Artikel 71 dieses Gesetzes genannte Umstände beinhaltet, lehnt er mit zu begründender Entscheidung die Einleitung des Strafverfahrens ab.

Diese Entscheidung ist unverzüglich dem betroffenen Staatsbürger, den Institutionen, Staatsbetrieben, Organisationen und der Staatsanwaltschaft bekanntzugeben, wobei erstere das Recht haben, innerhalb von fünf Tagen ab Bekanntgabe Beschwerde einzulegen, während die Staatsanwaltschaft das Recht auf Einspruch hat.

Beschwerde und Einspruch gegen die Entscheidung eines Ermittlungsbeamten sind an den Leiter der Bezirksermittlungsbehörde zu richten, gegen dessen Entscheidung an den Leiter der Generalermittlungsbehörde. Gegen eine gerichtliche Entscheidung sind Beschwerde und Einspruch an das Gericht zweiter Instanz zu richten.

Art. 73 Absehen von Strafverfolgung[15]

Das Gericht, der Einzelrichter oder der Ermittlungsbeamte haben in besonderen Fällen das Recht, von einer Strafverfolgung abzusehen oder ein Strafverfahren in jedem Stadium der Ermittlungen oder des erstinstanzlichen gerichtlichen Verfahrens einzustellen, wenn sie zu der Überzeugung gelangen, daß die Gefährlichkeit der begangenen Tat oder des Täters gering ist und dieser aufrichtige Reue zeigt oder den Schaden innerhalb einer bestimmten Frist ersetzt. In diesem Fall kann das Absehen von Strafverfolgung oder die Einstellung des Strafverfahrens auch auf Antrag staatlicher Organe, gesellschaftlicher Organisationen und des Arbeitskollektivs erfolgen.

Das Absehen von Strafverfolgung oder die Einstellung des Strafverfahrens erfolgt durch eine zu begründende Entscheidung, in der disziplinarische Maßnahmen mit erzieherischem Charakter vorzuschlagen sind, die gegen die Person am Arbeitsplatz oder von gesellschaftlichen Organisationen, denen sie angehört, ergriffen werden können.

Vor Erlaß einer Entscheidung über das Absehen von Strafverfolgung oder die Einstellung des Strafverfahrens soll, wenn es notwendig erscheint, eine Stellungnahme des Arbeitskollektivs am Arbeitsplatz oder am Wohnort eingeholt werden.

Die Entscheidung eines Ermittlungsbeamten wird erst mit Zustimmung der Staatsanwaltschaft wirksam. Die Entscheidung ist dem Organ zu übersenden, das die Anzeige erstattet hat.

Das Gericht und der Einzelrichter übersenden der Staatsanwaltschaft und den Organen, die die Anzeige aufgenommen haben, eine Abschrift der Entscheidung über das Absehen von Strafverfolgung oder die Einstellung des Strafverfahrens.

Gegen die Entscheidung über das Absehen von Strafverfolgung oder die Einstellung des Strafverfahrens kann die Staatsanwaltschaft, ausgenommen bei Entscheidungen, denen sie zugestimmt hat, Einspruch einlegen und der Verletzte Beschwerde, wenn das Verfahren auf Antrag gemäß den in Absatz 3 und 5 des Artikels 63 dieses Gesetzes genannten Bestimmungen eingeleitet wurde.

15 Vgl. hierzu die Weisung Nr. 2 des OG vom 19.1.1982 "Über die Anwendung von Artikel 73 KPP" (DP 1982 Nr. 3, S. 92).

Art. 74 Ausschluß des Ermittlungsbeamten

Der Ermittlungsbeamte ist von den Ermittlungen in den in Artikel 110 und 111 dieses Gesetzes genannten Fällen ausgeschlossen.

Der Antrag auf Ausschluß ist an den Leiter der Bezirksermittlungsbehörde zu richten, der hierüber innerhalb von drei Tagen entscheidet; der Fortgang der Ermittlungen ist in der Zwischenzeit nicht gehemmt.

Dritter Abschnitt

ANKLAGEERHEBUNG UND VERNEHMUNG DES BESCHULDIGTEN

Art. 75 Anklageerhebung

Bei hinreichenden Beweisen, die darauf hindeuten, daß eine bestimmte Person eine Straftat begangen hat, erhebt das Gericht, der Einzelrichter oder der Ermittlungsbeamte Anklage gegen diese Person.

Art. 76 Bekanntgabe der Anklageerhebung und Vernehmung des Beschuldigten

Die Entscheidung über die Anklageerhebung ist innerhalb von 24 Stunden ab ihrem Erlaß der Person, die strafrechtlich zur Verantwortung gezogen wird, bekanntzugeben, die das Recht hat zu erfahren, weshalb sie angeklagt wird.

Der Beschuldigte ist innerhalb von 24 Stunden ab Bekanntgabe der Entscheidung über die Anklageerhebung vom Ermittlungsbeamten zu vernehmen. Wird die Vernehmung später vorgenommen, vermerkt der Ermittlungsbeamte im Protokoll die Gründe für die Verspätung.

Art. 77 Änderung und Ergänzung der Anklage

Werden nach Anklageerhebung und der Vernehmung des Beschuldigten neue Tatsachen bekannt, die die Anklage ändern oder sie ergänzen, ist der Ermittlungsbeamte verpflichtet, hierüber eine Entscheidung zu treffen, die dem Beschuldigten bekanntzugeben ist.

Art. 78 Protokoll über die Vernehmung des Beschuldigten

Über die Vernehmung des Beschuldigten ist ein Protokoll aufzunehmen, das die Fragen des Ermittlungsbeamten und die Antworten des Beschuldigten zu enthalten hat.

Das Protokoll ist dem Beschuldigten zum Durchlesen zu geben, der das Recht hat, Änderungen oder Korrekturen zu verlangen.

Art. 79 Suspendierung des Beschuldigten vom Arbeitsplatz

Ist gegen eine Person wegen eines Verbrechens Anklage erhoben worden, das mit ihren Arbeitspflichten in Zusammenhang steht, hat der Ermittlungsbeamte das Recht, falls er es für notwendig hält, durch zu begründenden Beschluß, der von der Staatsanwaltschaft bestätigt werden muß, die Suspendierung des Beschuldigten vom Arbeitsplatz anzuordnen und hierüber dessen Arbeitsstelle zu unterrichten.

Vierter Abschnitt

ZEUGENVERNEHMUNG UND SACHVERSTÄNDIGENGUTACHTEN

Art. 80 Grundsätze der Zeugenvernehmung

Zeugen sind einzeln und nur über Tatsachen zu vernehmen, die im Zusammenhang mit der Sache stehen, in der ermittelt oder gerichtlich verhandelt wird.

Über die Vernehmung des Zeugen ist ein Protokoll aufzunehmen, das die Aussage des Zeugen, die Fragen des Ermittlungsbeamten und die hierauf gegebenen Antworten zu enthalten hat.

Art. 81 Rechte des Zeugen

Nach Abschluß der Vernehmung ist das Protokoll dem Zeugen zum Durchlesen zu geben, der das Recht hat, Änderungen und Korrekturen des Protokolls zu verlangen.

Art. 82 Einholung eines Sachverständigengutachtens und Rechte des Beschuldigten

Die Entscheidung des Gerichts, des Einzelrichters oder des Ermittlungsbeamten über die Einholung eines Sachverständigengutachtens ist dem Beschuldigten bekanntzugeben verbunden mit dem Hinweis, daß er das Recht hat, den Sachverständigen abzulehnen, einen anderen Sachverständigen zu benennen, an der Begutachtung teilzunehmen, wenn dies möglich ist, und ergänzende Fragen zu stellen.

Diese Maßnahmen einschließlich der Stattgabe oder Ablehnung der vom Beschuldigten gestellten Anträge sind im Protokoll über die Vernehmung des Beschuldigten festzuhalten.

Art. 83 Pflichten des Sachverständigen

Der Sachverständige ist verpflichtet, eine Stellungnahme zu den vom Gericht, dem Einzelrichter oder Ermittlungsbeamten gestellten Fragen abzugeben.

Der Sachverständige legt seine Feststellungen in einem schriftlichen Gutachten nieder, das folgende Aufgaben enthalten muß: die Person, die das Gutachten erstellt hat, und ihre Sachkompetenz, die Unterlagen, die Objekt der Untersuchung gewesen sind, die zur Entscheidung gestellten Fragen, die bei der Erstellung des Gutachtens angewandte Methode und seine Schlußfolgerungen.

Falls er es für notwendig erachtet, hat der Sachverständige das Recht, sich auf Verlangen mit dem Inhalt des Verfahrens vertraut zu machen, das Gegenstand der Begutachtung ist.

Ist mehr als ein Sachverständiger ernannt worden und bestehen zwischen ihnen Meinungsverschiedenheiten, hat jeder von ihnen sein Gutachten gesondert zu erstellen.

Art. 84 Gegenüberstellung

Sind die Aussagen von Beschuldigten und Zeugen untereinander widersprüchlich oder treten Widersprüche zwischen den Aussagen des

Beschuldigten und eines Zeugen auf, hat das Gericht oder der Ermittlungsbeamte das Recht, eine Gegenüberstellung vorzunehmen, über die ein Protokoll aufzunehmen ist.

Fünfter Abschnitt

DURCHSUCHUNG, BESCHLAGNAHME UND SONSTIGE MASSNAHMEN

Art. 85 Voraussetzungen für die Vornahme einer Durchsuchung

Liegen hinreichende Tatsachen vor, die darauf hindeuten, daß sich an einem Ort, in einer Wohnung oder bei irgendeiner Person Sachen oder Urkunden befinden, die für das Verfahren von Bedeutung sind, hat das Gericht oder der Ermittlungsbeamte das Recht, eine Durchsuchung anzuordnen. Diese Maßnahme kann auch ergriffen werden, um Personen oder Leichen aufzufinden.

Hausdurchsuchungen dürfen von einem Ermittlungsbeamten nur mit Zustimmung der Staatsanwaltschaft durchgeführt werden, ausgenommen in dringenden Fällen.

Bezüglich Sachen und Urkunden, die vorstehend genannt und für das Verfahren von Bedeutung sind, hat das Gericht oder der Ermittlungsbeamte das Recht, ihre Beschlagnahme anzuordnen.

Art. 86 Art und Weise der Vornahme einer Durchsuchung und Beschlagnahme

Eine Durchsuchung und Beschlagnahme ist, ausgenommen in dringenden Fällen, am Tage vorzunehmen unter Beiziehung eines Mitgliedes des Volksrates und in Gegenwart von zwei Zeugen sowie der Person, die die Räume bewohnt, bzw. bei ihrer Abwesenheit von erwachsenen Mitgliedern ihrer Familie oder von Nachbarn.

Eine Durchsuchung und Beschlagnahme in den Geschäftsräumen einer Institution, eines Staatsbetriebes oder einer gesellschaftlichen Organisation ist in Gegenwart eines ihrer Vertreter vorzunehmen.

Vor Beginn einer Durchsuchung oder Beschlagnahme ist das Gericht oder der Ermittlungsbeamte verpflichtet, die von der Anordnung betroffene Person hiervon zu unterrichten und die Herausgabe der gesuchten Sachen zu verlangen. Gibt die Person diese nicht heraus oder weigert sie sich, verschlossene Räume zu öffnen, kann die Maßnahme zwangsweise durchgeführt werden.

Art. 87 Beschlagnahme von Brief- und Telegrammsendungen

Die Beschlagnahme von Brief- und Telegrammsendungen erfolgt durch den Ermittlungsbeamten mit Zustimmung der Staatsanwaltschaft oder durch das Gericht und stets in Gegenwart eines Vertreters des entsprechenden Postamtes.

Art. 88 Durchsuchung und Beschlagnahme in Räumen einer diplomatischen Vertretung

Die Durchsuchung von und Beschlagnahme in Räumen, die zu einer diplomatischen Vertretung gehören, und von Räumen, die von Mitgliedern einer diplomatischen Vertretung und ihren Kindern bewohnt werden, darf nur auf Ersuchen oder mit Zustimmung der diplomatischen Vertretung des ausländischen Staates und stets in Gegenwart der Staatsanwaltschaft und eines Vertreters des Außenministeriums vorgenommen werden.

Art. 89 Durchsuchung von Personen

Die Durchsuchung einer festgenommenen oder verhafteten sowie einer bei der Durchsuchung von Räumen zufällig anwesenden Person ist von Personen und in Gegenwart von Zeugen jeweils gleichen Geschlechts vorzunehmen.

Art. 90 Sachen und Urkunden, die beschlagnahmt werden können

Das Gericht oder der Ermittlungsbeamte hat nur das Recht, solche Sachen und Urkunden zu beschlagnahmen, die im Zusammenhang mit dem Verfahren stehen.

Werden anläßlich einer Durchsuchung Sachen entdeckt, deren Besitz nach dem Gesetz verboten ist, kann ihre Beschlagnahme auch dann angeordnet werden, wenn sie in keinem Zusammenhang mit dem Verfahren stehen.

Art. 91 Erhebung und Sicherung der zivilen Nebenklage

Stellt das Gericht, der Einzelrichter oder der Ermittlungsbeamte fest, daß durch eine Straftat, in der ermittelt oder gerichtlich verhandelt wird, der Verletzte einen Schaden erlitten hat, ist dieser zu belehren, daß er ein Recht auf Erhebung einer zivilen Nebenklage hat; dies ist im Protokoll zu vermerken.

Wird eine zivile Nebenklage erhoben, hat das Gericht, der Einzelrichter oder der Ermittlungsbeamte den Antrag des Verletzten zu prüfen und zu entscheiden, ob dem Antrag auf Zulassung als ziviler Nebenkläger stattgegeben wird oder nicht.

Zur Sicherung der Ersatzleistung für Schäden, die staatlichen, gesellschaftlichen oder privaten Interessen zugefügt worden sind, ordnet das Gericht oder der Ermittlungsbeamte Arrest in das Vermögen des Beschuldigten an. Diese Maßnahme bleibt bis zum Abschluß des Verfahrens bestehen.

Art. 92 Durchsuchungs- und Beschlagnahmeprotokoll

Über eine Durchsuchung und Beschlagnahme ist ein Protokoll aufzunehmen, das eine Auflistung der gefundenen und beschlagnahmten Sachen, ihren Fundort und ihre besonderen Kennzeichen zu enthalten hat.

Eine Abschrift des Protokolls ist der Person, die von der Durchsuchung und Beschlagnahme betroffen ist, oder bei ihrer Abwesenheit einem Vertreter ihrer Familie auszuhändigen.

Feststellungen und Sachhinweise, die sich bei der Durchsuchung und Beschlagnahme ergeben, hat das Gericht oder der Ermittlungsbeamte im Protokoll zu vermerken.

Art. 93 Verfügung des Gerichts oder des Ermittlungsbeamten über die beschlagnahmten Sachen

Sachen, über die Beschlagnahme verhängt worden ist, beläßt das Gericht oder der Ermittlungsbeamte in Verwahrung der Person, die die Beschlagnahme vorgenommen hat, oder einer dritten vertrauenswürdigen Person oder nimmt sie in amtliche Verwahrung.

Sind die beschlagnahmten Sachen verderblich, werden sie Institutionen, Staatsbetrieben oder zuständigen Organen übergeben. Geld, Devisen und andere Wertsachen werden bei der Bank deponiert.

Art. 94 Ortsbesichtigung, Augenschein und Begutachtung[16]

Zum Auffinden, zur Sammlung und Sicherung von Spuren einer Straftat, zur Erlangung neuer Beweise sowie zur Klärung von Umständen, die für das Verfahren von Bedeutung sind, kann das Gericht oder der Ermittlungsbeamte den Tatort, Leichen oder lebende Personen, Gegenstände und Schriftstücke in Augenschein nehmen, sich über Personen und Sachen sachkundig machen und Untersuchungen vornehmen.

Diese Maßnahmen sind nicht erlaubt, wenn sie die Würde von Staatsbürgern antasten und Gefahr für deren Leib und Leben hervorrufen oder andere schwerwiegende Folgen mit sich bringen.

Art. 95

Ortsbesichtigung, Augenschein oder Begutachtung haben in Gegenwart von zwei Zeugen und, wenn besondere Sachkunde erforderlich ist, eines Sachverständigen zu erfolgen.

Falls es für notwendig erachtet wird, kann der Beschuldigte oder Festgenommene, der Verletzte oder ein Zeuge an diesen Maßnahmen teilnehmen.

16 Albanisch "eksperimenti hetimor" (Ermittlungsexperiment); gemeint sind vor allem kriminaltechnische Untersuchungen, Spurenauswertung, Rekonstruktion des Tatgeschehens und ähnliches (vgl. Begeja, Kriminalistika, 1985, S. 303 ff.).

Art. 96

Nach Beendigung der Ortsbesichtigung, des Augenscheins und der Begutachtung ist ein Protokoll aufzunehmen, dem Skizzen, Fotografien und andere Indizien beizufügen sind.

Sechster Abschnitt

AUSSETZUNG UND ABSCHLUSS DER ERMITTLUNGEN

Art. 97 Voraussetzungen der Aussetzung der Ermittlungen

Das Ermittlungsverfahren ist auszusetzen, wenn

1. der Beschuldigte in eine schwere Krankheit verfällt, die keine weiteren Ermittlungen in der Sache erlaubt;

2. die Person, die die Straftat begangen hat, nicht ermittelt worden oder nicht aufzufinden ist.

Die Aussetzung der Ermittlungen erfolgt, nachdem alle Ermittlungsmöglichkeiten ausgeschöpft worden sind, durch Entscheidung des Ermittlungsbeamten, in der die Gründe für die Aussetzung aufzuführen sind.

Die Entscheidung des Ermittlungsbeamten über die Aussetzung der Ermittlungen wird erst mit Zustimmung der Staatsanwaltschaft wirksam.

Art. 98 Einstellung des Verfahrens

Der Ermittlungsbeamte stellt das Verfahren ein, wenn

1. die in Artikel 71 und 73 dieses Gesetzes genannten Umstände vorliegen;

2. dem Beschuldigten die Straftat nicht nachgewiesen werden kann.[17]

Die Entscheidung über die Verfahrenseinstellung durch den Ermittlungsbeamten wird erst mit Zustimmung der Staatsanwaltschaft wirksam.

17 Bezüglich Entschädigung für durch die Strafverfolgung erlittene Nachteile vgl. z.B. Dekret Nr. 6733 vom 26.2.1983 "Über die Festsetzung der Entlohnung von Mitgliedern landwirtschaftlicher Genossenschaften für unrechtmäßigen Zeitausfall" (GZ 1983, Nr. 2, S. 38) sowie Art. 57 Arbeitsgesetzbuch.

Die Entscheidung ist sodann dem Beschuldigten, dem Verletzten, den Institutionen, Staatsbetrieben, Organisationen oder Personen, auf deren Anzeige hin das Verfahren eingeleitet worden war, bekanntzugeben.

Gegen die Entscheidung über die Verfahrenseinstellung kann innerhalb von fünf Tagen Beschwerde beim Leiter der Bezirksermittlungsbehörde, der die Ermittlungen überprüft, oder bei der Staatsanwaltschaft eingelegt werden.

Art. 98a

Bei Vorliegen eines triftigen Grundes hat die Staatsanwaltschaft das Recht, die nach Artikel 97 und 98 dieses Gesetzes erteilte Zustimmung zu widerrufen. Bei Entscheidungen nach Artikel 73 kann die erteilte Zustimmung nicht widerrufen werden, ausgenommen bei Entscheidungen, denen Sachen zugrunde liegen, die nur auf Strafverlangen des Verletzten nach Artikel 63 Abs. 5 dieses Gesetzes verfolgt werden.

Art. 99 Abgabe des Verfahrens zur Anordnung medizinischer Maßregeln

Hat eine Person die Tat im Zustand einer geistigen Erkrankung begangen oder erkrankt sie nach Begehung der Tat an einer schweren geistigen Störung und besteht in beiden Fällen Unzurechnungsfähigkeit, so stellt, wenn ihre Belassung in Freiheit eine Gefahr für die Gesellschaft darstellt, der Ermittlungsbeamte das Verfahren nicht ein, sondern gibt die Sache an das Gericht zur Anordnung medizinischer Maßregeln ab.

Art. 100 Bekanntgabe der Verfahrenseinstellung beim Arbeitskollektiv

Die Entscheidung über die Verfahrenseinstellung ist, wenn gegen eine Person Anklage erhoben worden war, in der Regel dem Arbeitskollektiv am Arbeitsplatz und am Wohnort bekanntzugeben, es sei denn, das Organ, das die Einstellung beschließt, gelangt aus triftigen Gründen zu der Überzeugung, dies nicht zu tun, oder wenn es die betroffene Person selbst verlangt.

Art. 101 Wiederaufnahme der Ermittlungen ausgesetzter oder eingestellter Verfahren

Ausgesetzte Ermittlungsverfahren werden mit Entscheidung des Ermittlungsbeamten wieder aufgenommen, nachdem die Zustimmung zur Aussetzung von der Staatsanwaltschaft widerrufen worden ist.

Eingestellte Verfahren werden durch Entscheidung des Leiters der Bezirksermittlungsbehörde oder des Leiters der Generalermittlungsbehörde wieder aufgenommen, wenn festgestellt wird, daß die Einstellung in Widerspruch zu den in Artikel 71, 73 und 98 dieses Gesetzes genannten Umständen erfolgt ist sowie stets dann, wenn die Staatsanwaltschaft ihre erteilte Zustimmung widerruft.

Art. 102 Schlußgehör

Gelangt der Ermittlungsbeamte zu der Überzeugung, daß die Beweise für die Abgabe des Verfahrens an das Gericht ausreichen, ist er verpflichtet, dem Beschuldigten den Abschluß der Ermittlungen bekanntzugeben, ihm Gelegenheit zur Prüfung des gesamten Verfahrensmaterials zu geben und ihn zu befragen, ob er ergänzende Ermittlungen wünscht, worüber jeweils ein Protokoll aufzunehmen ist.

Beantragt der Beschuldigte die Durchführung weiterer Ermittlungstätigkeiten, die für das Verfahren von Bedeutung sind, ist der Ermittlungsbeamte verpflichtet, diese vorzunehmen. Weigert er sich, hat der Ermittlungsbeamte die Ablehnung in einer Entscheidung zu begründen. Gegen diese Entscheidung ist Beschwerde an den Leiter der Bezirksermittlungsbehörde gegeben.

Vom Abschluß der Ermittlungen benachrichtigt der Ermittlungsbeamte die Staatsanwaltschaft.

Hat die Staatsanwaltschaft mitgeteilt, daß sie am Abschluß der Ermittlungen teilnehmen will, darf das Verfahren nicht ohne sie abgeschlossen werden.

Art. 103 Mittel und Praxis der Kontrolle der Ermittlungen durch die Staatsanwaltschaft

Um die Einhaltung der Gesetzlichkeit zu gewährleisten, hat die Staatsanwaltschaft das Recht, sich zu jeder Zeit mit dem gesamten Material des Ermittlungsverfahrens vertraut zu machen sowie bei Ermittlungshandlungen anwesend zu sein, die der Ermittlungsbeamte vornimmt, und das Protokoll mitzuunterschreiben.

Art. 104

Bemerkt die Staatsanwaltschaft gesetzwidrige Entscheidungen oder Akte im Verlauf des Ermittlungsverfahrens, hat sie das Recht, Einspruch beim nächsthöheren Organ der Ermittlungsbehörde zu erheben. Das Organ der Ermittlungsbehörde ist verpflichtet, den Einspruch innerhalb von zehn Tagen ab Einlegung zu behandeln.

Stellt die Staatsanwaltschaft im Verlauf des Ermittlungsverfahrens Rechtsverstöße fest, die im klaren Widerspruch zum Gesetz stehen, ordnet sie die Vollzugsaussetzung der gesetzwidrigen Handlung an und ergreift Maßnahmen zur unverzüglichen Wiederherstellung des gesetzmäßigen Zustandes. Ist der Ermittlungsbeamte nicht mit der Anordnung der Staatsanwaltschaft einverstanden, hat er das Recht - nach Aussetzung des Vollzuges -, sich bei der nächsthöheren Staatsanwaltschaft zu beschweren.

Mit dem Einspruch oder der Anordnung ist das entsprechende Beweismittel zu den Ermittlungsakten zu geben.

Art. 105 Anklageschrift und Abgabe des Verfahrens an das Gericht

Sind die Ermittlungen abgeschlossen und reichen die Beweise aus, den Beschuldigten vor Gericht zu stellen, erstellt der Ermittlungsbeamte die Anklageschrift.

Die Anklageschrift wird zusammen mit den Akten dem zuständigen Gericht übersandt. Eine Abschrift der Anklageschrift wird dem Beschuldigten zugestellt. Ist der Beschuldigte nicht der albanischen Sprache mächtig, ist ihm die Anklageschrift in seine Sprache übersetzt auszuhändigen.

Nach Abgabe des Verfahrens an das Gericht sind mit dem Verfahren in Zusammenhang stehende Anträge sowie jedwede Beschwerde gegen Entscheidungen des Ermittlungsbeamten an das Gericht zu richten.

Art. 106 Bekanntgabe des Ermittlungsergebnisses

Nach Abschluß der Ermittlungen unterrichtet der Ermittlungsbeamte die betroffenen Organe oder Organisationen und, soweit er es für notwendig hält, das Arbeitskollektiv über das Ergebnis der Ermittlungen sowie über die im Verlauf der Ermittlungen aufgedeckten Unzulänglichkeiten und Mängel, die die Begehung der Straftat begünstigt haben, und schlägt sodann konkrete Maßnahmen zu deren Überwindung vor.

Diese Maßnahmen kann der Ermittlungsbeamte auch schon in jedem Stadium der Ermittlungen treffen, wenn er dies für vordringlich erachtet und hierdurch der Fortgang der Ermittlungen nicht beeinträchtigt wird.

Art. 107 Beschwerde gegen Entscheidungen des Ermittlungsbeamten

Der Beschuldigte, der Verletzte, der zivile Nebenkläger, der Zivilbeklagte, die Zeugen, der Sachverständige und der Dolmetscher können gegen Entscheidungen des Ermittlungsbeamten, die ihre Rechte verletzen oder einschränken, Beschwerde erheben.

Die Beschwerde ist an den Leiter der Bezirksermittlungsbehörde oder die Staatsanwaltschaft zu richten und hemmt nicht den Vollzug der Entscheidung, gegen die Beschwerde erhoben worden ist.

Die Frist für die Erhebung der Beschwerde beträgt fünf Tage beginnend mit dem Tag, an dem der Beschwerdeführer Kenntnis von der Entscheidung des Ermittlungsbeamten erlangt hat, gegen die er Beschwerde führt.

Beschwerden gegen verhängte Sicherungsmaßnahmen und gegen gesetzwidrige Handlungen sind nicht fristgebunden.

Art. 108

Der Leiter der Bezirksermittlungsbehörde oder die Staatsanwaltschaft ist verpflichtet, die Beschwerde innerhalb von drei Tagen ab ihrer Einreichung zu prüfen.

Entscheidungen, die vom Leiter der Bezirksermittlungsbehörde in Zusammenhang mit der Beschwerde getroffen werden, sind dem Beschwerdeführer bekanntzugeben und sofort vollziehbar. Sind der Ermittlungsbeamte oder der Beschwerdeführer mit der Entscheidung des Leiters der Bezirksermittlungsbehörde nicht einverstanden, können sie Beschwerde an das nächsthöhere Organ der Ermittlungsbehörde erheben.

Hält die Staatsanwaltschaft die Beschwerde für begründet, verfährt sie entsprechend Artikel 104 dieses Gesetzes.

B. Gerichtliches Verfahren

Erster Abschnitt

ZUSAMMENSETZUNG UND ZUSTÄNDIGKEIT DER GERICHTE

Art. 109 Zusammensetzung der Gerichte

Strafsachen erster Instanz werden beim Obersten Gericht, den Regionalgerichten und Bezirksgerichten durch einen Richter als Vorsitzenden des Spruchkörpers und zwei Hilfsrichter verhandelt, die bei der Entscheidung des Falles die gleichen Rechte haben.

In besonderen Fällen erkennt das Oberste Gericht - auf Beschluß seines Präsidenten - erstinstanzlich durch einen Spruchkörper, der nur mit drei Richtern besetzt ist oder dem eine größere Zahl von Richtern und Hilfsrichtern angehören. Das Gericht erster Instanz kann ebenfalls mit mehreren Hilfsrichtern entscheiden.

An der mündlichen Verhandlung in erstinstanzlichen Verfahren nimmt ein Sekretär teil, der das Sitzungsprotokoll führt.

In zweiter Instanz verhandeln das Oberste Gericht und die Regionalgerichte[18] die Sachen in der Besetzung mit drei Richtern. Auf Beschluß des Präsidenten des Obersten Gerichts oder des Leiters des Regionalgerichts kann das Verfahren außer mit drei Richtern auch unter Hinzuziehung von zwei Hilfsrichtern geführt werden.

Art. 110 Ausschließung von Richtern

Von der Ausübung des Richteramtes sind in Strafsachen Personen ausgeschlossen, die miteinander oder mit einem Verfahrensbeteiligten verheiratet oder eng verwandt (Aszendenten, Deszendenten, Brüder, Schwestern, Onkel, Tante, Neffe, Nichte, Bruder- und Schwesterkind) oder eng verschwägert (Schwiegervater, -mutter, -sohn, -tochter, Schwager, Schwägerin, Stiefsohn, -tochter, -vater, -mutter) sind.

Art. 111

Von der Ausübung des Richteramtes sind ferner Personen ausgeschlossen, die bereits in derselben Sache als Ermittlungsbeamter, Staatsanwalt, Verletzter, Zeuge, Sachverständiger, Dolmetscher, Verteidiger, ziviler Nebenkläger, Zivilbeklagter oder als deren Vertreter mitgewirkt haben, oder wenn andere Umstände vorliegen, die Zweifel an ihrer Unparteilichkeit aufkommen lassen.

Art. 112

Ein Richter, der an einem Urteil erster Instanz mitgewirkt hat, darf an der Verhandlung dieser Sache in der zweiten Instanz oder an der erneuten erstinstanzlichen Verhandlung nicht mitwirken.

Art. 113

Die Vorschrift des Artikels 110 dieses Gesetzes findet auf den Staatsanwalt, den Protokollführer, den Dolmetscher und den Sachverständigen entsprechende Anwendung.

18 Art. 109 Abs. 4 KPP a.F. betraf die sogenannten "Gerichtsräte" der Bezirksgerichte als damaliger zweiter Instanz; mit Wirkung zum 1.2.1988 sind jetzt die Regionalgerichte zentrale Rechtsmittelinstanz.

Art. 114 Verfahren bei Ausschließung von Richtern

Die Ausschließung eines Richters ist unverzüglich nach Bekanntgabe der Zusammensetzung des Gerichts zu beantragen. Ein späteres Gesuch ist nur zulässig, wenn die Gründe für die Ausschließung erst später bekannt geworden sind.

Über das Gesuch auf Ausschließung eines Richters wird mit der Mehrheit der Stimmen durch die anderen Richter entschieden. Bei Stimmengleichheit bleibt der Richter ausgeschlossen.

Über das Gesuch auf Ausschließung eines ganzen Spruchkörpers wird mit der Mehrheit der Stimmen durch den Spruchkörper selbst entschieden.

Art. 115 Verhandlung der Sache durch denselben Spruchkörper

Die Verhandlung der Sache hat durch ein und denselben Spruchkörper zu erfolgen. Ist ein Richter nicht mehr in der Lage, an der Sitzung weiter teilzunehmen, wird er durch einen anderen Richter ersetzt und die Sache von Anfang an neu verhandelt, wenn der neue Richter dies verlangt.

Art. 116 Sachliche Zuständigkeit des Bezirksgerichts

Das Bezirksgericht entscheidet in erster Instanz in allen Sachen, die gesetzlich nicht den Dorf-, Stadt- und Wohnviertelgerichten oder den Regionalgerichten zugewiesen sind.

Die Militärstrafkammer des Bezirksgerichts befindet in erster Instanz über Straftaten, die von Militärpersonen begangen wurden sowie über andere, in besonderen Vorschriften genannte Straftaten.

Art. 117 Übernahme von Sachen zur Befassung durch das Oberste Gericht

Ein Straf- oder Militärsenat des Obersten Gerichts erkennt auf Antrag des Präsidenten des Obersten Gerichts in erster Instanz in bedeutsamen Sachen, die in die Zuständigkeit der Bezirksgerichte fallen.

Art. 118 Örtliche Zuständigkeit der Bezirksgerichte

Zuständig für die Verhandlung und Entscheidung einer Sache ist das Gericht, in dessen Bezirk die Straftat begangen wurde. Ist der Tatort nicht bekannt oder wurde die Straftat außerhalb der Grenzen der Sozialistischen Volksrepublik Albanien begangen, ist das Gericht zuständig, in dessen Bereich die Ermittlungen abgeschlossen wurden.

Besteht bei einem Bezirksgericht keine Militärstrafkammer oder steht kein Militärrichter zur Verfügung, kann die Sache auf Beschluß des Präsidenten des Obersten Gerichts durch einen Militärrichter eines anderen Bezirks entschieden werden.

Art. 119 Verweisung der Sache an ein anderes Gericht

Eine Sache kann an ein unzuständiges Bezirks- oder Regionalgericht zur Entscheidung nur verwiesen werden, wenn hierfür besondere Gründe vorliegen. Hierüber entscheidet ein Straf- oder Militärstrafsenat des Obersten Gerichts.

Art. 120 Befassung der Sache durch ein anderes Gericht

Haben eine oder mehrere Personen als Mittäter mehrere Straftaten begangen, die in die Zuständigkeit verschiedener Bezirksgerichte fallen, sind ihre Sachen zu verbinden und durch das Gericht zu entscheiden, in dessen Bezirk die schwerwiegendste Straftat begangen wurde; sind die Straftaten gleich schwer, entscheidet das Gericht, in dessen Bezirk die Ermittlungen abgeschlossen wurden.

Gehört eine der Straftaten oder einer der Beschuldigten in die Zuständigkeit der Militärstrafkammer, ist diese für die Befassung der Sache zuständig.

Art. 121 Verbindung und Trennung von Sachen

Haben mehrere Personen an verschiedenen Orten Straftaten begangen, die untereinander in Zusammenhang stehen, sind ihre Fälle zu verbinden und durch das Gericht zu entscheiden, in dessen Bezirk die schwerwiegendste Straftat begangen wurde; sind die Straftaten gleich schwer, wird das Gericht befaßt, in dessen Bezirk die Ermittlungen abgeschlossen wurden oder das gerichtliche Verfahren eröffnet wurde.

Wird es für notwendig erachtet, können Sachen getrennt werden, soweit durch die jeweils selbständige Verhandlung die Entscheidungsfindung nicht beeinträchtigt wird.

Art. 122 Verweisung der Sache an das zuständige Gericht

Stellt das Gericht fest, daß die Sache in die Zuständigkeit eines anderen Bezirksgerichts gehört, spricht es die Verweisung der Sache an das zuständige Gericht aus, solange noch nicht in die Verhandlung zur Sache eingetreten worden ist. Gehört die Sache jedoch in die Zuständigkeit der Militärstrafkammer, ist stets die Verweisung an diesen Spruchkörper auszusprechen.

Art. 123 Verbot von Kompetenzstreitigkeiten

Jede Sache, die von einem Bezirksgericht an das Gericht eines anderen Bezirks verwiesen wird, wird dort bindend anhängig und ist von dem Gericht zu verhandeln, an das verwiesen wurde.

Kompetenzstreitigkeiten zwischen Gerichten sind nicht erlaubt.

Zweiter Abschnitt

GERICHTLICHES VERFAHREN ERSTER INSTANZ

Art. 124 Verfahrensablaufplan

Für jede Strafsache ist ein Plan für den Ablauf des gerichtlichen Verfahrens zu erstellen, der insbesondere zu berücksichtigen hat:

die organisatorischen Maßnahmen für den Ablauf des Verfahrens und die vorläufigen Maßnahmen zur Vorbereitung der Sache;

die politischen, ideologischen und gesellschaftlichen Probleme, die im Verlauf des Verfahrens und danach zu behandeln sind mit dem Ziel der Erziehung der Arbeitskollektive und der Stärkung ihrer revolutionären Wachsamkeit;

die rechtlichen Probleme, deren Klärung während des Verfahrens zwingend erforderlich ist für die Lösung des Falles und für den Erlaß einer korrekten Entscheidung;

die Probleme, die zur Aufdeckung der Hintergründe und zur Offenlegung der Umstände, die das Auftreten gesellschaftlich gefährlicher Folgen begünstigt haben, geklärt werden müssen, sowie die Maßnahmen, die im Zusammenhang mit den staatlichen Organen und gesellschaftlichen Organisationen zu ergreifen sind, um künftig Straftaten und sonstige Gesetzesverstöße zu verhüten.

Art. 125 Maßnahmen für eine gütliche Einigung

Der Einzelrichter hat sich, wenn er es für angebracht hält, in Fällen, die nur auf Strafverlangen des Verletzten verfolgt werden, um eine gütliche Einigung zu bemühen, und zwar je nach Sachlage allein oder in Zusammenarbeit mit dem Volksrat, den gesellschaftlichen Organisationen oder dem Arbeitskollektiv. Kommt eine Einigung zustande, ist diese in einem Protokoll festzuhalten. Mit dieser Aufgabe kann auch einer der Hilfsrichter betraut werden.

Art. 126 Entscheidungen des Einzelrichters

Bei Straftaten, die nur auf Strafverlangen des Verletzten verfolgt oder die beschleunigt verhandelt werden, ohne daß weitere Ermittlungen durch die Ermittlungsorgane erforderlich sind, kann der Einzelrichter folgende Entscheidungen treffen:

1. er entscheidet auf Einleitung oder Ablehnung der Einleitung des Strafverfahrens;

2. er erhebt Anklage gegen eine Person, gibt ihr die Anklage bekannt und befragt sie, ob sie die Einholung weiterer Beweise wünscht;

3. er entscheidet über Sicherungsmaßnahmen, die gegen den Beschuldigten ergriffen worden oder zu ergreifen sind;

4. er verweist die Sache an die zuständigen Organe, wenn in den in Artikel 127 dieses Gesetzes genannten Fällen noch keine Maßnahmen getroffen worden sind, die keinen Aufschub dulden;[19]

19 Art. 126 I 4, 127 und 147 KPP a.F. betrafen im wesentlichen das beschleunigte Verfahren (Verhandlung ohne Voruntersuchung) und wurden 1983 aufgehoben; die jetzige Regelung beruht auf der Novelle von 1987.

5. er entscheidet über die Zulassung der Sache zur gerichtlichen Verhandlung;

6. er erläßt Maßnahmen zur Sicherung der zivilen Nebenklage;

7. er verfügt die gerichtliche Vorladung des Beschuldigten, der Zeugen, des Sachverständigen und des Verteidigers in allen gesetzlich genannten Fällen und gibt dem zivilen Nebenkläger, dem Zivilbeklagten und der Staatsanwaltschaft, wenn diese mitgeteilt hat, an der Verhandlung teilnehmen zu wollen, den Verhandlungstermin bekannt.

Diese Entscheidungen können - mit Ausnahme der unter Ziffer 1 genannten Fälle - auch in Sachen getroffen werden, die von der Staatsanwaltschaft zugewiesen worden sind.

Art. 127 Unaufschiebbare Handlungen[19]

Bei Straftaten nach Artikel 72 Absatz 1, 74, 75, 93, 117, 118, 119, 120, 129, 165, 174, 204, 205, 206, 207, 209, 237, 238, 239 und 240 des Strafgesetzbuches ist das Gericht erst zu befassen, nachdem die Ermittlungsorgane, die Staatsanwaltschaft, die Organe für innere Angelegenheiten oder der Kommandant einer militärischen Einheit folgende Maßnahmen vorgenommen haben, die keinen Aufschub dulden:

1. Besichtigung des Tatorts,

2. Sicherung und Erhebung von materiellen Beweisen,

3. Aufnahme von Angaben des Täters zur Sache und seine Festnahme bei Vorliegen der gesetzlichen Voraussetzungen,

4. Sammlung amtlicher Unterlagen, die die Straftat beweisen,

5. Erstellung eines gerichtsmedizinischen Berichtes soweit erforderlich,

6. Anfertigung einer Liste von Personen, die von der Begehung der Straftat Kenntnis haben, und deren Vernehmung.

Diese Maßnahmen sowie die Abgabe des Materials an das Gericht sind innerhalb von fünf Tagen ab Erlangung der Kenntnis von der Begehung der Straftat durchzuführen.

19 Art. 126 I 4, 127 und 147 KPP a.F. betrafen im wesentlichen das beschleunigte Verfahren (Verhandlung ohne Voruntersuchung) und wurden 1983 aufgehoben; die jetzige Regelung beruht auf der Novelle von 1987.

Art. 128 Zulassung der Sache zur Verhandlung oder zum Vortermin

In Sachen, die vom Ermittlungsbeamten an das Gericht abgegeben werden, trifft der Einzelrichter, wenn er zu der Überzeugung gelangt ist, daß die Beweise ausreichen und kein rechtliches Hindernis vorliegt, eine Entscheidung über ihre Zulassung zur gerichtlichen Verhandlung und veranlaßt das nach Artikel 126 Ziffer 7 dieses Gesetzes Erforderliche.

Der Verhandlungstermin darf frühestens auf den dritten Tag nach dem Tag der Zustellung der Anklageschrift anberaumt werden. Auf richterlichen Beschluß kann in außergewöhnlichen Fällen die Verhandlung auch früher stattfinden, jedoch niemals früher als 24 Stunden nach Zustellung der Anklageschrift.

Gelangt der Richter zu der Überzeugung, daß die Anklage zu Lasten des Beschuldigten zu ändern oder die Sache einzustellen ist oder daß die Ermittlungen durch die Ermittlungsbehörde zu ergänzen sind oder daß Sicherungsmaßnahmen zu ändern sind, beraumt er in der Sache einen Vortermin an.

Art. 129 Prüfung der Sache im Vortermin

Das Gericht führt den Vortermin in der Besetzung mit einem Richter und zwei Hilfsrichtern durch. Zum Vortermin hat auch die Staatsanwaltschaft, die hiervon zu unterrichten ist, ein Recht auf Teilnahme.

Die Verhandlung zur Sache wird eingeleitet mit einem Aktenbericht, den der Richter oder ein Hilfsrichter erstattet. Anschließend hört das Gericht die Stellungnahme der Staatsanwaltschaft, wenn sie teilnimmt.

Gegen im Vortermin getroffene Entscheidungen kann nur die Staatsanwaltschaft Einspruch einlegen.

Art. 130 Gerichtliche Entscheidung im Vortermin

Das Gericht entscheidet im Vortermin über

1. die Zulassung der Sache zur gerichtlichen Verhandlung und Veranlassung des nach Artikel 126 Ziffer 7 dieses Gesetzes Erforderlichen; die Änderung der Anklageschrift in Fällen, in denen keine Zurückverwei-

sung an die Ermittlungsbehörde in Betracht kommt; die Zustellung der geänderten Anklageschrift an den Beschuldigten;

2. die Anordnung, Aufhebung oder Änderung von Sicherungsmaßnahmen;

3. die Zurückverweisung der Sache an die Ermittlungsbehörde, wenn diese nicht vollständig ermittelt hat und solche Ermittlungen im Vortermin nicht angestellt werden können, sowie in den in Artikel 145 Ziffer 2, 146 Ziffer 2 dieses Gesetzes genannten Fällen;

4. die Aussetzung oder Einstellung des Verfahrens in den in Artikel 97 und 98 dieses Gesetzes genannten Fällen.

Art. 131 Fristen für die Erledigung der Sache bei Gericht

Das Gericht ist verpflichtet, die Strafsache nicht später als einen Monat ab dem Tag ihres Eingangs bei Gericht zu erledigen.

Art. 132 Vorbereitung und Leitung der Verhandlung

Das Gericht bereitet die Erörterung der Sache vor, leitet die Verhandlung und trifft Maßnahmen, um einen geordneten Ablauf der Verhandlung zu gewährleisten.

Der Vorsitzende des Spruchkörpers eröffnet die Sitzung am festgesetzten Tag zur festgesetzten Stunde und am festgesetzten Ort.

Die Erörterung der Sache erfolgt unter aktiver Beteiligung des gesamten Spruchkörpers durch Befragung und Beweiserhebung im Verlauf der Verhandlung.

Das Gericht trifft alle Maßnahmen, um die Sache ohne Unterbrechung in einer Sitzung zu verhandeln.

Art. 133 Öffentlichkeit der Verhandlung

Verhandlungen in Strafsachen finden bei Gericht öffentlich statt.

Art. 134

Um die erzieherische Wirkung des Gerichtsverfahrens zu steigern, hat das Gericht das Recht, von Amts wegen oder auf Antrag staatlicher Organe, gesellschaftlicher Organisationen oder eines Arbeitskollektivs die Verhandlung der Sache am Arbeitsplatz, im Wohnviertel oder im Dorf in Gegenwart der Werktätigen abzuhalten.

Art. 135 Nichtöffentlichkeit der Verhandlung

Auf Beschluß des Gerichts erfolgt die Erörterung der Sache in bestimmten Fällen unter Ausschluß der Öffentlichkeit, wenn

1. dies zur Wahrung eines Staatsgeheimnisses notwendig ist;

2. Gegenstand des Verfahrens ein Sexualverbrechen ist;

3. Gegenstand des Verfahrens eine Straftat ist, die von einem Minderjährigen unter 16 Jahren begangen wurde, es sei denn, das Gericht erachtet es nicht für erforderlich;

4. es für notwendig gehalten wird, um die Verbreitung von Angaben aus der Intimsphäre eines Beteiligten zu verhindern.

In allen vorgenannten Fällen ist der Beschluß öffentlich zu verkünden, allerdings hat das Gericht, wenn es dies für angebracht hält, das Recht, nur den Beschlußtenor öffentlich zu verkünden.

Art. 136 Unmittelbarkeit der Anhörung und Beweisaufnahme

Das Gericht hört in der Hauptverhandlung unmittelbar die Aussage des Beschuldigten und der Zeugen sowie die Stellungnahme des Sachverständigen, es prüft Urkunden und nimmt Sachen in Augenschein, die als materieller Beweis in Betracht kommen.

Das Gericht verliest die Aussage des Beschuldigten und der Zeugen, wenn

1. gegen den Beschuldigten in Abwesenheit verhandelt wird;

2. einer der in Artikel 137 und 142 dieses Gesetzes genannten Fälle vorliegt;

3. der Beschuldigte keine Angaben zur Sache macht;

4. einer der Beschuldigten oder Zeugen verstorben ist;

5. ein Zeuge aus triftigem Grund nicht zur Sitzung erschienen ist und seine erneute Ladung nicht unbedingt notwendig ist;

6. Widersprüche zwischen den Aussagen des Beschuldigten oder der Zeugen bestehen, die diese vor dem Ermittlungsbeamten bzw. vor Gericht gemacht haben.

Art. 137 Vernehmung eines Zeugen durch Beweisersuchen

Ist einem Zeugen, der zuvor noch nicht vernommen worden war, das Erscheinen vor Gericht nur unter erschwerten Umständen möglich, ordnet das Gericht, wenn es dies für erforderlich erachtet, durch Beweisersuchen seine Vernehmung durch einen Richter am Wohnort des Zeugen an.

In diesem Fall hat das Gericht in seinem Ersuchen im einzelnen die Fragen anzugeben, die dem Zeugen gestellt werden sollen.

Der wesentliche Inhalt des Beweisersuchens ist in der Hauptverhandlung zu erörtern.

Art. 138 Teilnahme der Staatsanwaltschaft

Die Staatsanwaltschaft hat das Recht, an der gerichtlichen Verhandlung in jedweder Strafsache teilzunehmen.

Hat die Staatsanwaltschaft um ihre Teilnahme an der gerichtlichen Verhandlung ersucht, kann die Sache nicht in ihrer Abwesenheit verhandelt werden und die Sitzung ist zu vertagen.

Erachtet es das Gericht für erforderlich, hat es das Recht, die Staatsanwaltschaft um Teilnahme an der gerichtlichen Verhandlung in Strafsachen zu ersuchen.

Art. 139 Teilnahme des Beschuldigten und des Rechtsbeistandes

Die Erörterung der Sache in der Hauptverhandlung hat in Anwesenheit des Beschuldigten zu erfolgen. Sein Ausbleiben führt zur Vertagung der Hauptverhandlung.

Die Sache kann in Abwesenheit des Beschuldigten nur verhandelt werden, wenn feststeht, daß der Beschuldigte sich verborgen hält und alle Maßnahmen, ihn ausfindig zu machen, gescheitert sind.

Das Gericht vertagt die Hauptverhandlung, wenn der Rechtsbeistand oder der gesetzliche Vertreter des Beschuldigten nicht erschienen ist und keine Möglichkeit besteht, diesen durch eine andere Person zu ersetzen.

Art. 140 Teilnahme des strafverlangenden Verletzten

Erscheint der strafverlangende Verletzte oder sein gesetzlicher Vertreter ohne triftigen Grund nicht zur Hauptverhandlung und nimmt die Staatsanwaltschaft nicht an der Verhandlung teil, kann das Gericht die Einstellung des Verfahrens beschließen; jedoch hat der Beschuldigte das Recht, eine umfassende Sachprüfung zu verlangen, und das Gericht ist in diesem Fall verpflichtet, die Sache zu verhandeln.

Art. 141 Eröffnung der Verhandlung

Der Richter, der in der Hauptverhandlung den Vorsitz führt, leitet den Gang der Hauptverhandlung und legt den Umfang der Erörterungen zur Sache fest. Er stellt die Anwesenheit des Beschuldigten fest und befragt ihn, ob er eine Abschrift der Anklageschrift erhalten hat, er erklärt ihm und den anderen Prozeßbeteiligten ihre Rechte und Pflichten sowie die Zusammensetzung des Gerichtes, das die Sache verhandelt.

Das Gericht ersucht die Staatsanwaltschaft und die Prozeßbeteiligten um Stellungnahme, ob die Erörterung der Sache mit den anwesenden Personen begonnen werden kann und befragt sie, welche Anträge sie stellen wollen.

Das Gericht ist verpflichtet, alle gestellten Anträge zu prüfen und positiv oder negativ zu bescheiden.

Art. 142 Einhaltung der Ordnung in der Hauptverhandlung

Das Gericht verfügt die Entfernung des Beschuldigten oder von Prozeßbeteiligten aus der Hauptverhandlung ohne Unterbrechung der Verhandlung, wenn diese gegen die Ordnung in der Sitzung verstoßen und trotz Ermahnung ihr ungebührliches Verhalten fortsetzen. Andere Personen können aus dem Sitzungssaal auf Anordnung des Vorsitzenden der Hauptverhandlung gewiesen werden.

Art. 143 Beweiserhebung und -würdigung

Das Gericht hat das Recht, gemäß den Bestimmungen dieses Gesetzes allen Beweis zu erheben und zu würdigen, soweit das für die korrekte Entscheidung des Falles erforderlich ist.

Besondere Handlungen, die außerhalb der Verhandlung durchgeführt werden müssen, können einem Hilfsrichter, der an der Verhandlung der Sache teilnimmt, übertragen werden, was in einem entsprechenden Protokoll festzuhalten ist.

Art. 144 Umfang der Sachprüfung und Verfahrenseinleitung wegen einer anderen Straftat

Die Erörterung der Sache ist nur auf Personen zu erstrecken, die vor Gericht gestellt sind, sowie auf Beschuldigte, wegen derer Anklage erhoben ist.

Werden während der Erörterung der Sache Tatsachen bekannt, daß der Beschuldigte außer der Straftat, wegen der er vor Gericht steht, noch eine andere Straftat begangen hat, beschließt das Gericht, selbst wenn jene Sache vom Ermittlungsbeamten eingestellt worden ist:

1. Einleitung eines neuen Verfahrens wegen dieser Straftat und Abgabe an die Ermittlungsbehörde, falls es zu der Überzeugung gelangt, daß kein Zusammenhang mit der ersten Anklage besteht;

2. Erhebung einer weiteren Anklage und Abgabe an die Ermittlungsbehörde, wenn diese Anklage in engem Zusammenhang mit der ersten steht.

Art. 145 Änderung der Anklage

Werden während der Erörterung der Sache Tatsachen bekannt, die es erforderlich machen, den ursprünglichen Anklagesatz zu ergänzen oder zu ändern, beschließt das Gericht:

1. die Fortsetzung der Verhandlung, wenn der neue Anklagesatz keine schwerere Strafandrohung mit sich bringt oder keinen schwereren Tattypus enthält und die Umstände des Falles durch gerichtliche Untersuchungen geklärt werden können;

2. die Abgabe der Sache an die Ermittlungsbehörde, wenn der neue Anklagesatz eine schwerere Strafandrohung mit sich bringt oder einen schwereren Tattypus als die erste Anklage enthält.

Art. 146 Einleitung des Strafverfahrens und Abgabe zu Ermittlungen

Werden während der Erörterung der Sache Tatsachen bekannt, die darauf hindeuten, daß eine Straftat von einer dritten Person begangen wurde, die nicht vor Gericht steht, beschließt das Gericht, und zwar selbst wenn jene Sache eingestellt worden ist:

1. Einleitung eines neuen Verfahrens gegen die dritte Person und Abgabe der entsprechenden Unterlagen an die Ermittlungsbehörde, wenn kein Zusammenhang mit dem Verfahren besteht, in dem verhandelt wird;

2. Anklageerhebung und Abgabe der Sache an die Ermittlungsbehörde, wenn die von der dritten Person begangene Straftat in engem Zusammenhang mit dem Verfahren besteht, in dem verhandelt wird, und es erforderlich erscheint, weitere Ermittlungen vorzunehmen.

Art. 147 Einleitung des Strafverfahrens und Änderung der Anklage bei beschleunigtem Verfahren[19]

Werden während der Erörterung der Sache Tatsachen bekannt, die darauf hindeuten, daß eine weitere Straftat von der Person, gegen die beschleunigt verhandelt wird, begangen worden ist, ergreift das erkennende Gericht die in Artikel 144, 145, 146 dieses Gesetzes genannten erforderlichen Maßnahmen.

19 Art. 126 I 4, 127 und 147 KPP a.F. betrafen im wesentlichen das beschleunigte Verfahren (Verhandlung ohne Voruntersuchung) und wurden 1983 aufgehoben; die jetzige Regelung beruht auf der Novelle von 1987.

Art. 148 Abschluß der und Wiedereintritt in die Verhandlung

Gelangt das Gericht zu der Überzeugung, daß der Fall restlos geklärt ist, schließt es die gerichtliche Untersuchung und teilt dies der Staatsanwaltschaft, den Prozeßbeteiligten und schließlich dem Beschuldigten mit. Danach zieht es sich zur Entscheidungsfindung zurück.

Das Gericht tritt erneut in die Erörterung der Sache ein, wenn die Staatsanwaltschaft oder die Prozeßbeteiligten in ihren Schlußvorträgen neue Beweise vorlegen oder andere Umstände aufzeigen, die für die korrekte Entscheidung des Falles erheblich sind.

Der Wiedereintritt in die Erörterung der Sache erfolgt auch in den Fällen, wo das Gericht während der Urteilsberatung zu dem Ergebnis gelangt, daß wichtige Umstände weiterer Aufklärung bedürfen, sowie in den in Artikel 145 und 147 dieses Gesetzes genannten Fällen.

Art. 149 Entscheidungsfindung und -verkündung

In allen Sachen, die von einem Gericht verhandelt werden, ist mit einfacher Mehrheit der Stimmen eine Entscheidung zu fällen. Niemand darf sich der Stimme enthalten. Ein überstimmter Richter hat das Recht, seine abweichende Meinung schriftlich niederzulegen, die nicht veröffentlicht, aber zu den Akten genommen wird.

Die Entscheidung ist von allen Richtern, die bei der Entscheidung mitgewirkt haben, zu unterschreiben.

Art. 150 Verurteilung

Das Gericht erkennt auf Verurteilung, wenn vollständig und umfassend bewiesen ist, daß eine Straftat vorliegt und diese Straftat vom Beschuldigten begangen wurde.

Art. 151 Freispruch

Das Gericht erkennt auf Freispruch, wenn

1. keine Straftat vorliegt,

2. Merkmale einer Straftat fehlen,

3. der Beschuldigte die Straftat, wegen der er angeklagt ist, nicht begangen hat.

Art. 152 Bekanntmachung des Freispruchs

Ein Freispruch ist nach Eintritt der Rechtskraft zwingend vor dem Arbeitskollektiv am Arbeitsplatz oder am Wohnort der Person, die freigesprochen worden ist, zu verlesen, ausgenommen in den Fällen, wo dies aus triftigem Grund nicht möglich ist oder von der betroffenen Person verlangt wird.

Art. 153 Zurückverweisung der Sache zu weiteren Ermittlungen

Das Gericht beschließt die Zurückverweisung der Sache an die Ermittlungsbehörde zu ergänzenden Ermittlungen, wenn

1. in der Sache nicht vollständig und umfassend ermittelt worden ist und die Ermittlungen im Rahmen der Sachprüfung in der Hauptverhandlung nicht vervollständigt werden können;

2. das Ermittlungsergebnis auf der Verletzung prozessualer Vorschriften beruht, die Rechte des Beschuldigten garantieren;

3. Umstände der in Artikel 144, 145 und 146 dieses Gesetzes genannten Art vorliegen.

In besonderen Fällen beschließt das Gericht die Abgabe der Sache an die Ermittlungsbehörde zur Durchführung von Ermittlungen in Strafsachen, die beschleunigt verhandelt, nur auf Antrag verfolgt oder von der Staatsanwaltschaft zugewiesen werden.

Art. 154 Aussetzung des Verfahrens

Das Gericht beschließt die Aussetzung des Verfahrens, wenn die in Artikel 97 dieses Gesetzes genannten Voraussetzungen vorliegen.

Art. 155 Verfahren über die zivile Nebenklage[20]

Die zivile Nebenklage wird zusammen mit der Strafsache verhandelt. Eine getrennte Verhandlung der zivilen Nebenklage erfolgt abweichend vom Regelfall nur, wenn dies im Interesse ihrer korrekten Entscheidung liegt oder wenn ihre Verhandlung mit der Strafsache die gerichtliche Untersuchung erschwert. Im letzteren Fall hat das Gericht bei einer Verurteilung den zivilen Nebenkläger über seine Rechte auf Schadensersatz zu belehren und die zivile Nebenklage zur Verhandlung an das zuständige Zivilgericht zu verweisen.

Sind Institutionen, Staatsbetriebe oder Organisationen betroffen, ist die zivile Nebenklage vom Gericht auch dann zu verhandeln, wenn kein Antrag auf Entschädigung gestellt wurde.

Die Staatsanwaltschaft hat das Recht, eine zivile Nebenklage zu erheben, wenn sie zu der Überzeugung gelangt, daß dies der Schutz der Interessen des Staates, der Gesellschaft oder des einzelnen Staatsbürgers erfordert.

Art. 156

Der Sachlage entsprechend gibt das Gericht der zivilen Nebenklage ganz oder teilweise statt oder es weist sie ab. Ergeht ein Freispruch, weil die Tat nicht von den Bestimmungen des Strafgesetzbuches erfaßt wird, oder ist das Strafverfahren eingestellt worden, wird über die zivile Nebenklage nicht entschieden.

Art. 157

Wurde über eine zivile Nebenklage nicht im Strafprozeß entschieden, hat der Verletzte das Recht, erneut Klage beim Zivilgericht zu erheben, während im Falle der Abweisung der zivilen Nebenklage keine erneute Klageerhebung beim Zivilgericht statthaft ist.

20 Vgl. hierzu die Weisung Nr. 9 des OG vom 5.11.1982 "Über die zivile Nebenklage im Strafprozeß" (DP 1983 Nr. 2, S. 99).

Art. 158

Ein rechtskräftiges Strafurteil bindet das Gericht, das die zivilrechtlichen Folgen einer Tat verhandelt, nur hinsichtlich der Feststellung, ob eine Straftat vorliegt und ob diese vom Verurteilten begangen worden ist.

Art. 159

Ein rechtskräftiges Zivilurteil bindet das Gericht, das eine Strafsache verhandelt, nur hinsichtlich der Frage, ob das Geschehen oder die Tat stattgefunden hat, nicht aber hinsichtlich der Schuld des Beschuldigten.

Art. 160 Anordnung medizinischer und erzieherischer Maßregeln[21]

Das Gericht ordnet die Anwendung medizinischer Maßregeln nach Artikel 28 des Strafgesetzbuches an, wenn

1. die Straftat von einer unzurechnungsfähigen Person begangen wurde;

2. die Person nach Begehung der Straftat an einer unheilbaren geistigen Störung erkrankt ist.

In diesen beiden Fällen wird die medizinische Maßregel nur vollzogen, wenn die Belassung des Kranken in Freiheit eine Gefahr für die Gesellschaft darstellt.

Das Gericht ordnet die Anwendung erzieherischer Maßregeln nach Artikel 28 des Strafgesetzbuches an, wenn

1. die Straftat von einer Person begangen wurde, die strafunmündig ist, und wenn es erforderlich erscheint, sie in eine Erziehungsanstalt einzuweisen;

2. eine bloße Bestrafung nicht ausreichend erscheint.

21 Vgl. hierzu die Weisung Nr. 5 des OG vom 10.5.1982 "Über die Anwendung medizinischer Maßregeln" (DP 1983 Nr. 1, S. 92).

Art. 161 Entscheidung des Gerichtes über Präventivmaßnahmen

Stellt das Gericht im Laufe des Verfahrens in der Tätigkeit von Staatsbetrieben, Institutionen oder gesellschaftlichen Organisationen schwere Mängel und Versäumnisse fest, die die Begehung der Straftat begünstigt haben, trifft es zusammen mit dem Urteil eine gesonderte Entscheidung, in der diese aufgefordert werden, entsprechende Maßnahmen zu ergreifen. Die Staatsbetriebe, Institutionen und gesellschaftlichen Organisationen sind verpflichtet, innerhalb von einem Monat nach Erlaß dieser Nebenentscheidung hierzu gegenüber dem Gericht Stellung zu nehmen.

Dritter Abschnitt

GERICHTLICHES VERFAHREN ZWEITER INSTANZ

Art. 162 Rechtsmittel gegen Urteile

Gegen Urteile, ausgenommen solche des Obersten Gerichts, kann Beschwerde oder Einspruch beim Regionalgericht oder beim Obersten Gericht eingelegt werden.

Gegen Urteile, die auf Geldstrafe, Umerziehung durch Arbeit bis zu drei Monaten, Freiheitsstrafe bis zu einem Monat und Erziehungsmaßregeln lauten, kann keine Beschwerde oder Einspruch eingelegt werden.

Todesurteile sind dem Obersten Gericht zur Überprüfung auch dann vorzulegen, wenn weder Beschwerde noch Einspruch eingelegt worden ist.

Art. 163

Jeder der Beteiligten vor Gericht kann Beschwerde nur insoweit erheben, als er in seinen Rechten und Interessen beeinträchtigt ist. Die Staatsanwaltschaft kann Einspruch auch im Interesse aller Beteiligten erheben, die am Verfahren teilgenommen haben. Einspruch kann auch unmittelbar durch ein höheres Organ der Staatsanwaltschaft erhoben werden.

Der Beschuldigte kann Beschwerde auch gegen die Begründung eines freisprechenden Urteils erheben.

Der strafverlangende Verletzte kann Beschwerde gegen ein freisprechendes Urteil erheben, gegen eine zu niedrige Strafe jedoch nur, wenn die Staatsanwaltschaft an der Verhandlung nicht beteiligt war.

Der zivile Nebenkläger und der Zivilbeklagte können Beschwerde gegen ein Urteil nur insoweit erheben, als die zivile Nebenklage betroffen ist.

Art. 164 Beschwerde- und Einspruchsfrist

Die Beschwerde- und Einspruchsfrist beträgt fünf Tage. Der Fristlauf beginnt drei Tage nach der Urteilsverkündung.

Ist die Sache in Abwesenheit des Beschuldigten entschieden worden, ist die Beschwerde gegen das Urteil von ihm innerhalb von fünf Tagen ab Zustellung des Urteils zu erheben.

Beschwerde und Einspruch sind bei dem Gericht einzulegen, das das Urteil erlassen hat.

Das Gericht, das das Urteil erlassen hat, übersendet nach Eingang einer Beschwerde oder eines Einspruchs hiervon Abschriften an die betroffenen Parteien und legt die Sache nach Eingang der Empfangsbekenntnisse dem Gericht zweiter Instanz vor.

Art. 165 Wiedereinsetzung

Haben die Staatsanwaltschaft oder die Prozeßbeteiligten die Beschwerde- oder Einspruchsfrist aus triftigem Grund versäumt, haben sie das Recht, Antrag auf Wiedereinsetzung bei dem Gericht, das das Urteil erlassen hat, zu stellen, das hierüber befindet. Die Entscheidung ist unanfechtbar.

Art. 166 Das Gericht der Beschwerde und des Einspruchs

Der Strafsenat des Obersten Gerichts befindet

a) über Beschwerden und Einsprüche gegen Urteile des Bezirksgerichts bei Verbrechen gegen den Staat und bei Verbrechen, die mit Todesstrafe bedroht sind,

b) über Beschwerden und Einsprüche gegen erstinstanzliche Urteile der Regionalgerichte.

Über Beschwerden und Einsprüche gegen Urteile einer Militärstrafkammer befindet in zweiter Instanz der Militärstrafsenat des Obersten Gerichts.

Über Beschwerden und Einsprüche gegen Urteile des Bezirksgerichts bei anderen Straftaten befinden in zweiter Instanz die Regionalgerichte.

Art. 167 Frist für die Befassung der Sache

Die Befassung der Sache in zweiter Instanz erfolgt

1. innerhalb von zehn Tagen ab dem Tag des Eingangs der Sache, wenn ein Todesurteil verhängt wurde;

2. innerhalb eines Monats ab dem Tag des Eingangs der Sache in allen anderen Fällen.

Die Bekanntgabe des Tages und der Stunde des Verhandlungstermins erfolgt durch das zweitinstanzliche Gericht mit Veröffentlichung von Terminslisten fünf Tage im voraus.

Art. 168 Prüfung der Sache in zweiter Instanz

Die Prüfung der Sache in zweiter Instanz erfolgt in einer Hauptverhandlung und wird eröffnet mit einem Aktenbericht eines der Mitglieder des Straf- oder Militärstrafsenates des Obersten Gerichts oder des Regionalgerichts. Danach werden die Beschwerde oder der Einspruch verlesen und die Staatsanwaltschaft und die Prozeßbeteiligten angehört, soweit sie anwesend sind.

Abwesenheit der Staatsanwaltschaft oder eines Prozeßbeteiligten hindert nicht die Verhandlung der Sache.

Die Verhandlung der Sache in zweiter Instanz kann auch am Arbeitsplatz oder am Wohnort in Anwesenheit des Arbeitskollektivs durchgeführt werden.

Art. 169 Rücknahme der Beschwerde oder des Einspruchs

Beschwerde oder Einspruch können vor Beginn der Verhandlung zur Sache zurückgenommen werden. Ein höheres Organ der Staatsanwaltschaft kann den Einspruch, den ein nachgeordnetes Organ der Staatsanwaltschaft eingelegt hat, zurücknehmen. In diesen Fällen beschließt das zweitinstanzliche Gericht die Einstellung des gerichtlichen Verfahrens zweiter Instanz.

Art. 170 Überprüfung der Begründetheit und Gesetzmäßigkeit der Entscheidung

Das zweitinstanzliche Gericht überprüft die Begründetheit und Gesetzmäßigkeit der vom erstinstanzlichen Gericht erlassenen Entscheidung, wobei es sich auf die während des gesamten Gerichtsverfahrens erhobenen Beweise stützt.

Die Staatsanwaltschaft oder die Prozeßbeteiligten haben das Recht, neuen materiellen und Urkundenbeweis vorzulegen.

Art. 171 Umfang der Sachprüfung

Das zweitinstanzliche Gericht verhandelt die Sache umfassend und ist dabei nicht auf die Gründe, auf die die Beschwerde oder der Einspruch gestützt werden, beschränkt. Es prüft auch Fälle, die ihm vorgelegt werden, ohne daß der Beschuldigte Beschwerde erhoben hat oder Einspruch eingelegt worden ist.

Art. 172 Entscheidung in der Sache

Das zweitinstanzliche Gericht trifft nach der Verhandlung der Sache folgende Entscheidung:

1. Bestätigung des Urteils;

2. Aufhebung des Urteils und Einstellung des Verfahrens, wenn ein in Artikel 71 dieses Gesetzes genannter Fall vorliegt oder wenn es zu der

Überzeugung gelangt, daß das Urteil keine ausreichende tatsächliche Grundlage hat und ergänzende Ermittlungen im Rahmen einer erneuten gerichtlichen Verhandlung keine neuen Erkenntnisse bringen können;

3. Aufhebung des Urteils und Zurückverweisung der Sache zu ergänzenden Ermittlungen oder zur anderweitigen gerichtlichen Verhandlung;

4. Aufhebung des Urteils und Zurückverweisung der Sache an das zuständige Gericht, wenn es zu der Überzeugung gelangt, daß das ergangene Urteil unrichtig ist oder die Zuständigkeit des Gerichts überschreitet, das die Sache verhandelt hat;

5. Änderung des Urteils.

In den in Ziffer 3 und 4 dieses Artikels genannten Fällen wird die Sache zur anderweitigen Verhandlung an einen anderen Spruchkörper desselben Gerichts zurückverwiesen oder entsprechend den Umständen an ein anderes Gericht[22] gleicher Ordnung.

Wird das Urteil des erstinstanzlichen Gerichts zum zweiten Mal aufgehoben, verweist das Regionalgericht die Sache nicht zur erneuten Verhandlung zurück, sondern es verhandelt sie selbst in erster Instanz.

Art. 173 Gründe für die Aufhebung oder Änderung des Urteils

Gründe für die Aufhebung oder Änderung des Urteils sind:

1. unrichtige Begründung des Urteils in tatsächlicher wie rechtlicher Hinsicht;

2. Unangemessenheit der Art und Höhe der Strafe;

3. schwere Verletzung prozessualer Vorschriften.

Das Urteil ist wegen schwerer prozessualer Fehler zwingend aufzuheben, wenn

1. der erkennende Spruchkörper nicht vorschriftsmäßig besetzt war;

22 Da eine Reihe von Bezirksgerichten nur mit 2 bis 4 Richtern besetzt sind, war der Fall zu regeln, daß gegebenenfalls sämtliche Richter verbraucht sind; vgl. aber auch die Regelung in Art. 27 DOGJ.

2. das Gericht, obwohl die in Artikel 71 dieses Gesetzes genannten Voraussetzungen vorlagen, das Verfahren nicht eingestellt hat;

3. die Sache in Abwesenheit des Beschuldigten verhandelt wurde in Fällen, wo das Gesetz die Anwesenheit vorschreibt;

4. die Sache ohne Beteiligung eines Verteidigers verhandelt wurde, wo diese obligatorisch war;

5. die Anklageschrift nicht ausgehändigt oder dem Beschuldigten die Anklage nicht eröffnet wurde;

6. es an einem der in Artikel 33 dieses Gesetzes genannten prozessualen Akte fehlt.

Art. 174 Verschlechterungsverbot

Nicht erlaubt ist die Änderung von Tatmerkmalen in eine Strafvorschrift, die eine schwerere Strafe oder eine Tat schwereren Grades beinhaltet, sowie die Verhängung einer nach Art und Höhe schwereren Strafe.

Hat die Staatsanwaltschaft Einspruch oder der Verletzte Beschwerde eingelegt, hat das zweitinstanzliche Gericht das Recht, das Urteil aufzuheben und zur erneuten Ermittlung oder Verhandlung zurückzuverweisen, auch wenn dies zum Nachteil des Beschuldigten ist.

Art. 175 Ermittlungen und anderweitige Verhandlung nach Aufhebung des Urteils

Das erstinstanzliche Gericht und die Ermittlungsbehörde sind nach Aufhebung des Urteils verpflichtet, die Anweisungen zu befolgen, die im zweitinstanzlichen Urteil niedergelegt sind. Sie haben jedoch das Recht, neue Beweise zu erheben und zu würdigen.

Das erstinstanzliche Gericht darf bei der anderweitigen Verhandlung der Sache eine Erhöhung der ursprünglich verhängten Strafe nur vornehmen, wenn

1. das Urteil auf Einspruch der Staatsanwaltschaft oder auf Beschwerde des strafverlangenden Verletzten aufgehoben worden ist, weil die verhängte Strafe zu niedrig war;

2. durch ergänzende Ermittlungen neue erschwerende Umstände bekannt werden;

3. nach Abschluß der ergänzenden Ermittlungen die Tat des Beschuldigten nach einer anderen Vorschrift des Strafgesetzbuches zu beurteilen ist, die eine schwerere Strafe vorsieht als die ursprünglich angewandte Vorschrift.

Art. 176

Das zweitinstanzliche Gericht hat in seiner Entscheidung erforderlichenfalls auf festgestellte Mängel und Versäumnisse im Ermittlungsverfahren und in der erstinstanzlichen Verhandlung aufmerksam zu machen und das erstinstanzliche Gericht sowie die Organe der Ermittlungsbehörde hiervon zu unterrichten.

Art. 177 Eintritt der Rechtskraft von gerichtlichen Entscheidungen

Ein Urteil erwächst in Rechtskraft, wenn innerhalb der Frist weder Beschwerde noch Einspruch eingelegt worden ist.

Ein Urteil, gegen das Beschwerde oder Einspruch eingelegt worden ist, erwächst in Rechtskraft in dem Augenblick, wo das zweitinstanzliche Gericht das Urteil bestätigt.

Das Urteil, gegen das weder Beschwerde noch Einspruch eingelegt wird, erwächst in Rechtskraft unmittelbar mit seiner Verkündung.

Art. 178 Beschwerde gegen Beschlüsse und Verfügungen[23]

Gegen Beschlüsse und Verfügungen, die vom Gericht oder Einzelrichter bei der Vorbereitung oder während der Verhandlung der Sache erlassen wurden, kann Beschwerde oder Einspruch nur zusammen mit dem Urteil eingelegt werden mit Ausnahme der in diesem Gesetz ausdrücklich genannten Fälle.

23 Albanisch "vendimi jopërfundimentare", wörtlich "nicht endgültige Entscheidung", was sachlich verfahrensleitenden Beschlüssen und Verfügungen entspricht.

Beschwerde oder Einspruch haben keine aufschiebende Wirkung in bezug auf die Verhandlung der Sache oder die Vollstreckung der Entscheidung, es sei denn, das Gericht verweist die Sache an die Ermittlungsbehörde zurück oder das erst- oder zweitinstanzliche Gericht hält dies für zweckmäßig.

Beschwerde und Einspruch gegen Beschlüsse und Verfügungen werden vom zweitinstanzlichen Gericht durch seine richterlichen Mitglieder geprüft, es sei denn, es hält die Erörterung der Sache in einer mündlichen Verhandlung für erforderlich.

Vierter Abschnitt

ÜBERPRÜFUNG RECHTSKRÄFTIGER ENTSCHEIDUNGEN

Art. 179 Antrag auf Verteidigung der Gesetzlichkeit

Gegen rechtskräftige Entscheidungen kann, wenn andere Fakten festgestellt oder bekannt werden, die darauf hindeuten, daß die Entscheidung unrichtig ist, Antrag auf Verteidigung der Gesetzlichkeit gestellt werden.

Das Recht, Antrag auf Verteidigung der Gesetzlichkeit zu stellen, steht dem Präsidenten des Obersten Gerichts und dem Generalstaatsanwalt zu.

Die Bezirks- und Regionalstaatsanwaltschaft hat das Recht, rechtskräftige gerichtliche Entscheidungen nachzuprüfen und dem Generalstaatsanwalt vorzuschlagen, Antrag auf Verteidigung der Gesetzlichkeit zu stellen.

Art. 180 Frist für die Einreichung des Antrages auf Verteidigung der Gesetzlichkeit

Der Antrag auf Verteidigung der Gesetzlichkeit kann jederzeit gestellt werden. Gegen freisprechende Urteile und die Einstellung des Verfahrens bei Vergehen kann der Antrag nur innerhalb von fünf Tagen eingereicht werden, gerechnet ab dem Tag, an dem die Entscheidung in Rechtskraft erwachsen ist.

Art. 181 Recht auf Aussetzung der Vollstreckung der Entscheidung

Der Präsident des Obersten Gerichts und der Generalstaatsanwalt haben das Recht, die Aussetzung der Vollstreckung der Entscheidung, die in Rechtskraft erwachsen ist, bis zu zwei Monaten anzuordnen. Die Aussetzungsanordnung unterbricht auch die Fortsetzung der bereits eingeleiteten Vollstreckung der Entscheidung.

Art. 182 Das Gericht, das sich mit dem Antrag auf Verteidigung der Gesetzlichkeit befaßt

Mit dem Verfahren über den Antrag auf Verteidigung der Gesetzlichkeit wird der Straf- oder Militärstrafsenat des Obersten Gerichts befaßt.

Das Plenum[24] des Obersten Gerichts wird befaßt, wenn sich der Antrag gegen Entscheidungen von Senaten des Obersten Gerichts richtet.

Art. 183 Verhandlung des Antrags auf Verteidigung der Gesetzlichkeit

Die Verhandlung des Antrages auf Verteidigung der Gesetzlichkeit durch einen der Senate des Obersten Gerichts richtet sich nach den in Artikel 168-174 dieses Gesetzes enthaltenen Bestimmungen.

Art. 184

Der Antrag auf Verteidigung der Gesetzlichkeit gegen Entscheidungen von Senaten des Obersten Gerichts wird vom Plenum des Obersten Gerichts unter Beteiligung des Generalstaatsanwaltes verhandelt; erscheint es angebracht, können auch die Beteiligten des Strafprozesses beigeladen werden.

Die Verhandlung wird eröffnet mit einem Aktenbericht über den Antrag auf Verteidigung der Gesetzlichkeit; danach sowie nach Erörterung der Sache und nach Einholung der Stellungnahme des Generalstaatsanwaltes trifft das Plenum seine Entscheidung.

24 Am Plenum können nach Art. 20 DOGJ nunmehr auch nichtrichterliche juristische Kader teilnehmen.

Am Plenum sollen mehr als die Hälfte aller Mitglieder des Obersten Gerichts teilnehmen, die Entscheidung ergeht mit einfacher Stimmenmehrheit.

Art. 185 Die von den Senaten oder dem Plenum des Obersten Gerichts zu treffende Sachentscheidung

Die Senate oder das Plenum des Obersten Gerichts treffen nach Überprüfung des Falles folgende Entscheidung:

1. Bestätigung der angefochtenen Entscheidung;

2. Aufhebung der Entscheidung des erst- und zweitinstanzlichen Gerichts und Zurückverweisung der Sache zur anderweitigen Verhandlung oder zu neuen Ermittlungen;

3. Aufhebung der Entscheidung des erst- und zweitinstanzlichen Gerichts und völlig neue eigene Entscheidung in der Sache;

4. Aufhebung der Entscheidung des zweitinstanzlichen Gerichts und Rückgabe der Sache zur Verhandlung an dasselbe Gericht;

5. Aufhebung der Entscheidung des zweitinstanzlichen Gerichts und Bestätigung der Entscheidung des erstinstanzlichen Gerichts;

6. Änderung der Entscheidung des erst- und zweitinstanzlichen Gerichts.

Fünfter Abschnitt

VOLLSTRECKUNG VON ENTSCHEIDUNGEN

Art. 186 Einleitung der Vollstreckung von Entscheidungen

Urteile sind sofort nach Eintritt der Rechtskraft zu vollstrecken.

Ein freisprechendes oder von Strafe absehendes Urteil sowie die Einstellung des Verfahrens sind sofort nach Verkündung zu vollziehen.

Der zum Tode Verurteilte hat das Recht, ein Gnadengesuch beim Präsidium der Volksversammlung zu stellen; unabhängig davon, ob ein solches Gesuch gestellt wird oder nicht, darf ein Todesurteil nicht vollstreckt werden, bevor es nicht vom Präsidium der Volksversammlung nachgeprüft worden ist.

Art. 187 Abgabe der Entscheidung zur und Bekanntmachung ihrer Vollstreckung

Das Gericht, das eine Entscheidung erlassen hat, leitet diese innerhalb von drei Tagen nach Eintritt der Rechtskraft der Vollstreckung zu.

Den Beginn der Vollstreckung haben die mit dieser Aufgabe betrauten Organe dem Gericht, das die Entscheidung erlassen hat, schriftlich anzuzeigen.

Das Gericht ist verpflichtet, Staatsbetriebe, Institutionen und gesellschaftliche Organisationen, wenn diesen Schadensersatz zuerkannt worden ist, vom Vollstreckungsbeginn zu benachrichtigen.

Art. 188 Vollstreckungsorgane und -maßnahmen[25]

Ein Urteil, das auf gesellschaftlichen Tadel als Erziehungsmaßregel lautet oder die Zuweisung einer Person zur Erziehung an ein Kollektiv oder eine gesellschaftliche Organisation anordnet, wird vom Gericht vollstreckt, während die Verschiebung der Frist für den Beginn der beruflichen Weiterbildung, die Zuweisung einer Aufgabe oder Arbeit mit geringerer Bezahlung bis zu sechs Monaten sowie die Entfernung vom Arbeitsplatz von den Betrieben, Institutionen und gesellschaftlichen Organisationen vollstreckt werden.

Ein Urteil, das auf Geldstrafe Umerziehung durch Arbeit und auf Verpflichtung zur Zahlung von Schadensersatz lautet, wird vom Vollstreckungsbüro vollstreckt.

Ein Urteil, das auf Freiheitsentzug, Tod, Internierung und Verbannung lautet, sowie Urteile, die medizinische Maßregeln und Erziehungsmaßregeln auf Unterbringung eines Minderjährigen in eine Erziehungsan-

25 Vgl. hierzu Art. 18-28 KP.

stalt zum Inhalt haben, werden von den Organen für innere Angelegenheiten vollstreckt. Urteile, die auf Verbot der Ausübung einer Tätigkeit oder eines bestimmten Berufes als Erziehungsmaßregel lauten, werden von den zuständigen Organen vollstreckt.

Ein Urteil, das die Aberkennung von Ehrentiteln und Auszeichnungen beinhaltet, sowie das Verbot der Ausübung einer Tätigkeit oder eines bestimmten Berufes und die Aberkennung des Wahlrechts, wird entsprechend ihrer Zuständigkeit vom Präsidium der Volksversammlung und vom Exekutivkomitee des Bezirksvolksrates vollstreckt.

Die Einzelheiten der Vollstreckung gerichtlicher Entscheidungen werden in besonderen Bestimmungen[26] geregelt.

Art. 189 Vollstreckungsaufschub

Der Aufschub der Vollstreckung eines Strafurteils wird vom Gericht auf Antrag des Verurteilten, seines Rechtsbeistandes oder gesetzlichen Vertreters, der Staatsanwaltschaft, des Kollektivs am Arbeitsplatz oder einer gesellschaftlichen Organisation gewährt, jedoch nur in dem Fall, wo die Strafverbüßung noch nicht begonnen hat.

Ab Einreichung des Gesuchs hat das Gericht das Recht, die Vollstreckung des Urteils auszusetzen bis zur Entscheidung über den Antrag.

Das Gericht kann bereits mit Erlaß des Urteils einen Vollstreckungsaufschub aussprechen.

Gegen die Entscheidung über den Vollstreckungsaufschub ist weder Beschwerde noch Einspruch statthaft.

26 Insbesondere Dekret Nr. 3584 vom 12.11.1962 "Über die Vollstreckung von Strafurteilen" (siehe unter lfd. Nr. XII) sowie Weisung Nr. 1 des OG vom 20.3.1978 "Über die Vollstreckung von Strafurteilen auf Umerziehung durch Arbeit" (DP 1978 Nr. 2, S. 113).

Art. 190 Gründe für einen Vollstreckungsaufschub

Das Gericht kann in folgenden Fällen[27] auf Aufschub der Vollstreckung des Strafurteils entscheiden:

1. wenn der Verurteilte in Krankheit verfällt, die eine Vollstreckung der Entscheidung nicht erlaubt; in diesem Fall wird die Vollstreckung aufgeschoben, bis der Verurteilte wieder gesund ist;

2. wenn eine verurteilte Person schwanger ist und ihr Zustand keine Strafverbüßung erlaubt; in diesem Fall wird die Vollstreckung des Urteils bis zu einer Dauer von zwei Monaten nach der Niederkunft aufgeschoben; der Vollstreckungsaufschub kann bis zu neun Monaten verlängert werden, wenn die Frau das Kind stillt;

3. wenn durch sofortige Strafverbüßung dem Verurteilten und seiner Familie besonders schwere Nachteile erwachsen würden aus Gründen besonderer, in seinem Lebenskreis liegender Umstände und Bedingungen wie erheblicher Brandschaden an Haus und Hof, ernste Erkrankung oder Tod des einzigen Familienangehörigen, der arbeitsfähig ist; in diesem Fall darf die Vollstreckung des Urteils nicht länger als drei Monate aufgeschoben werden;

4. in außergewöhnlichen Fällen, das heißt wenn die sofortige Strafverbüßung staatlichen und gesellschaftlichen Interessen schaden würde, kann die Vollstreckung des Urteils bis zu drei Monten aufgeschoben werden.

Art. 191 Kontrolle der Vollstreckung durch die Staatsanwaltschaft

Die Staatsanwaltschaft hat das Recht, die Gesetzmäßigkeit der Vollstreckung von Entscheidungen zu kontrollieren.

27 Vollstreckungsaufschub kann ferner Personen gewährt werden, die ihren Militärdienst ableisten; so die Weisung Nr. 15 des Ministerrates vom 21.5.1955 "Über die Strafvollstreckung gegen Personen, die ihren Militärdienst ableisten" (nicht in GZ, aber in PPL 1971 , S. 612).

Art. 192[28]

(aufgehoben)

Art. 193[28]

(aufgehoben)

Art. 194 Einweisung des Verurteilten in besondere Einrichtungen

Wird festgestellt, daß der Verurteilte an einer schweren, unheilbaren Krankheit leidet, ordnet das Gericht auf Antrag der Staatsanwaltschaft oder des örtlichen, mit dem Strafvollzug befaßten Organs die Einweisung des Verurteilten in eine besondere psychiatrische Anstalt oder in eine andere Einrichtung an oder es verfügt seine Freilassung.

Die Zeit, die ein zu Freiheitsentzug Verurteilter in einer Heilanstalt aus Gründen einer geistigen Erkrankung oder einer anderen Krankheit verbringt, wird in die Strafzeit eingerechnet.

Art. 195 Änderung und Aufhebung medizinischer Maßregeln

Bessert sich während des Vollzuges einer medizinischen Maßregel der Gesundheitszustand des Verurteilten solchermaßen, daß er keine Gefahr mehr für die Gesellschaft darstellt, ordnet das Gericht auf Antrag der Heilanstalt oder der Staatsanwaltschaft die Änderung oder völlige Aufhebung der medizinischen Maßregel an.

Art. 196 Strafumwandlung

Das Gericht kann auf Antrag der Staatsanwaltschaft oder der Vollstreckungsbehörde, wenn festgestellt wird, daß der Verurteilte sich ohne Grund der Strafanwendung entzieht, die Umwandlung der Strafe beschließen, und zwar Umerziehung durch Arbeit in Freiheitsentzug und Geldstrafe in Umerziehung durch Arbeit.[29]

28 Art. 192, 193 aufgehoben durch Gesetz Nr. 6300 vom 27.3.1981 (GZ 1981 Nr. 2, S. 37).

29 Die Modalitäten der Umrechnung sind in Art. 19 Abs. 3 und 20 Abs. 8 KP geregelt.

Art. 197 Gerichtliche Nachtragsentscheidung[30]

Das Gericht hat auf Antrag der Staatsanwaltschaft, der Vollstreckungsorgane oder des Verurteilten das Recht, im Wege der Nachtragsentscheidung jeden Irrtum oder jede Unklarheit, die sich während der Vollstreckung der Entscheidung herausstellen, aufzugreifen und zu berichtigen, soweit hierdurch nicht die Entscheidung in ihrem wesentlichen Inhalt berührt wird.

Art. 198 Vorschriften für die Behandlung von Verfahren, die im Zusammenhang mit der Vollstreckung entstehen

Die Behandlung von Verfahren, die in Artikel 189, 194, 195, 196 und 197 dieses Gesetzes aufgeführt sind, richtet sich nach den allgemeinen Vorschriften.

Zu einer mündlichen Verhandlung sind der Verurteilte, sein Rechtsbeistand und gegebenenfalls sein gesetzlicher Vertreter zu laden. Ihr Nichterscheinen hindert nicht die Verhandlung in der Sache.

Zuständig für die Entscheidung der erwähnten Verfahren ist das Gericht des Ortes, an dem der Verurteilte seine Strafe verbüßt.

Gegen Entscheidungen des Gerichts nach Artikel 189 und 194 dieses Gesetzes kann Beschwerde und Einspruch erhoben werden.

Art. 199

Die Strafprozeßordnung der Volksrepublik Albanien, genehmigt von der Volksversammlung mit Gesetz Nr.1650 vom 30.3.1953 und in Kraft getreten am 1. Juni 1953,

alle ihre späteren Ergänzungen und Änderungen sowie alle sonstigen Bestimmungen, die im Widerspruch zu diesem Gesetz stehen, werden aufgehoben.

30 Bei guter Führung und Übererfüllung der Arbeitsnormen kann die Strafe nachträglich herabgesetzt werden; Voraussetzungen und Verfahren dieser auf Freiheitsstrafe begrenzten Maßnahme sind jedoch nicht bekannt, da das einschlägige Dekret Nr. 7298 vom 8.4.1989 "Über die Herabsetzung der Strafe bei zu Freiheitsentzug verurteilten Personen, die sich durch Erfüllung oder Übererfüllung der Arbeitsnormen auszeichnen" (vgl. den Hinweis in GZ 1989 Nr. 2) bislang nicht veröffentlicht worden ist.

Art. 200

Dieses Gesetz tritt am 1. April 1980 in Kraft.[31]

31 Die durch Dekret Nr. 7177 vom 20.11.1987 erfolgte Novelle enthält folgende Übergangsregelungen:

"Art. 2: Verfahren, die im Zeitpunkt des Inkrafttretens dieses Dekrets bei den Gerichtsräten anhängig sind, werden von den Regionalgerichten entschieden, während Verfahren, die dem Obersten Gericht zur Entscheidung vorliegen, von einem Senat des Obersten Gerichts entschieden werden.

Art. 3: Alle Bestimmungen, die im Widerspruch zu diesem Dekret stehen, werden aufgehoben.

Art. 4: Dieses Dekret tritt am 1. Februar 1988 in Kraft."

VII.

Dekret Nr. 7174

"Über die Gerichtsorganisation in der Sozialistischen Volksrepublik Albanien"

vom 20.11.1987 (GZ 1987 Nr. 5, S. 87 ff.)

Erster Abschnitt

INHALT, GRUNDLAGEN UND GRUNDPRINZIPIEN

Art. 1

In der Sozialistischen Volksrepublik Albanien sind die Volksgerichte die Organe, die die Rechtsprechung ausüben.

Die Volksgerichte haben die Pflicht, den Staat der Diktatur des Proletariats, die Partei der Arbeit Albaniens, die Rechte und Interessen der Bürger, die sozialistische Rechtsordnung zu verteidigen, sowie den Aufbau des Sozialismus gemäß den Prinzipien des sich Stützens auf die eigene Kraft zu unterstützen und für die Bewahrung des sozialistischen Eigentums und die Stärkung der proletarischen Arbeitsdisziplin einzutreten.

Sie bemühen sich um die Verhütung von Straftaten und zivilen Streitigkeiten und erziehen die Bürger im Geiste der Achtung und Einhaltung der sozialistischen Gesetzlichkeit.

Art. 2

Die Tätigkeit der Gerichte wird bestimmt durch die Politik der Partei der Arbeit Albaniens und basiert auf der Ideologie der Arbeiterklasse, dem Marxismus-Leninismus.

Art. 3

Die Tätigkeit der Gerichte hat die Prinzipien des Klassenkampfes zum Inhalt.

Art. 4

Die Gerichte sind in ihrer Entscheidung unabhängig, urteilen allein auf der Grundlage des Gesetzes und erlassen ihre Urteile im Namen des Volkes.

Die Entscheidungen der Gerichte haben gesetzesgleiche Kraft und ihre Beachtung ist für die staatlichen Organe, die wirtschaftlichen und gesellschaftlichen Organisationen, die Staatsangestellten und Bürger Pflicht.

Art. 5

Die Gerichte urteilen durch Kollegialspruchkörper. Bestimmte im Gesetz genannte Handlungen kann auch ein einzelner Richter vornehmen.

Art. 6

Die Gerichte vollziehen die Massenlinie, stützen sich auf deren Kraft, unterwerfen sich deren Kontrolle und entwickeln einen ständigen Kampf gegen Bürokratismus und Liberalismus.

Die gerichtliche Verhandlung erfolgt unter Beteiligung von Hilfsrichtern und öffentlich, außer in Fällen, wo das Gesetz[1] etwas anderes bestimmt.

Um den Massen noch näherzukommen, um bei ihnen eine große erzieherische Wirkung zu erzielen, um die klassenbewußte Wachsamkeit bei der Beseitigung von Straftaten und anderen Gesetzesverstößen zu stärken, sowie zur Schulung der Erfahrung der Massen, verhandeln und entscheiden die Gerichte auch am Arbeitsplatz, auf dem Lande und an anderen Gemeinschaftsorten.

1 Vgl. Art. 135 KPP.

Art. 7

Die Richter und Hilfsrichter der Bezirksgerichte werden vom Volk in allgemeiner, freier, unmittelbarer und geheimer Wahl gewählt.[2]

Die Richter und Hilfsrichter der Regionalgerichte werden von den Bezirksvolksräten ihres Tätigkeitsgebietes gewählt.

Die Richter und Hilfsrichter des Obersten Gerichts werden von der Volksversammlung gewählt.

Die Zahl der Richter und Hilfsrichter des Obersten Gerichts, der Bezirks- und Regionalgerichte wird vom Präsidium der Volksversammlung auf Vorschlag des Präsidenten des Obersten Gerichts festgesetzt.[3]

Art. 8

Die Richter und Hilfsrichter haben vor ihren Wählern und den zuständigen Volksräten Rechenschaft abzulegen.

Das Oberste Gericht legt vor der Volksversammlung bzw. zwischen den Sitzungen vor dessen Präsidium Rechenschaft ab.

Art. 9

Die Richter und Hilfsrichter können von ihren Pflichten nur entbunden werden auf Beschluß ihrer Wähler oder des Organs, das sie gewählt hat, bei Versetzung - jedoch nur wenn dies ein triftiger Grund erfordert - oder bei Verurteilung wegen einer Straftat.

2 Vgl. hierzu das Dekret Nr. 4243 vom 13.3.1967 "Über die Wahl zu den Volksräten und Volksgerichten" (siehe Nachweise in Anm. 62 zu Art. 200 ff. KP). Zur Praxis der Richterwahlen in Albanien vgl. auch Stoppel, Amnestie und Richterwahlen in Albanien, Albanische Hefte 1986 Nr. 2, S. 4 ff.

3 Es gilt nach wie vor der Beschluß Nr. 215 des Präsidiums der Volksversammlung vom 30.10.1973 (GZ 1973 Nr. 5) "Über die Zahl der Richter und Hilfsrichter der Bezirksgerichte" (vgl. hierzu die Aufstellung in Wissenschaftlicher Dienst Südosteuropa 1980 S. 64 f.) Das Oberste Gericht hat gemäß Beschluß Nr. 185 der Volksversammlung vom 20.2.1987 (GZ 1987 Nr. 2) derzeit 21 Richter und 50 Hilfsrichter.

Art. 10

Die gerichtliche Verhandlung erfolgt in albanischer Sprache. Personen, die kein Albanisch sprechen, können ihre Sprache benutzen und sich mit Hilfe eines Dolmetschers verständigen.

Art. 11

Der Beschuldigte im Strafverfahren genießt das Recht auf Verteidigung und die Parteien im Zivilverfahren können sich der Hilfe eines Rechtsbeistandes bedienen.[4]

Zweiter Abschnitt

RECHTSPRECHUNG (GERICHTLICHES VERFAHREN)

Art. 12

Der Gerichtsaufbau in der Sozialistischen Volksrepublik Albanien umfaßt die Gerichte auf dem Lande, in der Stadt und den Wohnvierteln,[5] die Bezirksgerichte, die Regionalgerichte und das Oberste Gericht.

Art. 13

Die Gerichte auf dem Lande, in der Stadt und den Wohnvierteln verhandeln und entscheiden Strafsachen[6] von geringer gesellschaftlicher Gefährlichkeit und einfache, vom Gesetz zugewiesene Zivilsachen.[7]

Die Gerichte auf dem Land, in der Stadt und den Wohnvierteln bestehen aus einem Hilfsrichter des Bezirkgsgerichts und einer Reihe von gesellschaftlichen Aktivisten.

4 Vgl. Art. 9, 10 KPP bzw. Art. 7 KPC und Art. 33 dieses Dekretes.

5 Auch "Dorf-, Stadt- und Stadtviertelgerichte", vgl. Dekret Nr. 4426 (= lfd. Nr. VIII).

6 Vgl. Art. 8 LGFQ bzw. das Gesetz Nr. 6070 (= Lfd. Nr. III).

7 Vgl. Art. 9 LGFQ sowie Art. 135-141 KPC.

Art. 14

Die gesellschaftlichen Aktivisten der Gerichte auf dem Lande, in der Stadt und den Wohnvierteln werden auf drei Jahre in Versammlungen der Bevölkerung mit öffentlicher Stimmabgabe gewählt und ihre Zahl pro Gericht soll nicht weniger als fünf und nicht mehr als zehn betragen.

Art. 15

Die Bezirksgerichte sind das wichtigste Kettenglied im Gerichtsaufbau der Sozialistischen Volksrepublik Albanien. Sie verhandeln und entscheiden in erster Instanz alle Straf- und Zivilsachen ausgenommen solche, die vom Gesetz der Zuständigkeit der Gerichte auf dem Lande, in der Stadt und den Wohnvierteln zugewiesen sind.

Die Bezirksgerichte prüfen ferner Beschwerden, Einsprüche und Anträge auf Wiederaufnahme gegen Entscheidungen der Gerichte auf dem Lande, in der Stadt und den Wohnvierteln.

Die Bezirksgerichte setzen sich aus einem Präsidenten, Vizepräsidenten, Richtern und Hilfsrichtern zusammen. Der Präsident und die Vizepräsidenten werden auf Vorschlag des Präsidenten des Obersten Gerichts aus der Mitte der gewählten Richter vom Bezirksvolksrat des jeweiligen Gerichtsbezirkes ernannt.

Art. 16

Bei einzelnen Bezirksgerichten, die vom Präsidium der Volksversammlung bestimmt werden, werden Militärstrafkammern eingerichtet, die aus einem Militärrichter und zwei Militärhilfsrichtern bestehen.

Die Militärstrafkammern der Bezirksgerichte verhandeln und entscheiden Straftaten, die von Militärpersonen begangen wurden, sowie andere Straftaten, die gesetzlich in ihre Zuständigkeit fallen.

Art. 17

Die Regionalgerichte prüfen in zweiter Instanz Beschwerden und Einsprüche gegen Straf- und Zivilurteile der Bezirksgerichte gemäß den in der Straf- und Zivilprozeßordnung getroffenen Bestimmungen.

Die Regionalgerichte befassen sich in erster Instanz mit Sachen, die ihnen vom Präsidenten des Obersten Gerichts zugewiesen werden, sowie mit Sachen aus dem Zuständigkeitsbereich des Bezirksgerichts, in denen die Entscheidung zum zweiten Mal aufgehoben wurde.

Die Regionalgerichte verhandeln und entscheiden in zweiter Instanz in der Besetzung mit drei Richtern oder mit drei Richtern und zwei Hilfsrichtern.

Die örtliche Zuständigkeit der Regionalgerichte wird vom Präsidium der Volksversammlung auf Vorschlag des Präsidenten des Obersten Gerichts festgelegt.[8]

Die Regionalgerichte setzen sich aus einem Präsidenten, Vizepräsidenten, Richtern und Hilfsrichtern zusammen. Der Präsident und die Vizepräsidenten werden auf Vorschlag des Präsidenten des Obersten Gerichts von den Bezirksvolksräten, die zum örtlichen Zuständigkeitsbereich der Regionalgerichte gehören, aus der Mitte der gewählten Richter ernannt.

Art. 18

Das Oberste Gericht ist das oberste Rechtsorgan der Sozialistischen Volksrepublik Albanien.

Das Oberste Gericht verhandelt und entscheidet in erster Instanz besonders schwere Fälle, die sein Präsident von den Bezirksgerichten an

8 Hierzu bestimmt das Dekret Nr. 7173 vom 20.11.1987 (GZ 1987 Nr. 5) folgendes:
"1. Es werden 6 Regionalgerichte unter Zuteilung folgender Bezirke bestimmt:
- Tirana, Kruja, Mat, Diber und Mirdita mit Sitz in Tirana,
- Skodra, Lezha, Puka, Tropoja und Kukes mit Sitz in Skodra,
- Durres, Elbasan, Gramsh und Librazhd mit Sitz in Durres,
- Vlora, Fier, Berat, Lushnja und Skrapar mit Sitz in Vlora,
- Gjirokastra, Saranda, Tepelena und Permet mit Sitz in Gjirokastra,
- Korca, Pogradec und Kolonja mit Sitz in Korca.

2. Dieses Dekret tritt am 1. Januar 1988 in Kraft."

sich zieht, und prüft in zweiter Instanz Beschwerden und Einsprüche gegen Entscheidungen der Bezirks- und Regionalgerichte gemäß den in der Straf- und Zivilprozeßordnung getroffenen Bestimmungen.

Art. 19

Das Oberste Gericht setzt sich aus einem Präsidenten, Vizepräsidenten, Richtern und Hilfsrichtern zusammen.

Das Oberste Gericht wird durch sein Plenum und seine Straf-, Zivil- und Militärstrafsenate tätig.

Art. 20

Das Plenum des Obersten Gerichts besteht aus dem Präsidenten, den Vizepräsidenten und den Richtern des Obersten Gerichts. Am Plenum können auch die Rechtskader des Verwaltungsapparates des Obersten Gerichts teilnehmen.

Art. 21

Das Plenum des Obersten Gerichts hat folgende Aufgaben:

a) Prüfung der vom Präsidenten des Obersten Gerichts oder vom Generalstaatsanwalt vorgelegten Anträge auf Verteidigung der Gesetzlichkeit gegen Straf- und Zivilurteile der Senate des Obersten Gerichts;

b) allgemeine Überprüfung der gerichtlichen Praxis und Justizstatistik und Erlaß von Weisungen zur einheitlichen Anwendung von Recht und Gesetz durch die Gerichte; Erstellung von Analysen über die Tätigkeit der Gerichte und Vereinheitlichung der gerichtlichen Praxis bei der Entscheidungsfindung;

c) Genehmigung der Besetzung der Senate des Obersten Gerichts.

Wird ein Antrag auf Verteidigung der Gesetzlichkeit geprüft oder eine Weisung erlassen, kann am Plenum auch der Generalstaatsanwalt teilnehmen.

Art. 22

Die Senate des Obersten Gerichts werden aus den Richtern des Obersten Gerichts gebildet.

Die Senate befassen sich in erster Instanz mit Sachen von besonderer Schwere, in zweiter Instanz mit Sachen, die das Gesetz bestimmt, sowie mit Anträgen auf Verteidigung der Gesetzlichkeit gegen rechtskräftige Entscheidungen, die nicht von ihnen erlassen wurden.

Der Präsident und die Vizepräsidenten des Obersten Gerichts können in einem Senat des Obersten Gerichts tätig werden.

Art. 23

Die Anpassung der örtlichen Zuständigkeit der Gerichte im Falle von Änderungen der Verwaltungsgebietsgliederung nimmt das Präsidium der Volksversammlung auf Vorschlag des Präsidenten des Obersten Gerichts vor.

Art. 24

Die Hilfsrichter[9] beteiligen sich aktiv an der Verhandlung und Entscheidung in allen Sachen und üben alle Aufgaben der Richter aus, insbesondere helfen sie, die Beziehungen der Richter zu den Massen herzustellen und bei der Stärkung des Kampfes gegen Gesetzesverstöße, bei der Mobilisierung der Werktätigen zur Beseitigung der Ursachen für diese Verstöße und bei der Popularisierung der Gesetze und gerichtlichen Entscheidungen.

9 Vgl. hierzu auch den Beschluß Nr. 276 des Präsidiums der Volksversammlung vom 29.4.1982 "Über die Verbesserung und weitere Arbeit zur Aktivierung und Erziehung der Hilfsrichter und Volksstaatsanwälte zum Schutz und zur richtigen Anwendung der Gesetze" (nicht in GZ, aber in PPL 1985, S. 634 f.)

Art. 25

Die Hilfsrichter genießen alle richterlichen Rechte und üben alle richterlichen Aufgaben aus. Die Hilfsrichter werden für ihre Tätigkeit bei den Bezirksgerichten, den Regionalgerichten und dem Obersten Gericht für fünfzehn Tage im Jahr herangezogen.[10]

Diese Zeit kann verlängert werden, wenn die Verhandlung einer Sache nur unter Beteiligung dieser Hilfsrichter zum Abschluß gebracht werden kann.

Art. 26

Die Richter und Hilfsrichter nehmen ihre Aufgaben auch nach Ablauf der Zeitspanne, für die sie gewählt worden sind, solange wahr, bis neue gewählt sind.

Fällt an einem Ort ein Richter fort, ernennt der Volksrat einen neuen Richter, bis ein neuer gewählt wird.

Art. 27

Auf Beschluß des Präsidenten des Obersten Gerichts kann ein Richter des Obersten Gerichts mit der Verhandlung von Sachen erster oder zweiter Instanz betraut werden, die zur Zuständigkeit des Bezirks- oder Regionalgerichts gehören.[11]

Der Präsident des Obersten Gerichts kann einen Richter der Regionalgerichte mit der Verhandlung von erstinstanzlichen Sachen eines Bezirksgerichts seiner Region betrauen.

10 Zur arbeitsrechtlichen Seite (z.B. Lohnfortzahlung und ähnliches) vgl. Art. 58 des Arbeitsgesetzbuches (siehe Anm. 19 zu Art. 63 KP) sowie insbesondere VKM Nr. 41 vom 13.3.1969 (GZ 1969 Nr. 3, S. 35) "Über die Festlegung von Arbeitstagen von Mitgliedern landwirtschaftlicher Genossenschaften, die Aufgaben als Hilfsrichter ausüben".

11 Gemeint ist die Abordnung von Richtern an nachgeordnete Gerichte zwecks Übernahme bestimmter Einzelfälle, etwa bei Verbrauch aller Richter eines Gerichts auf Grund von Befangenheit und ähnlichem: vgl. auch Art. 172 Abs. 2 KPP.

Art. 28

Die Richter aller gerichtlichen Instanzen und die Hilfsrichter des Obersten Gerichts genießen Immunität.

Ohne Zustimmung des Präsidiums der Volksversammlung können sie weder verhaftet noch strafrechtlich belangt werden, es sei denn, sie werden bei der Begehung einer schweren Straftat auf frischer Tat betroffen.

Die übrigen Hilfsrichter genießen Immunität in ihrem Wahlbezirk des Dorfes, der Stadt oder des Wohnviertels und im Bezirk oder in der Region für die Zeit, wo sie ihren Aufgaben beim Bezirks- oder Regionalgericht nachkommen. Ihre Immunität wird vom zuständigen Volksrat aufgehoben.

Dritter Abschnitt

JUSTIZVERWALTUNG

Art. 29

Das Oberste Gericht übt durch seinen Apparat folgende Aufgaben auf dem Gebiet der Justizverwaltung aus:[12]

- Leitung und Kontrolle der Verwaltungstätigkeit aller Gerichte, der Vollstreckungsbehörden sowie der Tätigkeit der Rechtshilfebüros,
- Popularisierung der gerichtlichen Praxis,
- Leitung und Kontrolle populärwissenschaftlicher Rechtsstudien,
- Leitung und Kontrolle der Justizstatistik,
- Führung eines Registers über rechtskräftige Strafurteile gemäß den hierfür vom Präsidenten des Obersten Gerichts erlassenen besonderen Anweisungen,[13]

12 Das OG fungiert insoweit als Ersatz für das mit Gesetz Nr. 4174 vom 14.9.1966 (GZ 1966 Nr. 6, S. 171, deutsche Übersetzung: WGO 1967, S. 3) aufgelöste Justizministerium; weitere Justizverwaltungsaufgaben werden von einem "Juristischen Büro" beim Ministerrat wahrgenommen.

13 Vgl. VKM Nr. 32 vom 10.11.1959 (= lfd. Nr. XV).

- Aufsicht über die Ausbildung und Weiterbildung der Kader,
- Popularisierung und Verbreitung seiner Erfahrungen und Fortschritte,
- Prüfung von Anträgen und Beschwerden von Bürgern im Zusammenhang mit der Arbeit der Gerichte und der Rechtshilfebüros,
- Feststellung, Durchführung und Kontrolle des Haushalts- und Finanzplanes der Gerichte,
- Herausgabe eines Mitteilungsblattes über die gerichtliche Praxis.[14]

Art. 30

Bei den Bezirksgerichten wird der Verwaltungsapparat vom Gerichtspräsidenten geleitet. Er nimmt die Sachen zur Verhandlung an und verteilt die Arbeit auf die Richter, er kontrolliert die Arbeit der Sekretäre, der Vollstreckungsbehörde und des übrigen Verwaltungsapparates, er leitet im allgemeinen die gerichtliche Praxis, er organisiert und kontrolliert die Verwirklichung der Aufgaben auf dem Gebiet der Bekämpfung von Straftaten, er sorgt dafür, daß die Richter und Hilfsrichter Rechenschaft ablegen, und daß insgesamt die Massenlinie eingehalten wird.

Bei den Regionalgerichten wird der Verwaltungsapparat vom Präsidenten des Regionalgerichts geleitet.

Vierter Abschnitt

VOLLSTRECKUNGSBEHÖRDE

Art. 31

Strafurteile, die auf Geldstrafe, Umerziehung durch Arbeit und Verpflichtung zur Zahlung von Schadensersatz lauten, sowie Zivilurteile

14 Hierbei handelt es sich um das in der Regel monatlich erscheinende "Buletini i Gjykatës së Lartë" (Mitteilungsblatt des Obersten Gerichts), das seit 1958 herausgegeben wird und neben Berichten aus der Praxis in erster Linie Entscheidungen enthält (jedoch als "Nur für den Dienstgebrauch" insbesondere Ausländern nicht zugänglich ist).

und vom Gesetz genannte andere Vollstreckungstitel werden von der gerichtlichen Vollstreckungsbehörde vollstreckt.[15]

Die staatlichen Organe, wirtschaftlichen und gesellschaftlichen Organisationen, die Staatsangestellten und Bürger sind verpflichtet, dem Verlangen der Vollstreckungsbehörde nachzukommen.

Die gerichtliche Vollstreckungsbehörde übt ihre Aufgaben beim Bezirksgericht aus und untersteht dem Präsidenten des Bezirksgerichts.

Fünfter Abschnitt

RECHTSHILFEBÜROS UND NOTARIAT

Art. 32

Die Rechtshilfebüros sind die Organe, die den Bürgern, Institutionen, Staatsbetrieben und gesellschaftlichen Organisationen juristischen Beistand leisten.[16]

Art. 33

Die Rechtshilfebüros befassen sich durch ihre Rechtsräte mit der Abfassung von Zivilklagen, Anträgen auf Einleitung eines Strafverfahrens,[17] Beschwerdeanträgen gegen gerichtliche Entscheidungen sowie anderen Beschwerdeanträgen von Bürgern. Ferner werden die Rechtshilfebüros bei der gerichtlichen Verhandlung im gesetzlich im einzelnen festgelegten Umfang tätig.

15 Vgl. auch Art. 188 KPP.

16 Die freie Advokatur und das Notariat wurden in Albanien 1967 abgeschafft und die etwa 400 (seit 1961 ohnehin nur noch in Kollektiven) praktizierenden Anwälte als Staatsangestellte ("Rechtsräte, Rechtspfleger") in die neu geschaffenen Rechtshilfebüros eingegliedert (vgl. im einzelnen Wiener Quellenhefte für Ostkunde, Reihe Recht, 1962, S. 93 und 1967, S. 141, sowie ROW 1983, S. 224).

17 Insbesondere bei Antragsdelikten, vgl. Art. 63 KPP.

Art. 34

Notarielle[18] Akte und Tätigkeiten werden im Rechtshilfebüro von einem Rechtspfleger vorgenommen, der mit dieser Aufgabe betraut ist.

Fehlt ein Rechtspfleger oder ist er gesetzlich ausgeschlossen, werden die notariellen Akte und Tätigkeiten von einem anderen Rechtspfleger oder - wo ein solcher ebenfalls nicht vorhanden ist - von einem Richter des Bezirksgerichtes vorgenommen, die vom Präsidenten des Obersten Gerichts hierfür bestimmt werden.

Art. 35

Notarielle Akte und Tätigkeiten im Ausland werden in den in besonderen Vorschriften genannten Fällen von den diplomatischen und konsularischen Vertretungen der Sozialistischen Volksrepublik Albanien vorgenommen.

Art. 36

In Dörfern und Städten, wo kein Rechtshilfebüro besteht, nehmen der Vorsitzende und der Sekretär des Volksrates vor:

a) Ausstellung von Vollmachten für das Auftreten vor Gericht und anderen staatlichen Institutionen;

b) Protokollierung von Rechtsgeschäften, an denen eine Person beteiligt ist, die nicht im Stande ist, allein rechtswirksam zu unterschreiben und eine andere Person mit der Unterschriftsleistung an ihrer Stelle betraut hat, falls dieses Rechtsgeschäft keinen notariellen Akt erfordert;

c) Beglaubigung von Unterschriften unter nichtamtliche Schriftstücke.

18 Das Notariat ist in Art. 220-225 KPC eingehend geregelt (deutsche Übersetzung z.B. in: Bergmann/Ferid/Stoppel, Internationales Ehe- und Kindschaftsrecht, Albanien, Frankfurt 1987, S. 48 f.).

Art. 37

Rechtshilfebüros werden in jedem Bezirk eingerichtet und unterstehen dem Obersten Gericht.[19]

Die für diese Büros bestimmten Rechtspfleger werden vom Präsidenten des Obersten Gerichts ernannt und entlassen.

Art. 38

Für die Dienste der Rechtshilfebüros und des Notariats ist eine Vergütung[20] auf der Grundlage der Gebührenordnung zu zahlen, die zu diesem Zweck vom Finanzministerium in Zusammenarbeit mit dem Obersten Gericht herausgegeben wird.

Art. 39

Das Gesetz Nr. 4406 vom 24.6.1968 "Über die Gerichtsorganisation in der Volksrepublik Albanien",[21] das Dekret Nr. 5107 vom 30.10.1973 "Über die Errichtung von Gerichtsräten bei den Bezirksgerichten und über einige Änderungen in der Zuständigkeit der Gerichte"[22] sowie alle anderen Bestimmungen, die im Widerspruch zu diesem Dekret stehen, werden aufgehoben.

Art. 40

Dieses Dekret tritt am 1. Januar 1988 in Kraft.

19 Die Einzelheiten der Arbeit der Rechtshilfebüros sind in der Dienstanweisung Nr. 720 des Präsidenten des Obersten Gerichts vom 10.7.1985 geregelt (nicht veröffentlicht; zitiert nach Çeko-Malindi, E Drejta e Proceduriale Civile e RPSSH, Tirana 1986, S. 321 - Das Zivilprozeßrecht der SVRA).

20 Es gilt nach wie vor der Gebührenkatalog in der gemeinsamen Weisung des MdF und des Präsidenten des Obersten Gerichts Nr. 1/18 vom 6.-8.1.1973 (GZ 1973 Nr. 1 , S. 11).

21 GZ 1968 Nr. 7, S. 116.

22 GZ 1973 Nr. 5, S. 60.

VIII.

Dekret Nr. 4426

"Über die Gerichte auf dem Lande, in der Stadt und in den Wohnvierteln"

vom 23.9.1968 (GZ 1968 Nr. 9, S. 143)

geändert[1] mit Dekret Nr. 5634 vom 30.9.1977 (GZ 1977 Nr. 5, S. 116) und Nr. 5913 vom 26.6.1979 (GZ 1979 Nr. 2, S. 45)

Die Gerichte auf dem Lande, in der Stadt und den Wohnvierteln sind ein Kettenglied im Gerichtsaufbau, die in Verbindung mit dem Volk tätig werden und die breiten werktätigen Massen in die Rechtsprechung einbeziehen.

Bei ihrer gesamten Tätigkeit lassen sich die Gerichte auf dem Land, in der Stadt und den Wohnvierteln von der marxistisch-leninistischen Politik der Partei leiten und stützen sich auf die leuchtende Tradition unseres Volkes; sie wenden in erster Linie Methoden der Überzeugung und Erziehung an und üben bei ihrer Arbeit erzieherischen Einfluß auf die werktätigen Massen aus.

Das Präsidium der Volksversammlung hat .... beschlossen:

GERICHTSORGANISATION

Art. 1

Die Gerichte auf dem Lande, in der Stadt und den Wohnvierteln setzen sich aus Hilfsrichtern der Bezirksgerichte, die in jedem Dorf, in jeder Stadt und in jedem Wohnviertel gewählt[2] werden, sowie aus einer Anzahl von gesellschaftlichen Aktivisten zusammen.

1 Eine weitere (wohl nur redaktionelle) Änderung durch Gesetz Nr. 4475 vom 14.1.1969 ist nicht in GZ erschienen, ergibt sich aber aus PPL 1971, S. 323 ff, 736.

2 Zur Richterwahl vgl. Anm. 2 zu Art. 7 DOGJ.

Art. 2

Die Hilfsrichter, die in der Stadt oder den Wohnvierteln mit vielen Einwohnern gewählt werden, urteilen in festen Gerichtssprengeln, deren örtlicher Geltungsbereich vom Volksrat der Stadt oder des entsprechenden Wohnviertels festgelegt wird.

Art. 3

Die gesellschaftlichen Aktivisten werden für drei Jahre auf Versammlungen der Bevölkerung in öffentlicher Abstimmung gewählt.

Hat eine Stadt oder ein Wohnviertel mehrere Hilfsrichter, denen jeweils ein Gerichtssprengel zugewiesen ist, erfolgt die Wahl der gesellschaftlichen Aktivisten in diesem jeweiligen Sprengel.

Die Zahl der gesellschaftlichen Aktivisten soll nicht weniger als fünf für jedes Gericht betragen.

Art. 4

Die Gerichte auf dem Lande, in der Stadt und den Wohnvierteln verhandeln und entscheiden mit Kollegialspruchkörpern, die aus einem Hilfsrichter als Vorsitzendem und zwei gesellschaftlichen Aktivisten als Beisitzern bestehen.

An gerichtlichen Verfahren, die auf Antrag der Bezirksstaatsanwaltschaft oder eines Volksstaatsanwaltes oder eines Organs der Polizei eingeleitet werden, kann auch ein Volksstaatsanwalt teilnehmen.

Art. 5

Kann ein Hilfsrichter an einem gerichtlichen Verfahren wegen Krankheit, Befangenheit oder aus irgendeinem anderen Grund nicht teilnehmen und gibt es im Dorf oder Wohnviertel keinen anderen Hilfsrichter, wird er durch einen Hilfsrichter eines benachbarten Dorfes, Stadt oder Wohnviertels ersetzt, der vom Präsidenten des Bezirksgerichtes bestimmt wird.

Art. 6

Wird die Stelle eines Hilfsrichters in einem Dorf, in der Stadt oder im Wohnviertel frei und gibt es am Ort keinen anderen Hilfsrichter, wählt der Bezirksvolksrat einen neuen Hilfsrichter bis zur allgemeinen Wahl eines neuen.

Art. 7

Die Tätigkeit der Hilfsrichter und gesellschaftlichen Aktivisten ist ein freiwilliges und Ehrenamt.

SACHLICHE ZUSTÄNDIGKEIT DER GERICHTE AUF DEM LANDE, IN DER STADT UND DEN WOHNVIERTELN

Art. 8[3]

Die Gerichte auf dem Lande, in der Stadt und den Wohnvierteln verhandeln Strafsachen, die folgende im Strafgesetzbuch genannte Straftaten betreffen:

3 Art. 8 Abs. 1 in der Fassung des Dekretes Nr. 5634 und Abs. 2 in der Fassung des Dekretes Nr. 5913; vgl. hierzu auch Art. 83a Arbeitsgesetzbuch in der Fassung des Art. 1 des Dekretes Nr. 7128 vom 25.5.1987 (GZ 1987 Nr. 3, S. 51), der folgenden Wortlaut hat:

"Gegen Arbeiter und Angestellte, die sich Produkte oder Material oder sonstige Vermögenswerte von Betrieben, Institutionen oder gesellschaftlichen Organisationen in geringer Menge bis zu einem Wert von 200 Lek aneignon, werden folgende Maßnahmen getroffen:
a) Verweis vor dem Kollektiv;
b) Verschiebung der Frist für den Beginn der beruflichen Weiterbildung oder Zurückstufung um eine Lohnkategorie, jeweils für ein Jahr;
c) Versetzung an einen anderen Arbeitsplatz innerhalb oder außerhalb des Betriebes, der Institution oder gesellschaftlichen Organisation, gegebenenfalls ohne Beibehaltung des ausgeübten Berufes und des Lohnes (wenn der Verstoß besonders schwerwiegend war oder im Wiederholungsfalle).

In diesen Fällen ist der Täter verpflichtet, die entwendete Sache zurückzugeben oder, falls das nicht möglich ist, ihren Wert entsprechend den Vorschriften über die materielle Verantwortlichkeit zu ersetzen.

Die vorgenannten Maßnahmen werden ergriffen durch die Leitung des Betriebes, der Institution oder gesellschaftlichen Organisation sowie von den Gruppen der Arbeiterkontrolle , die die Tatsachen feststellen.

Gegen die von der Verwaltung des Betriebes, der Institution, der gesellschaftlichen Organisation oder der Arbeiterkontrollgruppe getroffene

1. Entwendung von sozialistischem und persönlichem Eigentum im Wert bis zu zweihundert Lek (Artikel 63, 101 Abs. 1, 104 Abs. 1, 195);
2. Fundunterschlagung bis zu fünfhundert Lek (Artikel 161, 196);
3. fahrlässige leichte Körperverletzung (Artikel 176);
4. Raufhändel (Artikel 177 Abs. 1);
5. Hausfriedensbruch (Artikel 183 Abs. 1);
6. Verleumdung (Artikel 185);
7. Verletzung der Unterhaltspflicht (Artikel 194);
8. Selbstjustiz (Artikel 210).

Ist eine Person wegen derselben Straftat vorbestraft, entscheidet nicht das Gericht auf dem Lande, in der Stadt und im Wohnviertel, sondern das Bezirksgericht.

Die Entwendung von pflanzlichen und tierischen landwirtschaftlichen Produkten auf dem Felde oder in der Natur wird auch im Wiederholungsfalle und wenn sie den Wert von zweihundert Lek nicht übersteigt, von den Gerichten auf dem Lande, in der Stadt und den Wohnvierteln verhandelt und entschieden.

Art. 9

Die Gerichte auf dem Lande, in der Stadt und den Wohnvierteln verhandeln folgende Zivilsachen:[4]

1. Klagen von Bürgern auf Zahlung bis zu eintausendfünfhundert Lek aus Verpflichtungen, die aus Vertrag oder unerlaubter Handlung herrühren;

2. Klagen auf Ersatz von Schäden in der Landwirtschaft bis zu eintausendfünfhundert Lek.

4 Entscheidung kann binnen drei Tagen ab dem Tage der Bekanntgabe der Entscheidung Beschwerde zur Grundorganisation der Gewerkschaft am Arbeitsplatz erhoben werden. Die Grundorganisation der Gewerkschaft prüft die Beschwerde binnen fünf Tagen ab ihrem Eingang und trifft dann eine abschließende Entscheidung.

Die Beschwerde hat gegenüber der von der Verwaltung des Betriebes, der Institution, gesellschaftlichen Organisation oder Arbeiterkontrollgruppe getroffenen Entscheidung keine aufschiebende Wirkung".

4 Vgl. ferner Art. 135-141 KPC.

Art. 10

Die Gerichte auf dem Land, in der Stadt und den Wohnvierteln verhandeln Verwaltungsübertretungen[5] mit Ausnahme solcher, die vom Gesetz anderen Organen zur Entscheidung zugewiesen sind.

ÖRTLICHE ZUSTÄNDIGKEIT DER GERICHTE

Art. 11

Zuständig für das gerichtliche Verfahren in Strafsachen und bei Verwaltungsübertretungen ist das Gericht auf dem Lande, in der Stadt und im Wohnviertel, wo sich das Geschehen ereignet hat.

Jedoch hat das Gericht des Tatortes das Recht, wenn es überzeugt ist, daß die Verhandlung großen erzieherischen Einfluß ausüben wird, die Sache an das Gericht des Ortes zu verweisen, wo die Person, gegen die verhandelt wird, wohnt.

Art. 12

Zuständig für das gerichtliche Verfahren in Zivilsachen ist das Gericht auf dem Lande, in der Stadt und im Wohnviertel, wo beide Parteien ihren Wohnsitz haben. Wohnen die Parteien in derselben Samtgemeinde[6] oder in Dörfern, die zu einer landwirtschaftlichen Genossenschaft gehören, wird die Sache vom Gericht des Dorfes verhandelt, in dem der Beklagte wohnt.

Haben die Parteien unterschiedliche Wohnsitze, wird die Sache vom Bezirksgericht verhandelt und entschieden.

5 Vgl. Gesetz Nr. 6070 (= lfd. Nr. III).

6 Wörtlich "Vereinigte Dörfer", d.h. Gebietsverwaltungseinheiten von in der Regel fünf bis sieben Dörfern (z.B. einer landwirtschaftlichen Genossenschaft); 1985 gab es z.B. 444 Samtgemeinden, in denen 2.699 Dörfer zusammengeschlossen waren.

STRAFGEWALT

Art. 13

Die Gerichte auf dem Lande, in der Stadt und den Wohnvierteln können in den von ihnen zu entscheidenden Straftaten oder Verwaltungsübertretungen auf folgende Strafen erkennen:

1. gesellschaftlicher Tadel;
2. Geldstrafe bis zu eintausend Lek.

GERICHTLICHES VERFAHREN

Art. 14

Straf- und Übertretungsverfahren werden auf Antrag von gesellschaftlichen Organisationen, des Volksrates des Dorfes, der Stadt oder des Wohnviertels oder des entsprechenden Exekutivkomitees der Bezirksstaatsanwaltschaft oder des Volksstaatsanwaltes mit Ermächtigung der Bezirksstaatsanwaltschaft und von Organen der Volkspolizei eingeleitet.

Strafverfahren in Sachen, die auf Strafverlangen verfolgt werden, werden nur auf Antrag des Verletzten oder gegebenenfalls auch auf Antrag der Bezirksstaatsanwaltschaft eingeleitet.

Zivilverfahren werden nur auf Antrag des Betroffenen eingeleitet.

Art. 15

In Zivilverfahren und in Strafverfahren, die auf Strafverlangen des Verletzten verfolgt werden, hat das Gericht, bei dem der Antrag gestellt ist, regelmäßig alle Anstrengungen zu unternehmen, um die Parteien zu versöhnen.

Das Gericht, bei dem ein Verfahren eröffnet wird, muß alle Umstände, die für eine korrekte und schnelle Entscheidung von Bedeutung sind, aufklären.

Kann das Gericht nicht allein alle Umstände aufklären, gibt es die Sache an die Organe der Volkspolizei zur Durchführung der entsprechenden Handlungen ab.

Gesteht der Täter während des Straf- oder Übertretungsverfahrens seine Schuld ein, zeigt er aufrichtige und tiefe Reue, übt er Selbstkritik, hat das Gericht, wenn es überzeugt ist, daß der erzieherische Zweck der Verhandlung erreicht wurde, das Recht, das Verfahren einzustellen, falls es nicht auf Strafverlangen eingeleitet worden ist.

Art. 16

Die Verhandlung erfolgt, sobald das Gericht die betroffenen Personen benachrichtigt und die erforderlichen Beweise zusammengestellt hat.

Erscheint die Person, gegen die verhandelt wird, nicht, kann die Verhandlung in ihrer Abwesenheit durchgeführt bzw., wenn das Gericht es für erforderlich hält, auf einen anderen Tag zu dem Zweck verlegt werden, die Person dann vorzuführen.

Art. 17

Während des Ablaufes der Verhandlung ist die Person, gegen die verhandelt wird, zur Sache zu hören; ferner ist Beweis zur Klärung des Falles zu erheben und die Parteien, die Vertreter der Massenorganisationen sowie alle Anwesenden haben das Recht, Fragen zu stellen und ihre Meinung zu äußern.

Art. 18

Gelangt das Gericht zu der Überzeugung, daß eine Person besonders gefährlich ist oder daß eine Strafsache vom Bezirksgericht verhandelt werden sollte oder daß die Sache außerhalb seiner Zuständigkcit liegt, verweist es die Sache an das Bezirksgericht.

Art. 19

Das Bezirksgericht hat das Recht, jede Sache zur Verhandlung und Entscheidung an sich zu ziehen, die eigentlich in die Zuständigkeit der Gerichte auf dem Lande, in der Stadt und den Wohnvierteln fällt.

Art. 20

Über den Ablauf der Verhandlung ist ein Protokoll von einer Person aufzunehmen, die das Gericht bestimmt.

Art. 21

Nach Abschluß der Verhandlung erläßt das Gericht eine schriftliche und zu begründende Entscheidung. Die Entscheidung des Gerichtes ist endgültig, doch kann gegen Entscheidungen, die auf Geldstrafe über dreihundert Lek oder bei Zivilklagen auf Verurteilung zur Zahlung von mehr als dreihundert Lek lauten, von der verurteilten Person, der Bezirksstaatsanwaltschaft oder dem Volksstaatsanwalt, wenn er am Verfahren teilgenommen hat, Beschwerde bzw. Einspruch eingelegt werden, und zwar innerhalb von fünf Tagen ab Erlaß der Entscheidung oder ab ihrer Bekanntgabe, wenn sie in Abwesenheit ergangen ist.

Art. 22

Gegen rechtskräftige Entscheidungen der Gerichte auf dem Lande, in der Stadt und den Wohnvierteln, die nicht in zweiter Instanz überprüft worden sind, kann die Staatsanwaltschaft oder der Präsident des Bezirksgerichtes innerhalb eines Jahres Antrag auf Wiederaufnahme beim Bezirksgericht stellen.

Art. 23

Wenn sich das Bezirksgericht mit Beschwerden, Einsprüchen und Anträgen auf Wiederaufnahme befaßt, benachrichtigt es die Betroffenen vom Verhandlungstermin und kann, wenn es dies für notwendig hält, selbst Beweise erheben.

Nach Abschluß der Verhandlung zweiter Instanz erkennt das Gericht entsprechend den Umständen auf Bestätigung oder Änderung der angefochtenen Entscheidung oder auf Einstellung des Verfahrens.

Diese Entscheidung ist rechtskräftig.

Ändert das Bezirksgericht die angefochtene Entscheidung, kann es nur eine Strafe aussprechen, die die Gerichte auf dem Land, in der Stadt und den Wohnvierteln verhängen können.

Art. 24

Die Tätigkeit der Gerichte auf dem Land, in der Stadt und den Wohnvierteln erfolgt gebührenfrei.

VOLLESTRECKUNG

Art. 25

Rechtskräftige Entscheidungen der Gerichte auf dem Lande, in der Stadt und den Wohnvierteln werden von den Organen der Volksräte im Dorf, in der Stadt und im Wohnviertel vollstreckt.

Art. 26

Die Bestimmungen des Dekretes Nr. 4379 vom 13.4.1968 "Über Übertretungen"[7] und alle anderen Bestimmungen, die im Widerspruch zu diesem Dekret stehen, werden aufgehoben.

Art. 27

Dieses Dekret tritt am 1. Oktober 1968 in Kraft.[8]

7 GZ 1968 Nr. 4, S. 51.

8 Vgl. im übrigen auch Weisung Nr. 2 des Obersten Gerichts vom 13.7.1976 "Über einige Rechtsprobleme bei der Anwendung des Dekretes Nr. 4426 ...." (DP 1976 Nr. 4, S. 101).

IX.

Gesetz Nr. 6800

"Über die Ermittlungsbehörde"

vom 29.6.1983 (GZ 1983 Nr. 3, S. 51)

ALLGEMEINE PRINZIPIEN

Art. 1

Die Ermittlungsbehörde ist ein Organ des Staates der Diktatur des Proletariats zur Untersuchung von Straftaten.

Art. 2

Die Ermittlungsbehörde läßt sich in ihrer gesamten Tätigkeit von der Politik der Partei der Arbeit Albaniens leiten, stützt sich auf die marxistisch-leninistische Ideologie und wird auf der Grundlage der Verfassung der Sozialistischen Volksrepublik Albanien und der Gesetze tätig.

Art. 3

Bei der Untersuchung von Straftaten befolgt die Ermittlungsbehörde die Grundsätze des Klassenkampfes und der Massenlinie und sie hat die Aufgabe, für korrekte und schnelle Ermittlungen in Strafsachen zu sorgen im gleichzeitigen Kampf gegen Erscheinungen des Bürokratismus und Liberalismus.

Art. 4

Der Leiter der Generalermittlungsbehörde ist für die geleistete Arbeit der Volksversammlung verantwortlich und legt vor ihr bzw. zwischen den Sitzungen vor dem Präsidium der Volksversammlung Rechenschaft ab.

Die Bezirksermittlungsbehörde legt auf Antrag des Bezirksvolksrates vor diesem über ihre Tätigkeit Rechenschaft ab.

ORGANISATION DER ERMITTLUNGSBEHÖRDE

Art. 5

Die Ermittlungsbehörde ist organisiert und arbeitet auf der Grundlage einer einheitlichen Führung.

Art. 6

Die Organe der Ermittlungsbehörde bestehen aus der Generalermittlungsbehörde und den Bezirksermittlungsbehörden.

Art. 7

Die Generalermittlungsbehörde ist oberstes Organ der Ermittlungsbehörde.

An der Spitze der Ermittlungsbehörde steht der Leiter der Generalermittlungsbehörde, der die gesamte Tätigkeit der Ermittlungsbehörde leitet.

Art. 8

Der Leiter der Generalermittlungsbehörde und seine Stellvertreter werden von der Volksversammlung ernannt und entlassen. Zwischen zwei Sitzungen der Volksversammlung werden die stellvertretenden Leiter der Generalermittlungsbehörde vom Präsidium der Volksversammlung ernannt und entlassen.

Der Leiter der Bezirksermittlungsbehörde und die Ermittlungsbeamten werden vom Leiter der Generalermittlungsbehörde ernannt und entlassen.

AUFGABEN UND RECHTE DER ERMITTLUNGSBEHÖRDE

Art. 9

Der Leiter der Generalermittlungsbehörde erläßt Anordnungen und Weisungen. Die Anordnungen und Weisungen des Leiters der Generalermittlungsbehörde sind für die Organe der Ermittlungsbehörde verbindlich.

Art. 10

Die Ermittlungsbehörde arbeitet zusammen und koordiniert ihre Arbeit zur Untersuchung, Aufdeckung und Verhütung von Straftaten mit anderen staatlichen Organen sowie wirtschaftlichen und gesellschaftlichen Organisationen.

Art. 11

Die Ermittlungsbehörde hat die Aufgabe, populärwissenschaftliche Studien über Straftaten anzustellen zur Hebung des Niveaus ihrer Arbeit wie zur Unterstützung der Verbesserung der Tätigkeit der staatlichen Organe und wirtschaftlichen und gesellschaftlichen Organisationen bei der Verhütung von Straftaten und der Einhaltung der Gesetze sowie zur Stärkung der sozialistischen Rechtsordnung.

SCHLUSSBESTIMMUNGEN

Art. 12

Die interne Organisation der Ermittlungsbehörde unterliegt Regelungen, die der Leiter der Generalermittlungsbehörde erläßt.

Art. 13

Dieses Gesetz tritt am 1. September 1983 in Kraft.

X.

Gesetz Nr. 6298

"Über die Staatsanwaltschaft der Sozialistischen Volksrepublik Albanien"

vom 27.3.1981 (GZ 1981 Nr. 2, S. 28)[1]
geändert mit Dekret Nr. 7176
vom 20.11.1987 (GZ 1987 Nr. 5, S. 98)

ALLGEMEINE PRINZIPIEN

Art. 1

Die Staatsanwaltschaft ist das Organ der Diktatur des Proletariats zur Kontrolle der korrekten und einheitlichen Gesetzesanwendung, das den Willen der Arbeiterklasse und der übrigen werktätigen Massen zum Ausdruck bringt.

Art. 2

Die Staatsanwaltschaft läßt sich in ihrer gesamten Tätigkeit von der Politik der Partei der Arbeit Albaniens leiten, stützt sich auf die marxistisch-leninistische Ideologie und wird auf der Grundlage der Verfassung und der Gesetze der Sozialistischen Volksrepublik Albanien tätig.

Art. 3

Die Staatsanwaltschaft hält sich bei der Erfüllung ihrer Aufgaben entschlossen an das Prinzip der Entfaltung des Klassenkampfes in der Gesetzesanwendung. Sie entwickelt einen ständigen Kampf gegen Bürokratismus und Liberalismus.

1 Deutsche Übersetzung der alten Fassung in: SOE 1982, 155.

Bei der Kontrolle der Gesetzesanwendung läßt sich die Staatsanwaltschaft von der Forderung leiten, daß sich kein Schuldiger seiner Verantwortung entziehen darf und daß kein Unschuldiger grund- und rechtlos zur Verantwortung gezogen wird.

Art. 4

Die Staatsanwaltschaft wendet bei ihrer Tätigkeit die Massenlinie an, stützt sich auf diese, ist ihr gegenüber bei der Erfüllung ihrer Aufgaben verantwortlich, hört auf ihre Warnungen, Kritiken und Vorschläge.

Art. 5

Die Staatsanwaltschaft ist ein Organ der Volksversammlung. Der Generalstaatsanwalt ist der Volksversammlung bzw. zwischen den Sitzungen dem Präsidium der Volksversammlung verantwortlich und hat ihnen Rechenschaft abzulegen.

Die Staatsanwaltschaft ist von den örtlichen Organen der Staatsmacht und Staatsverwaltung unabhängig. Sie instruiert die volksvertretenden Organe über die Anwendung der Gesetze und koordiniert mit ihnen Maßnahmen zur Bekämpfung der Ursachen von Gesetzesverletzungen.

DIE ORGANISATION DER STAATSANWALTSCHAFT

Art. 6

Die Staatsanwaltschaft ist organisiert und arbeitet auf der Grundlage des Prinzips der einheitlichen Führung. An der Spitze der Staatsanwaltschaft steht der Generalstaatsanwalt, der die gesamte Tätigkeit der Staatsanwaltschaft leitet. Der Generalstaatsanwalt übt seine Aufgaben unmittelbar oder mittelbar durch die Bezirks- und Regionalstaatsanwälte aus, mit Ausnahme der Aufgaben, die nach dem Gesetz ausschließlich dem Generalstaatsanwalt übertragen sind.

Der Generalstaatsanwalt erteilt Anordnungen und Weisungen, die für die Bezirks- und Regionalstaatsanwälte verbindlich sind.

Ein höherer Staatsanwalt übt alle Rechte eines nachgeordneten Staatsanwaltes aus; insbesondere kann er dessen regel- oder gesetzeswidrige Akte und Tätigkeiten aussetzen und aufheben.

Die Anordnungen und Weisungen eines höheren Staatsanwaltes sind für den nachgeordneten Staatsanwalt verbindlich.

Art. 7

Die Bezirksstaatsanwaltschaft erfüllt ihre Aufgaben und nimmt ihre Rechte war innerhalb der zugehörigen Verwaltungsgebietsgliederung, eingeschlossen die dortigen militärischen Einheiten und Abteilungen, mit Erlaubnis des Generalstaatsanwaltes auch außerhalb ihres Verwaltungsgebietes.

Die Regionalstaatsanwaltschaft nimmt an den Verhandlungen in Straf- und Zivilsachen der Regionalgerichte teil und kontrolliert die Gesetzmäßigkeit der Entscheidung gemäß den Bestimmungen der Straf- und Zivilprozeßordnung.

Art. 8

Der Generalstaatsanwalt und seine Stellvertreter werden von der Volksversammlung ernannt und entlassen. Zwischen den Sitzungen der Volksversammlung werden die stellvertretenden Generalstaatsanwälte vom Präsidium der Volksversammlung ernannt und entlassen.

Die Bezirksstaatsanwälte werden vom Präsidium der Volksversammlung ernannt und entlassen. Die übrigen Staatsanwälte werden vom Generalstaatsanwalt ernannt und entlassen.

Art. 9

Die Staatsanwaltschaft wird bei der Erfüllung ihrer Aufgaben von den Volksstaatsanwälten[2] unterstützt, die vom Volk in offener Abstimmung in

2 Vgl. Anm. 9 zu Art. 24 DOGJ.

jedem Wohnviertel, Dorf, jeder militärischen Abteilung, Institution und jedem Betrieb gewählt werden.

Art. 10

Die Staatsanwaltschaft arbeitet bei ihrer Tätigkeit auf Beseitigung, Vermeidung und Aufdeckung von Gesetzesverstößen mit den staatlichen Organen und wirtschaftlichen und gesellschaftlichen Organisationen zusammen.

DIE AUFGABEN UND RECHTE DER STAATSANWALTSCHAFT

Art. 11

Die Staatsanwaltschaft hat, um zu gewährleisten, daß die Gesetze auf dem gesamten Territorium der Sozialistischen Volksrepublik Albanien korrekt und einheitlich angewendet werden, folgende Aufgaben:

1. zu kontrollieren, ob die von den Ministerien, den anderen zentralen und örtlichen Organen, von den Gerichten, den Ermittlungsorganen, den Betrieben, den wirtschaftlichen und gesellschaftlichen Organisationen und militärischen Abteilungen erlassenen Akte in Einklang stehen mit der Verfassung und den Gesetzen der Volksversammlung, den Dekreten und Beschlüssen des Präsidiums der Volksversammlung, den Verordnungen, Beschlüssen und Weisungen des Ministerrates;

2. zu kontrollieren die Anwendung des Gesetzes und anderer Rechtsakte

a) in den Ministerien, den anderen zentralen und örtlichen Organen, den Betrieben, den wirtschaftlichen und gesellschaftlichen Organisationen, den militärischen Abteilungen, sowie durch die Staatsangestellten und Bürger, die ihre Tätigkeit in Übereinstimmung mit der Verfassung und den anderen gesetzlichen Akten auszuüben haben,

b) durch die Organe der Ermittlungsbehörde, um zu gewährleisten, daß die Untersuchung von Straftaten objektiv, vollständig, verständlich und schnell erfolgt,

c) bei den gerichtlichen Organen der Rechtsprechung in Straf- und Zivilsachen auf die Gesetzmäßigkeit der Entscheidung und deren Vollstreckung, ç) durch die Organe für innere Angelegenheiten, um die Gesetzmäßigkeit ihrer Verwaltungs- und strafprozessualen Tätigkeit zu gewährleisten, sowie an den Orten, wo Festgenommene, Verhaftete und Verurteilte festgehalten werden;

3. Gesetzesverstöße aufzudecken, deren Ursachen festzustellen, Schuldige zur Verantwortung zu ziehen, Maßnahmen zur künftigen Einhaltung der verletzten Gesetze und Maßnahmen mit vorbeugendem Charakter zu ergreifen.

Zu besonders wichtigen Fragenkomplexen, die anläßlich der Kontrolle zu Tage treten, gibt die Staatsanwaltschaft das Ergebnis ihrer Kontrolle je nach Lage der Dinge den Kollektiven der werktätigen Massen bekannt.

Art. 11a

Die Kontrolle durch die Staatsanwaltschaft hat insbesondere zum Gegenstand:

a) die Gesetzmäßigkeit der von den in Artikel 11 Ziffer 1 dieses Gesetzes genannten Organen erlassenen Akte sowie Verifizierung der Rechtswirksamkeit und Fehlerfreiheit der Gesetze;

b) die Anwendung der Gesetze und der Dekrete des Präsidiums der Volksversammlung sowie der vom Ministerrat auf ihrer Grundlage und in ihrer Anwendung erlassenen Rechtsakte, die den Schutz und die Mehrung des sozialistischen Eigentums sowie die Plan- und Vertragsdisziplin regeln;

c) die Beachtung der gesetzlichen Vorschriften, die die arbeitsrechtlichen Beziehungen regeln und die der Verfassung entspringenden Grundrechte und -pflichten der Bürger gewährleisten;

ç) die Anwendung der gesetzlichen Vorschriften durch staatliche Organe, die speziell mit Kontrollkompetenzen betraut sind.

Art. 12

Die Staatsanwaltschaft hat die Aufgabe, auf die revolutionäre und klassenmäßige Erziehung der Werktätigen zum Bewußtsein für die Einhaltung der Gesetze einzuwirken, indem sie die werktätigen Massen mit diesen bekannt macht.

Art. 13

Die Staatsanwaltschaft ist verpflichtet, jede Information von staatlichen Organen, Betrieben, Institutionen, wirtschaftlichen und gesellschaftlichen Organisationen sowie jede Beschwerde und jeden Antrag von Bürgern entgegenzunehmen und entsprechend den Umständen zu überprüfen, ihren Inhalt zu verifizieren, wobei der Betroffene über die Art und Weise der Entscheidung zu unterrichten ist.

Die Staatsanwaltschaft ist verpflichtet, jede Anzeige über die Begehung einer Straftat aufzunehmen und diese dem zuständigen Organ zuzuleiten.

Art. 14

Die Staatsanwaltschaft hat die Aufgabe, populärwissenschaftliche Studien über die Gesetzesanwendung zu erstellen, um das eigene Arbeitsniveau zu heben und um die Verbesserung der Tätigkeit der staatlichen Organe und der wirtschaftlichen und gesellschaftlichen Organisationen zur Bekanntmachung und korrekten und einheitlichen Anwendung der Gesetze zu unterstützen.

Art. 15

Der Generalstaatsanwalt unterbreitet der Volksversammlung und dem Präsidium der Volksversammlung die Fälle, in denen Gesetze und Dekrete nicht mit der Verfassung übereinstimmen und dem Ministerrat die Fälle, in denen dessen Beschlüsse und Weisungen nicht mit dem Gesetz übereinstimmen oder fehlerhaft sind oder nicht mehr den veränderten Umständen entsprechen.

Art. 16

Die Staatsanwaltschaft hat das Recht, jeden Rechtsakt, alle für das zu kontrollierende Gesetz notwendigen Materialien sowie jedes Straf- und Zivilverfahren von den Ermittlungsorganen oder den Gerichten auf der Grundlage der Vorschriften der Straf- und Zivilprozeßordnung anzufordern und zur Prüfung an sich zu ziehen.

Die staatlichen Organe, Institutionen, Betriebe, wirtschaftlichen und gesellschaftlichen Organisationen, Ermittlungsorgane und Gerichte sind verpflichtet, den Ersuchen der Staatsanwaltschaft zu entsprechen. Die Staatsangestellten sind verpflichtet, schriftlich oder mündlich Auskunft zu erteilen und persönlich zu erscheinen, wenn die Staatsanwaltschaft dies verlangt. Werden Auskünfte mündlich erteilt, kann die Staatsanwaltschaft ein Protokoll aufnehmen.

Die Staatsanwaltschaft ist ferner berechtigt, in besonderen Fällen zur Erfüllung ihrer Aufgaben, der Kontrolle der Gesetzesanwendung, Spezialisten und Sachverständige hinzuzuziehen.

Ergibt sich während der Kontrolle der Gesetzesanwendung die Notwendigkeit zur Vornahme einer Kontroll-Revision[3], beauftragt die Staatsanwaltschaft hiermit das zuständige Organ, das verpflichtet ist, innerhalb von einem Monat der Staatsanwaltschaft einen Abschlußprüfbericht vorzulegen.

Art. 17

Die Staatsanwaltschaft hat das Recht, sich jederzeit über alle Materialien in Ermittlungsverfahren zu informieren sowie bei den vom Ermittlungsbeamten durchgeführten Untersuchungen zugegen zu sein.

Die Staatsanwaltschaft hat Haft- und Hausdurchsuchungsbefehlen sowie anderen im Gesetz genannten Entscheidungen zuzustimmen.

Art. 18

Die Staatsanwaltschaft hat das Recht, an der Gerichtsverhandlung in jeder Straf- und Zivilsache teilzunehmen und Anträge zu stellen. Sie hat die Aufgabe, Straftaten aufzudecken, Feinde und andere Übeltäter zu entlarven und auf die Erziehung der Bürger zum Bewußtsein für die Einhaltung der Gesetze einzuwirken.

3 Gemeint ist insbesondere die sogenannte Finanz-Kontroll-Revision gemäß den Bestimmungen der Verordnung Nr. 1 des Ministerrates vom 19.6.1987 (GZ 1987 Nr. 4, S. 77; vgl. auch ROW 1988, 51).

Art. 19

Je nach Lage der Dinge erhebt die Staatsanwaltschaft gegen jeden gesetzwidrigen Akt oder gegen andere Gesetzesverstöße Einspruch oder ordnet Maßnahmen zur sofortigen Wiederherstellung des gesetzmäßigen Zustandes an, stellt bei schuldigen Personen deren disziplinarische, administrative oder materielle Verantwortlichkeit fest und entscheidet über die Einleitung eines Strafverfahrens.

Art. 20

Der Einspruch ist ein Akt, mit dessen Hilfe die Staatsanwaltschaft die Aufhebung oder die Änderung von Entscheidungen und anderen gesetzwidrigen Akten der Ministerien und der anderen zentralen und örtlichen Organe, der Betriebe, Institutionen, wirtschaftlichen und gesellschaftlichen Organisationen, der Ermittlungs- und Gerichtsorgane fordert.

Mit Einlegung des Einspruchs wird der Vollzug der Entscheidung oder des Aktes ausgesetzt.

Wird der Einspruch an das Organ übersandt, bei dem der Gesetzesverstoß festgestellt wurde, ist dieses innerhalb von fünf Tagen zur Prüfung und Benachrichtigung der Staatsanwaltschaft verpflichtet. Ist das Organ nicht bereit, die Entscheidung oder den Akt aufzuheben oder zu ändern, legt die Staatsanwaltschaft den Einspruch dem höheren Organ zur Prüfung und Entscheidung vor. Falls sich das höhere Organ weigert, die Entscheidung oder den Akt des unteren Organs aufzuheben oder zu ändern, hat die Staatsanwaltschaft das Recht, weiteren Einspruch - und zwar auch gegen diese Entscheidung - zu erheben.

Für die Frist zur Überprüfung des Einspruchs gegen Entscheidungen des Ermittlungsbeamten, des Einzelrichters oder des Gerichts finden die Bestimmungen der Straf- und Zivilprozeßordnung Anwendung.

Art. 21

Wird während der Kontrolle ein Gesetzesverstoß festgestellt, nimmt die Staatsanwaltschaft einen entsprechenden Kontrollakt auf und ordnet

Maßnahmen zu dessen Beseitigung sowie andere Maßnahmen mit präventivem Charakter an.

Das Organ, dem eine Anordnung der Staatsanwaltschaft zugeht oder dem ein Kontrollakt vorgelegt wird, ist verpflichtet, sofort die gesetzwidrige Entscheidung auszusetzen, die geforderten Maßnahmen zur Wiederherstellung des gesetzmäßigen Zustandes zu ergreifen und die Staatsanwaltschaft hiervon innerhalb von zehn Tagen zu unterrichten.

Hält das Organ die Anordnung oder den Kontrollakt der Staatsanwaltschaft nicht für rechtens und weigert es sich, die geforderten Maßnahmen zu ergreifen, hat die Staatsanwaltschaft das Recht, die Sache dem höheren Organ vorzulegen.

Art. 22

Gegen Personen, die gegen das Gesetz verstoßen, kann die Staatsanwaltschaft ein Strafverfahren einleiten, wenn sich bei der Kontrolle herausstellt, daß eine Straftat begangen wurde, sowie folgendes anordnen:

1. Einleitung von disziplinarischen Maßnahmen nach dem Arbeitsgesetzbuch[4] und anderen gesetzlichen oder Verwaltungsvorschriften;
2. Feststellung ihrer materiellen Verantwortlichkeit für die Verursachung von Schäden an staatlichem Material, gegenüber landwirtschaftlichen Genossenschaften jedoch nur eine Empfehlung an deren Vorsitzenden zur Festsetzung der Entschädigung;
3. Einleitung von administrativen Maßnahmen gemäß den gesetzlichen Vorschriften.

Erfordert es der Schutz staatlicher, gesellschaftlicher oder persönlicher Interessen, hat die Staatsanwaltschaft das Recht, in den im Gesetz genannten Fällen Zivilklage bei Gericht zu erheben.

Anordnungen der Staatsanwaltschaft betreffend Maßnahmen nach Ziffer 1, 2 und 3 dieses Artikels sind verbindlich und von den betreffenden Organen sofort auszuführen.

4 Art. 83 des Arbeitsgesetzbuches (vgl. Anm. 21 zu Art. 63 KP).

Art. 23

Die Staatsanwaltschaft hat das Recht, an den Sitzungen, in denen ihr Einspruch behandelt wird, teilzunehmen. Die Organe haben die von ihnen ergriffenen Maßnahmen bekanntzugeben.

Art. 24

Die Volksstaatsanwälte haben insbesondere folgende Rechte und Aufgaben:

- sie vermitteln den Massen die Kenntnis der Gesetze, kontrollieren deren korrekte und einheitliche Anwendung und schalten sich zwecks Beseitigung von Gesetzesverstößen ein;

- sie nehmen Beschwerden und Anträge von Bürgern, die in Zusammenhang mit Gesetzesverstößen stehen, entgegen und kümmern sich um deren Bescheidung;

- sie nehmen entsprechend dem Gesetz an den Verhandlungen teil, die vor den Gerichten auf dem Lande, in der Stadt und den Wohnvierteln stattfinden, kontrollieren die Gesetzmäßigkeit und den Vollzug von Entscheidungen dieser Gerichte und legen Einspruch ein, soweit dies im Gesetz vorgesehen ist;

- sie nehmen Protokolle zur Aufdeckung von Vergehen und Übertretungen auf und übersenden diese den zuständigen Organen.

Art. 25

Die interne Organisation der Staatsanwaltschaft unterliegt Regelungen, die der Generalstaatsanwalt erläßt.

Art. 26

Das Dekret Nr. 1790 vom 28.12.1953,[5] geändert durch das Dekret Nr. 5322 vom 30.6.1975,[6] "Über die Staatsanwaltschaft der Volksrepublik Albanien" wird aufgehoben.

5 GZ 1953 Nr. 18.

6 GZ 1975 Nr. 3, S. 50 (betraf die Abschaffung der Militärstaatsanwälte).

Art. 27

Dieses Gesetz tritt fünfzehn Tage nach seiner Veröffentlichung im Gesetzblatt in Kraft.[7]

7 Das entsprechende Gesetzblatt datiert mit "März 1981", ist aber erst Ende April 1981 erschienen; die Novelle des Dekretes Nr. 7176 vom 20.11.1987 bestimmt in Art. 14: "Dieses Dekret tritt am 1. Januar 1988 in Kraft".

XI.

Gesetz Nr. 7045

"Über die Volkspolizei"

vom 2.7.1986 (GZ 1986 Nr. 3, S. 38)

Auf der Grundlage der Anleitung durch die Partei der Arbeit Albaniens, mit dem Ziel, die Tätigkeit der Organe der Volkspolizei auf ein höheres Niveau zu heben zum Schutze der Volksmacht und zum erfolgreichen Aufbau des Sozialismus im Lande hat .... die Volksversammlung beschlossen:

Art. 1

Die Volkspolizei ist das bewaffnete Exekutivorgan zum Schutze des Staates der Diktatur des Proletariats und der sozialistischen Rechtsordnung.

Art. 2

Die Volkspolizei wird in ihrer Arbeit geleitet von der Politik der Partei der Arbeit Albaniens, gestützt von der Ideologie des Marxismus-Leninismus und geführt von den Prinzipien des Klassenkampfes und der sozialistischen Gesetzlichkeit.

Die Volkspolizei erfüllt ihre Pflicht, indem sie sich ständig auf die Arbeitermassen stützt und mit anderen staatlichen Organen und gesellschaftlichen Organisationen zusammenarbeitet.

Art. 3

Die Volkspolizei ist Bestandteil des Innenministeriums in der Organisationsstruktur der Streitkräfte der Sozialistischen Volksrepublik Albanien und hat die Aufgabe, die ihr durch Gesetz oder gesetzesgleiche Akte auferlegten Pflichten zu erfüllen, sowie sich den Volksräten und den Exekutivkomitees unterzuordnen und sich diesen gegenüber zu verantworten. Die Volkspolizei legt vor dem Volk Rechenschaft ab.

Art. 4

Die Volkspolizei hat folgende Aufgaben:

a) die Einhaltung der gesetzlichen und gesetzesgleichen Akte der höheren und der unteren Organe der Staatsmacht und Staatsverwaltung, die die sozialistische Rechtsordnung regeln, durch die Institutionen, Staatsbetriebe, landwirtschaftliche Produktionsgenossenschaften und Bürger zu überwachen, wenn diese Akte die Volkspolizei mit entsprechenden Pflichten betrauen, sowie Maßnahmen gegen Gesetzesverletzungen zu ergreifen unter Wahrung der Verhältnismäßigkeit bei der Anwendung staatlichen Zwangs;

b) die Kenntnis und Popularisierung der Gesetze zu fördern und zu helfen, Streitigkeiten zwischen Bürgern gütlich beizulegen;

c) umfassende Maßnahmen zu ergreifen, um Straftaten und andere Gesetzesverstöße zu verhüten, die Sicherheit der Bürger und das staatliche, gesellschaftliche und persönliche Eigentum vor Straftaten zu schützen, Straftaten aufzuklären und deren Urheber zu ermitteln, und zwar in Zusammenarbeit mit den Organen der Ermittlungsbehörde, und diese soweit erforderlich gegen Übeltäter zu unterstützen;

ç) gemäß dem Gesetz Personen auf Ersuchen der Organe für innere Angelegenheiten, der Ermittlungsbehörde oder der Gerichte, sowie solche, die verschwunden sind oder vermißt werden, auf Ersuchen der zuständigen Organe, von Institutionen oder von ihrer Familie zu suchen, zu identifizieren und zu ergreifen;

d) wo es erforderlich ist, Zivil- und Militärpersonen zu unterstützen, soweit ihr gesetzlich diese Verpflichtung auferlegt ist;

dh) die Einhaltung der Ordnung auf den Straßen, in Parks und an anderen Orten, wo sich Personen aufhalten, zu überwachen und durchzusetzen und, wenn Vorschriften verletzt werden, die notwendigen gesetzlichen Maßnahmen zu ergreifen;

e) die Einhaltung der Bestimmungen, die den Verkehr von Fahrzeugen und Fußgängern auf den städtischen Straßen und auf den anderen Straßen der Sozialistischen Volksrepublik Albanien regeln, zu überwachen und durchzusetzen;

ë) die Einhaltung der Feuerschutzbestimmungen durch Institutionen, Staatsbetriebe, landwirtschaftliche Genossenschaften und Bürger zu überwachen;

f) die Entscheidungen der Gerichts- und Verwaltungsorgane gemäß entsprechender besonderer Bestimmungen auszuführen;

g) die den Bürgern erlaubterweise überlassenen Waffen zu verwalten und ihre Aufbewahrung zu überwachen; Überwachung von Transport und Verwendung von Explosiv-, Gift und radioaktiven Stoffen (ausgenommen bei militärischem Gebrauch);

gj) Maßnahmen zur Bewachung und Sicherung von festgenommenen und verhafteten Personen zu ergreifen wie auch gegen Personen, gegen die eine Strafe oder Erziehungsmaßregel verhängt worden ist, die nach dem Gesetz von den Organen für innere Angelegenheiten zu vollziehen ist;

h) Maßnahmen der Zivilverteidigung durchzuführen, die zum Aufgabenbereich des Innenministeriums gehören;

i) den Institutionen der Partei und des Staates, wichtigen wirtschaftlichen und soziokulturellen Einrichtungen Objektschutz zu gewähren, diese mit bewaffneten Einheiten zu bewachen und für die äußere Sicherheit aller anderen gesellschaftlichen, wirtschaftlichen und soziokulturellen Institutionen zu sorgen;

j) organisierte Hilfe zu leisten zur Beseitigung der Folgen von Erdbeben, Bränden, Überschwemmungen, Seuchen und anderen Naturkatastrophen;

k) gefundene Dokumente und Sachen anzunehmen und aufzubewahren, deren Eigentümer dazu ermitteln und diese ihnen auszuhändigen;

l) die Einhaltung der Vorschriften über die Ausgabe, Verwendung und Aufbewahrung von Dienstsiegeln und Vervielfältigungsgeräten zu überwachen (ausgenommen im militärischen Einsatzbereich);

ll) die Einhaltung der gesetzlichen Bestimmungen über das Ausweiswesen zu besorgen und zu kontrollieren.

Art. 5

Die Volkspolizei hat bei der Erfüllung ihrer Pflichten folgende Rechte:

a) alle Transport- und Verkehrsmittel zu benutzen, die den Institutionen, Staatsbetrieben, landwirtschaftlichen Genossenschaften, gesellschaftlichen Organisationen und Bürgern zur Verfügung stehen (ausgenommen diejenigen des diplomatischen Korps), wenn dies zum Schutz der sozialistischen Rechtsordnung oder für den Transport von Personen, die erste Hilfe brauchen, in Gesundheitseinrichtungen dringend notwendig ist;

b) Privatwohnungen, staatliche Büros und solche von gesellschaftlichen Organisationen sowie - auf Ersuchen oder mit vorheriger Genehmigung - diplomatische Vertretungen zu betreten, um Straftaten zu verhindern, die sich gerade in der Vorbereitung befinden oder während ihrer Begehung oder unmittelbar danach, zur Festnahme des Täters sowie zur Sammlung und Sicherstellung von Dokumenten und sonstigen Sachen, die die Begehung der Straftat beweisen, wobei in solchen Fällen unverzüglich die zuständigen Organe zu benachrichtigen sind;

c) bis zur Ankunft der Ermittlungsorgane am Ort des Geschehens Straßenzüge, Privatwohnungen, Büros von Institutionen, Staatsbetrieben, landwirtschaftlichen Genossenschaften oder anderen Einrichtungen abzusperren, wenn sich eine Straftat oder ein Unfall mit Toten oder Verletzten oder Sachschaden ereignet hat; zu verhindern, daß sich Personen, die bei dem Geschehen zugegen waren, entfernen, ausgenommen Verletzte, die zur ersten Hilfe umgehend abtransportiert werden müssen, sowie Dokumente und Sachen, die als Beweismittel in Betracht kommen können, zu beschlagnahmen; materiellen Beweis zu sammeln und sicherzustellen, andere Beweise aufzufinden, Festnahmen, Durchsuchungen und Kontrollen vorzunehmen, wobei sie in allen diesen Fällen in Übereinstimmung mit den in der Strafprozeßordnung enthaltenen Bestimmungen ein entsprechendes Protokoll aufzunehmen hat;

ç) mit allen zur Verfügung stehenden Mitteln des unmittelbaren Zwangs und mit Waffengebrauch - auf der Grundlage von mit besonderen Bestimmungen gebilligten Dienstanweisungen - zur Verhütung einer Verletzung oder zur Wiederherstellung der sozialistischen Rechtsordnung einzuschreiten; soweit erforderlich Personen an die Organe für innere Angelegenheiten zu überstellen, die Straftaten begangen oder in anderer Art und Weise die sozialistische Rechtsordnung mißachtet haben, diese rasch zu identifizieren und von ihnen eine Erklärung ihres Verhaltens zu verlangen, sowie sie - je nach Lage der Dinge - der Ermittlungsbehörde oder dem Gericht zu überstellen, gegen sie erzieherische oder administrative Maßnahmen zu ergreifen oder sie gegebenenfalls Gesundheitseinrichtungen oder Familien zu übergeben.

Art. 6

Die Organisationsstruktur und die besonderen Aufgaben des Polizeidienstes regelt das Innenministerium.

Art. 7

Zur Unterstützung der polizeilichen Aufgaben werden Werktätige aktiviert, die zu Einheiten von Gruppen der freiwilligen Zusammenarbeit eingezogen werden.

Organisationsstruktur, Rechte und Pflichten dieser Hilfskräfte werden in besonderen Anweisungen des Innenministeriums geregelt.

Art. 8

In den Polizeidienst werden auf freiwilliger Basis albanische Staatsangehörige aufgenommen, die das 20. Lebensjahr vollendet, mindestens die Mittelschule absolviert, den Militärdienst geleistet oder eine Schule der Volkspolizei besucht haben.

Art. 9

Das Innenministerium wird ermächtigt, Weisungen zur Ausführung dieses Gesetzes zu erlassen.

Art. 10

Das Dekret Nr. 4210 vom 9.1.1967 "Über die Volkspolizei"[1] wird aufgehoben.

Art. 11

Dieses Gesetz tritt fünfzehn Tage nach seiner Veröffentlichung im Gesetzblatt in Kraft.[2]

1 GZ 1967 Nr. 1, S. 6.

2 Die entsprechende Ausgabe des Gesetzblattes datiert mit "Juli 1986" und ist am 15.7.1986 ausgeliefert worden.

XII.

Dekret Nr. 3584

"Über die Vollstreckung von Strafurteilen"

vom 12.11.1962 (GZ 1962 Nr. 9, S. 236)
geändert mit Dekret Nr. 5046 vom 31.3.1973
(GZ 1973 Nr. 2, S. 18)[1]

Erster Abschnitt

ALLGEMEINE BESTIMMUNGEN

Art. 1

Das erkennende Gericht leitet das Urteil nach Rechtskraft zur Vollstreckung den mit der Vollstreckung betrauten Organen zu.

Diese Organe haben das Gericht, das das Urteil erlassen hat, von der Einleitung der Vollstreckung zu unterrichten.

Art. 2

Die vorgenannten, mit der Vollstreckung betrauten Organe führen ein Vollstreckungsregister.

Art. 3

Die Kontrolle über die Vollstreckung von Urteilen obliegt der Staatsanwaltschaft.

1 Obwohl das Dekret in seiner Terminologie und Bezugnahme ganz auf das vor 1977/79 geltende Straf- und Strafprozeßrecht zugeschnitten ist, hat die hier wiedergegebene Fassung nach wie vor Geltung, wobei allerdings nach Auskunft des OG in der Praxis das Dekret stillschweigend dem neuen Recht angepaßt wird, mit der Folge, daß z.B. eine Reihe von Vorschriften gegenstandslos geworden sind bzw. andere Bezugsvorschriften gelten. Diese Änderungen sind bei den einzelnen Artikeln jeweils vermerkt.

Zweiter Abschnitt

ART UND WEISE DER VOLLSTRECKUNG VON STRAFURTEILEN

a) Todesurteile

Art. 4

Auf Todesstrafe[2] lautende Urteile werden von den Organen für innere Angelegenheiten durch Erschießung des Verurteilten vollstreckt, es sei denn, im Urteil des Gerichts wird die Vollstreckung durch Erhängen angeordnet.

Art. 5

Wird ein Gnadengesuch gestellt, wird die Vollstreckung des Urteils gemäß den in Artikel 349[3] der Strafprozeßordnung getroffenen Regeln aufgeschoben, bis über dieses Gesuch abschließend befunden worden ist.

Art. 6

Bei der Vollstreckung eines Todesurteils haben je nach Lage der Dinge anwesend zu sein ein Zivil- oder Militärstaatsanwalt, ein Arzt und ein Protokollführer. Über die Vollstreckung ist ein Protokoll aufzunehmen, das von den vorgenannten Personen zu unterschreiben ist. Eine Abschrift des Protokolls wird an das Gericht geschickt, das das Urteil erlassen hat, und zu den Akten genommen.

Das Gericht hat spätestens vierundzwanzig Stunden nach Eingang der vorerwähnten Protokollabschrift die Angestellten des Zivilstandsamtes zu informieren, die den Todesfall registrieren.[4]

2 Vgl. Art. 22 KP.

3 Jetzt Art. 186 KPP.

4 Vgl. hierzu Art. 12 ff. des Gesetzes Nr. 5840 "Über die Registrierung von Zivilstandsakten" (GZ 1979 Nr. 1, S. 14 ff.; deutsche Übersetzung: Bergmann/Ferid/Stoppel, Internationales Ehe- und Kindschaftsrecht, Frankfurt 1987, S. 54 ff.).

Art. 7

Die Leiche der hingerichteten Person wird auf Kosten des Staates von den Organen für innere Angelegenheiten begraben.

b) Urteile auf Freiheitsentzug

Art. 8

Auf Freiheitsentzug[5] lautende Urteile werden von den Organen für innere Angelegenheiten am Ort des Gerichts vollstreckt, das das Urteil erlassen hat.

Die Freiheitsstrafe wird in der Regel in Arbeitslagern verbüßt. Die Verbüßung der Strafe kann auch in einem Gefängnis erfolgen

a) wenn der Verurteilte körperlich nicht in der Lage ist, irgendeine der verschiedenen Arbeiten im Arbeitslager zu verrichten,

b) wenn der Verurteilte während der Zeit der Strafverbüßung im Arbeitslager in schwerer oder systematischer Weise die Hausordnung des Arbeitslagers verletzt,

c) wenn die Unterbringung des Verurteilten in einem Lager zu gefährlich erscheint.

In allen diesen vorgenannte Fällen entscheiden die Organe für innere Angelgenheiten, die mit der Strafvollstreckung betraut sind, über die Verbüßung der Freiheitsstrafe im Gefängnis.

Art. 9

Fallen die im vorherigen Artikel aufgeführten Gründe für die Verbüßung der Freiheitsstrafe in einem Gefängnis fort, wird die restliche Strafe auf Entscheidung des mit der Strafvollstreckung betrauten Organs im Arbeitslager verbüßt.

5 Vgl. Art. 21 KP.

Art. 10

Die Arbeitslager unterstehen dem Innenministerium und werden von dessen Organen gemäß dem Reglement über die Arbeitslager verwaltet.

Die Gefängnisse unterstehen dem Innenministerium und werden von dessen Organen gemäß dem Reglement über die Gefängnisse verwaltet.

Art. 11

Die gegen Minderjährige ausgesprochene Freiheitsstrafe wird in jedem Fall in einer besonderen Einrichtung verbüßt.[6]

c) Strafurteile auf Verbannung und Internierung

Art. 12

Urteile, die auf Internierung mit oder ohne Besserungsarbeit bzw. auf Verbannung[7] lauten, werden von den Organen für innere Angelegenheiten des Wohnortes des Verurteilten sowie von den Organen des zur Internierung bestimmten Ortes vollstreckt.

Art. 13

Auf Internierung lautende Strafurteile werden in der Weise vollstreckt, daß der Verurteilte an den zur Internierung bestimmten Ort geleitet wird.

Der zur Internierung mit Besserungsarbeit Verurteilte hat am Ort der Internierung Arbeiten gemäß den Bestimmungen über die zur Korrektionsarbeit[8] Verurteilten zu verrichten.

6 Vgl. hierzu z.B. das Dekret Nr. 7003 "Über die Einrichtung von Schulen für die Umerziehung von Minderjährigen" vom 20.10.1985 (bislang nicht veröffentlicht), das auf 14-18jährige Straftäter zugeschnitten ist, gegen die Erziehungsmaßregeln nach Art. 28 KP verhängt werden.

7 Vgl. Art. 26, 27 KP, beachte aber auch das Dekret 7071 (= lfd. Nr. IV).

8 Jetzt "Umerziehung durch Arbeit", vgl. Art. 20 KP und Art. 15, 17 dieses Dekretes.

Art. 14

Auf Verbannung lautende Strafurteile werden in der Weise vollstreckt, daß dem Verurteilten mitgeteilt wird, er habe sich von seinem bisherigen Wohnsitz fernzuhalten. Kommt er dieser Anweisung nicht nach, wird er von seinem bisherigen Wohnsitz[9] entfernt.

ç) Strafurteile auf Korrektionsarbeit[8]

Art. 15

Urteile auf Korrektionsarbeit werden vom Vollstreckungsbüro des Bezirksgerichts des Wohnortes des Verurteilten vollstreckt. Die Strafe wird in der Regel an einem anderen Arbeitsplatz verbüßt und kann nur ausnahmsweise am bisherigen Arbeitsplatz verbüßt werden, wenn festgestellt wird, daß der Verurteilte nicht zu körperlicher Arbeit in der Lage ist, oder wenn die Wahrscheinlichkeit besteht, daß der Strafzweck auch dort erreicht wird.

Ist im Urteil des Gerichts kein besonderer Arbeitsplatz bestimmt worden, wo die Strafe zu verbüßen ist, wird dieser vom Vollstreckungsbüro festgesetzt, das mit der Vollstreckung des Urteils betraut ist.

Art. 16

(aufgehoben)

Art. 17

Entzieht sich der zur Besserungsarbeit Verurteilte grundlos der Strafverbüßung (leistet er der Aufforderung zum Arbeitsantritt nicht Folge, bleibt er der Arbeit fern oder verrichtet er die Arbeit nicht regelmäßig), benachrichtigt das mit der Vollstreckung des Urteils betraute Vollstreckungsbüro das Gericht des Ortes, wo sich der zur Strafverbüßung bestimmte Ort befindet, zwecks Strafumwandlung nach Artikel 24[10] des Strafgesetzbuches.

9 Der Wohnsitz ist in Art. 50 KC genau definiert (deutsche Übersetzung: WGO 1986, 109 ff.).

10 Jetzt Art. 20 KP, vgl. auch Art. 196 KPP.

d) Strafurteil auf Vermögenseinzug

Art. 18

(gegenstandslos)[11]

dh) Strafurteile auf Aberkennung von Rechten

Art. 19

Auf Aberkennung von Rechten lautende Urteile werden vom erkennenden Gericht vollstreckt mit Übersendung einer verkürzten Urteilsfassung an Organe und Institutionen zur weiteren Veranlassung und Bearbeitung, und zwar

a) Urteile auf Aberkennung des Wahlrechts an das Exekutivkomitee des Volksrates, wo der Verurteilte registriert ist;

b) bei Urteilen auf Aberkennung von Ehrentiteln und Auszeichnungen an das Präsidium der Volksversammlung;

c) (gegenstandslos)[12]

ç) (gegenstandslos)[13]

d) (gegenstandslos).[14]

e) Urteile auf Verbot der Ausübung einer bestimmten Tätigkeit oder eines Berufes

Art. 20

Urteile, die auf Verbot der Ausübung einer bestimmten Tätigkeit oder eines bestimmten Berufes lauten, werden von den Organen für innere Angelegenheiten des Ortes vollstreckt, wo der Verurteilte die Tätigkeit ausübt oder seinem Beruf nachgeht.

11 Betraf die strafrechtliche Vermögenseinziehung (Konfiszierung); die Einziehung nach Art. 29 KPP ist demgegenüber keine Strafe mehr.

12 Betraf Verlust eines öffentlichen Amtes als Nebenstrafe.

13 Betraf die Aberkennung von Rentenansprüchen als Nebenstrafe.

14 Betraf den Entzug von Elternrechten als Nebenstrafe.

Art. 21

(aufgehoben)

f) Urteile auf Entlassung aus dem Staatsdienst

Art. 22

(gegenstandslos)[15]

g) Urteile auf Geldstrafe

Art. 23

Urteile, die auf Geldstrafe lauten, werden von der Vollstreckungsbehörde des Wohnortes des Verurteilten vollstreckt. Mit der Beitreibung der Geldstrafe (und der Gerichtskosten)[16] kann der Gerichtsvollzieher den örtlichen Volksrat beauftragen.

Das Gericht kann die Geldstrafe stunden oder Ratenzahlungen bewilligen, doch muß die Geldstrafe innerhalb von sechs Monaten vollständig gezahlt werden.

Kann die Geldstrafe nicht beigetrieben werden, benachrichtigt der Gerichtsvollzieher das Gericht, das das Urteil erlassen hat, zum Zwecke der Strafumwandlung nach Artikel 36[17] des Strafgesetzbuches.

gj) Urteile auf gesellschaftlichen Tadel

Art. 24

Urteile, die auf gesellschaftlichen Tadel lauten, werden mit der Verkündung des Urteils als vollstreckt betrachtet.

15 Betraf die Entlassung aus dem Staatsdienst als Nebenstrafe.

16 Bezüglich der Gerichtskosten gegenstandslos, da seit 1969 völlige Kostenfreiheit.

17 Jetzt Art. 19 KP.

Dritter Abschnitt

ART UND WEISE DER VOLLSTRECKUNG VON MEDIZINISCHEN UND ERZIEHERISCHEN MASSREGELN

Art. 25

Urteile, die medizinische oder erzieherische Maßregeln anordnen,[18] werden von den Organen für innere Angelegenheiten des Wohnortes der Person vollstreckt, gegen die die Maßregel verhängt worden ist.

Art. 26

Urteile, die eine zwangsweise Heilbehandlung anordnen, werden vollstreckt durch - jedoch nicht abgesonderte - Unterbringung der Person, gegen die die Maßregel verhängt worden ist, in einer geschlossenen psychiatrischen Anstalt oder in einer anderen Heilanstalt.

Urteile, die medizinische Maßregeln in Form von abgesonderter Unterbringung anordnen, werden durch Unterbringung und Isolierung (Absonderung) der Person, gegen die die Maßregel verhängt worden ist, in einer geschlossenen psychiatrischen Sonderanstalt oder in einer anderen Sonderheilanstalt vollstreckt.

Art. 27

Entscheidungen auf Änderung von medizinischen Maßregeln gemäß Artikel 361[19] der Strafprozeßordnung trifft das Gericht auf Antrag des Betroffenen, seines gesetzlichen Vertreters oder des staatlichen Organs, das seine Behandlung durchführt.

18 Vgl. Art. 28 KP, 160 KPP.

19 Jetzt Art. 195 KPP.

Art. 28

Alle Streitigkeiten, die während der Vollstreckung von Urteilen, die medizinische Maßregeln anordnen, entstehen, werden vom Gericht nach den in Artikel 362[20] der Strafprozeßordnung genannten Regeln entschieden.

Art. 29

(aufgehoben)

20 Jetzt Art. 198 KPP.

XIII.

Gesetz Nr. 6299

"Über die Begnadigung"

vom 27.3.1981

(GZ 1981 Nr. 2, S. 35 f.)

Art. 1

Das Präsidium der Volksversammlung kann ganz oder teilweise im Gnadenwege die Strafe erlassen oder durch eine geringere Strafe ersetzen, und zwar hinsichtlich jeder Art von Strafurteil und Verpflichtung, die auf gerichtlicher Entscheidung beruht.

Der vollständig gnadenweise Erlaß der Hauptstrafe führt auch zur Aufhebung der Aberkennung des Wahlrechts, es sei denn der Gnadenakt erklärt diesen Teil der Verurteilung ausdrücklich als vom Gnadenerweis ausgenommen.

Art. 2

Das Präsidium der Volksversammlung befaßt sich mit Vorschlägen auf Begnadigung aus eigenem Antrieb heraus oder auf ein Gesuch des Verurteilten oder eines Mitgliedes seiner Familie, des Ministerrates, der Ministerien und anderen zentralen Institutionen, der zentralen Organe der gesellschaftlichen Organisationen, des Volksrates oder seines Exekutivkomitees, des Gerichts, der Staatsanwaltschaft, der Organe für innere Angelegenheiten und von gesellschaftlichen Organisationen.

Art. 3

Vorschläge auf gnadenweisen Straferlaß, die vom Ministerrat, von Ministerien und anderen zentralen Institutionen und zentralen Organen gesellschaftlicher Organisationen gemacht werden, sind unmittelbar an das Präsidium der Volksversammlung zu richten.

Vorschläge auf Begnadigung, die vom Gericht, der Staatsanwaltschaft und den Organen für innere Angelegenheiten gemacht werden, sind dem Präsidium über deren zentrale Organe zuzuleiten. Vorschläge, die von anderen Organen und gesellschaftlichen Organisationen gemacht werden, sind dem Präsidium der Volksversammlung über die Exekutivkomitees der Bezirksvolksräte zusammen mit deren Stellungnahme zuzuleiten.

Art. 4

Vorschläge auf Begnadigung, die dem Präsidium der Volksversammlung unterbreitet werden, müssen enthalten: ein schriftliches Gesuch des Verurteilten, eine Abschrift des Gerichtsurteils, eine Bestätigung, daß eventuelle Schulden getilgt sind, ein schriftlicher Antrag des Organs oder der Organisation, die die Begnadigung vorschlägt, sowie - bei Vorschlägen nach Artikel 3 Absatz 2 - eine Stellungnahme des Exekutivkomitees des Bezirksvolksrates.

Art. 5

Bei Todesurteilen haben - außer den in Artikel 2 genannten Organen und Organisationen - nur der Verurteilte und seine Familie das Recht, ein Gnadengesuch zu stellen.

Ein Todesurteil darf, unabhängig davon, ob der Verurteilte ein Gnadengesuch gestellt hat oder nicht, nicht vollstreckt werden, bis es vom Präsidium der Volksversammlung überprüft worden ist.[1]

Art. 6

Das Dekret Nr. 4214 vom 9.1.1967,[2] geändert durch das Dekret Nr. 4295 vom 31.7.1967,[3] "Über den gnadenweisen Straferlaß" wird aufgehoben.

1 Siehe auch Art. 186 KPP.

2 GZ 1967 Nr. 1, S. 10.

3 GZ 1967 Nr. 9, S. 180.

Art. 7

Dieses Dekret tritt fünfzehn Tage nach seiner Veröffentlichung im Gesetzblatt in Kraft.[4]

4 Die entsprechende Ausgabe des Gesetzblattes datiert mit März 1981, ist aber erst Ende April 1981 ausgeliefert worden.

XIV

Dekret Nr. 7015

"Über die Generalamnestie aus Anlaß des 40. Jahrestages der Proklamation der Republik"

vom 6.1.1986 (GZ 1986 Nr. 1, S. 9)

Aus Anlaß des 40. Jahrestages der Republik,[1] unter Berücksichtigung der weiteren Festigung der sozialistischen Ordnung, vor dem Hintergrund einer gesunden Moral und Politik des Landes und der stählernen Einheit von Volk und Partei sowie zur Stärkung des internationalen Ansehens der Sozialistischen Volksrepublik Albanien, mit dem Ziel, den Bürgern, die Straftaten begangen haben, zu helfen, wieder aktiv am politischen, gesellschaftlichen und wirtschaftlichen Leben zum Nutzen des Vaterlandes teilnehmen zu können, hat das Präsidium der Volksversammlung .... beschlossen:

Art. 1

1. Begnadigt werden alle Personen, die zu Freiheitsstrafe bis zu zwei Jahren zu Umerziehung durch Arbeit, auf Bewährung oder zu Geldstrafe verurteilt worden sind.

2. Begnadigt werden alle Personen, die wegen Verbrechen nach Artikel 55 Absatz 1 (Agitation und Propaganda gegen den Staat) und Artikel 47 Buchstabe gj KP (Flucht ins Ausland) zu Freiheitsstrafe bis zu sechs Jahren verurteilt worden sind, ausgenommen Personen, die früher schon einmal wegen Verbrechen gegen den Staat verurteilt wurden.

3. Begnadigt werden alle Verurteilten (ausgenommen diejenigen, die wegen Verbrechen gegen den Staat verurteilt wurden), die bis zum 13.1.1986 die Hälfte ihrer Strafe verbüßt haben. Ausgenommen sind

1 Aus Anlaß des 70. Jahrestages der Gründung des ersten albanischen Nationalstaates war 1982 eine Generalamnestie noch größeren Umfangs erlassen worden: Dekret Nr. 6656 vom 28.10.1982 (GZ 1982 Nr. 5, S. 110; deutsche Übersetzung: SOE 1982, 684 und Albanische Hefte 1983 Nr. 1, S. 11).

Personen, die wegen Verbrechen nach den Artikeln 61, 62, 63 und 64 (Entwendung sozialistischen Eigentums), 101 (Diebstahl von Privateigentum), 65 (Raub sozialistischen Eigentums), 102 KP (Raub von Privateigentum) verurteilt und bereits wegen eines solchen Delikts vorbestraft sind.

4. Begnadigt werden alle weiblichen Personen, die zu Freiheitsentzug bis zu zwanzig Jahren verurteilt worden sind.

5. Begnadigt werden alle Personen unter 18 Jahren.

6. Begnadigt werden alle Personen, die zu Freiheitsstrafe verurteilt worden sind und am 13.1.1986 nur noch ein Jahr ihrer Strafe zu verbüßen haben.

7. Allen Verurteilten, die nicht unter eine der vorstehenden Vorschriften dieses Dekrets fallen, wird der noch zu verbüßende Strafrest um ein Viertel gekürzt.

8. Begnadigt werden alle Personen, denen durch gerichtliches Urteil die Ausübung einer Tätigkeit oder eines bestimmten Berufs verboten, das Wahlrecht aberkannt oder gegen die Verbannung oder Internierung ausgesprochen wurde, wenn sie ihre Hauptstrafe verbüßt haben oder diese unter die Amnestierung nach diesem Dekret fällt.

9. Ist bei Straftaten zum Nachteil des Staates oder einer Wirtschaftsorganisation vom Gericht Schadensersatz in Geld festgesetzt worden, so wird der noch zu zahlende Restbetrag um die Hälfte ermäßigt.

10. Ermittlungs- und Strafverfolgungsmaßnahmen im Zusammenhang mit Straftaten, die bis zur Veröffentlichung dieses Dekretes begangen wurden und nach dem Strafgesetzbuch mit Freiheitsstrafe bis zu zwei Jahren oder mit einer geringeren anderen Strafe bedroht sind, werden eingestellt.

11. Nicht als Wiederholungstäter gelten Personen, die früher schon einmal von einem Gericht auf dem Lande, in der Stadt und in den Wohnvierteln verurteilt worden sind. Von diesen Gerichten verhängte Strafen fallen nicht unter die Amnestie.

Art. 2

Alle amnestierten und entlassenen Personen begeben sich an ihren Wohnort zurück und arbeiten sodann dort, wo das Vaterland sie braucht, damit sie wieder zu würdigen Bürgern der SVRA werden.[2] Die Gesellschaft und die Organe der Staatsmacht leisten die hierzu erforderlichen Hilfen.

Art. 3

Die Durchführung dieses Dekretes obliegt dem Innenministerium, den Gerichten, der Staatsanwaltschaft und der Ermittlungsbehörde.

Art. 4

Dieses Dekret tritt am 13. Januar 1986 in Kraft.

2 Nähere Einzelheiten zum Arbeitseinsatz finden sich z.B. in der Verordnung Nr. 4 des Ministerrates vom 2.8.1985 "Über die Verteilung und Zuteilung von Arbeitskräften" (GZ 1985 Nr. 4, S. 123; geändert durch VKM Nr. 69 vom 20.3.1987, GZ 1987 Nr. 3, S. 61, vgl. auch ROW 1986, S. 133).

XV.

Dienstanweisung

"Über die Strafregisterbehörde"

genehmigt mit Beschluß Nr. 32 des Ministerrates vom 10.2.1959 (GZ 1959 Nr. 2)

Der Ministerrat hat - mit dem Ziel, die Aufgaben der Strafregisterbehörde, die beim Obersten Gericht eingerichtet ist, festzulegen - folgendes gebilligt:

die Dienstanweisung "Über die Strafregisterbehörde" mit folgendem Inhalt:[1]

Art. 1

Die Strafregisterbehörde beim Obersten Gericht sammelt und verwahrt rechtskräftige Entscheidungen aller Gerichte mit auf die Urteilsformel verkürztem Inhalt, nämlich: a) Strafausspruch, b) medizinische oder Erziehungsmaßregel, die nach Artikel 6, 7 und 40 des Strafgesetzbuchs[2] bzw. nach Artikel 278 Abs. 3 der Strafprozeßordnung[3] angeordnet wurden.

Art. 2

Die im vorstehenden Artikel genannten Entscheidungsformeln werden bei der Strafregisterbehörde registriert.

Bei der Registrierung einer Entscheidung, die eine strafrechtliche Verurteilung beinhaltet, ist auch aufzunehmen, ob und wann die Strafe verbüßt wurde bzw., wenn die Strafe nicht ganz oder teilweise verbüßt wurde, ob dies auf Grund einer Amnestie, Begnadigung, bedingten Strafentlassung oder aus anderen Gründen erfolgt ist.

1 Es gelten auch hier die Bemerkungen aus Anm. 1 zu Dekret Nr. 3584 (= lfd. Nr. XII); Ermächtigungsnorm für die Weisung ist jetzt Art. 29 DOG.

2 Jetzt Art. 7, 8, 28 KP.

3 Jetzt Art. 160 KPP.

Art. 3

Die Registrierung von in Artikel 1 bezeichneten Entscheidungen bei der Strafregisterbehörde erfolgt durch Eintragung der Entscheidungsformel in ein bestimmtes Formblatt.

Für alle verurteilten Personen sowie für alle Personen, gegen die Erziehungs- oder medizinische Maßregeln angeordnet worden sind, ist ein eigenes Formblatt anzulegen, in dem in Druckbuchstaben einzutragen sind: Name, Vorname, Name des Vaters und der Mutter, Datum und Ort der Geburt, Wohnsitz, Tätigkeit oder Beruf der Person sowie alle persönlichen Merkmale, die für ihre Identifizierung nötig sind.

Außerdem sind im Formblatt zu vermerken das Gericht, das die Entscheidung erlassen hat, das Aktenzeichen und das Datum der Entscheidung, die Strafe oder die Erziehungs- oder medizinische Maßregel, die verhängt wurden, sowie die Vorschrift des Strafgesetzes, die Anwendung gefunden hat.

Art. 4

Das Formblatt wird vom Ersten Sekretär des Gerichts angelegt und von ihm und dem Richter, der die Entscheidung erlassen hat, unterschrieben, nachdem zuvor die Eintragungen auf ihre Richtigkeit geprüft worden sind.

Das ausgefüllte Formblatt ist innerhalb eines Monats vom Tage der Rechtskraft der Entscheidung an an die Strafregisterbehörde zu übersenden.

Art. 5

Registereintragungen, die ausländische Staatsbürger betreffen, werden in ein weiteres Formblatt übertragen, das vom Außenministerium der Regierung des fremden Staates übermittelt wird gemäß internationalen Abkommen oder bei Gegenseitigkeit.

Art. 6

Angaben über die Strafvollstreckung und über andere Fragen, die zeitlich und räumlich den Rahmen des Formblattes sprengen, werden in ein gesondertes Blatt aufgenommen, das von den zuständigen Organen für innere Angelegenheiten und von der Vollstreckungsbehörde, soweit es sich um eine Geldstrafe handelt, angelegt wird.

Art. 7

Registereintragungen werden in folgenden Fällen entfernt:

a) wenn eine amtliche Nachricht über den Tod der im Register verzeichneten Person eingeht;

b) wenn von der Geburt der verurteilten Person an neunzig Jahre vergangen sind;

c) nach Ablauf von drei Jahren, beginnend mit dem Tag, an dem die Erziehungs- oder medizinische Maßregel, die gegen eine unzurechnungsfähige Person angeordnet wurde, mit Beschluß vollständig aufgehoben worden ist;

ç) nach sechs Jahren beginnend mit dem Tag, an dem die auf Anordnung medizinischer Maßregeln lautende Entscheidung rechtskräftig geworden ist, falls die Maßregel nicht vollständig nach Artikel 361 der Strafprozeßordnung[4] aufgehoben wurde;

d) nach drei Jahren beginnend mit dem Ablauf der vom Gericht für die Erziehungsmaßregel bestimmten Zeitspanne, die gegen einen Minderjährigen verhängt worden ist, oder mit Eintritt der Volljährigkeit;

dh) wenn die auf Verurteilung oder Anordnung von Erziehungs- oder medizinischen Maßregeln lautende Entscheidung im Wege eines Antrages auf Verteidigung der Gesetzlichkeit oder nach Wiederaufnahme aufgehoben worden ist und wenn in einer neuen Entscheidung auf Freispruch oder anderweitige Verurteilung erkannt wurde. Im letzteren Fall wird die neue Verurteilung in ein neues Formblatt eingetragen.

4 Jetzt Art. 195 KPP.

Art. 8

Die Ermittlungsorgane und Gerichte sind, bevor sie in einer Sache eine Entscheidung erlassen, verpflichtet, bei der Strafregisterbehörde eine Bescheinigung über alle im Register verzeichneten Eintragungen (Führungszeugnis) über die Person einzuholen, gegen die ein Ermittlungs- oder gerichtliches Verfahren eingeleitet worden ist.

Art. 9

Institutionen, Staatsbetriebe und staatliche, genossenschaftliche und gesellschaftliche Organe haben das Recht, über eine Person ein Führungszeugnis einzuholen, wenn dies im Zusammenhang mit der Beschäftigung dieser Person notwendig ist.

Einzelpersonen können nur ein die eigene Person betreffendes Führungszeugnis einholen.

Art. 10

Der Antrag auf Ausstellung eines Führungszeugnisses ist an die Strafregisterbehörde zu richten.

Im Antrag sind anzugeben der Zweck, für den die Bescheinigung benötigt wird, der Name, Vorname, Name des Vaters und der Mutter, Datum und Ort der Geburt, Tätigkeit oder Beruf und Staatsangehörigkeit der Person, die die Bescheinigung wünscht.

Art. 11

Im Führungszeugnis werden, sofern dieses nicht auf Antrag eines Ermittlungsorgans oder Gerichts ausgestellt wird, nicht vermerkt:

a) Verurteilungen, die nach Artikel 56 des Strafgesetzbuchs[5] aufgehoben worden sind;

b) Verurteilungen, die unter eine Amnestie gefallen sind,

5 Jetzt Art. 33 KP.

c) Verurteilungen und Angaben über Taten, die nach neuem Recht nicht mehr strafbar sind.

Art. 12

Ergibt sich aus dem Register der Strafregisterbehörde nicht, daß die Person, über die das Führungszeugnis beantragt worden ist, vorbestraft ist oder werden in der Bescheinigung Registereintragungen gemäß Artikel 11 nicht vermerkt, wird in der auszustellenden Bescheinigung ein diagonaler Strich vorgenommen. In allen anderen Fällen werden in der Bescheinigung die Verurteilung nebst Entscheidungsdatum sowie die Straftat und der zur Anwendung gelangte Artikel des Strafgesetzbuches vermerkt.

In der Bescheinigung, die von einem Ermittlungsorgan oder vom Gericht eingeholt wird, ist auch zu vermerken, ob und wann die Strafe verbüßt oder erlassen worden ist.

Art. 13

(gegenstandslos)[6]

Art. 14

Wird eine Berichtigung des Strafregisters oder des Führungszeugnisses verlangt, entscheidet das Gericht, das die Verurteilung ausgesprochen hat, auf Antrag der Staatsanwaltschaft oder des Betroffenen.

Diese Entscheidung ist, sobald sie rechtskräftig ist, der Strafregisterbehörde zur gegebenenfalls erforderlichen Berichtigung zu übermitteln.

Art. 15

Das Oberste Gericht wird zum Erlaß von Ausführungsbestimmungen zu dieser Dienstanweisung ermächtigt.

6 Betraf Gebühren für die Ausstellung eines Führungszeugnisses.

Art. 16

Diese Dienstanweisung tritt am Tage ihrer Veröffentlichung im Gesetzblatt in Kraft.[7]

7 Die entsprechende Ausgabe des Gesetzblattes datiert vom 8.4.1959.

FSC
www.fsc.org
MIX
Papier | Fördert gute Waldnutzung
FSC® C083411

Kolibri 360 GmbH
Ferdinand-Jühlke-Straße 7
99095 Erfurt, Deutschland
produktsicherheit@kolibri360.de